新编21世纪高等职业教育精品教材
市场营销系列

市场调查与预测

第二版

主　编／张丽华
副主编／相聪姗　贺　楠　王璐瑶　赵瑞君

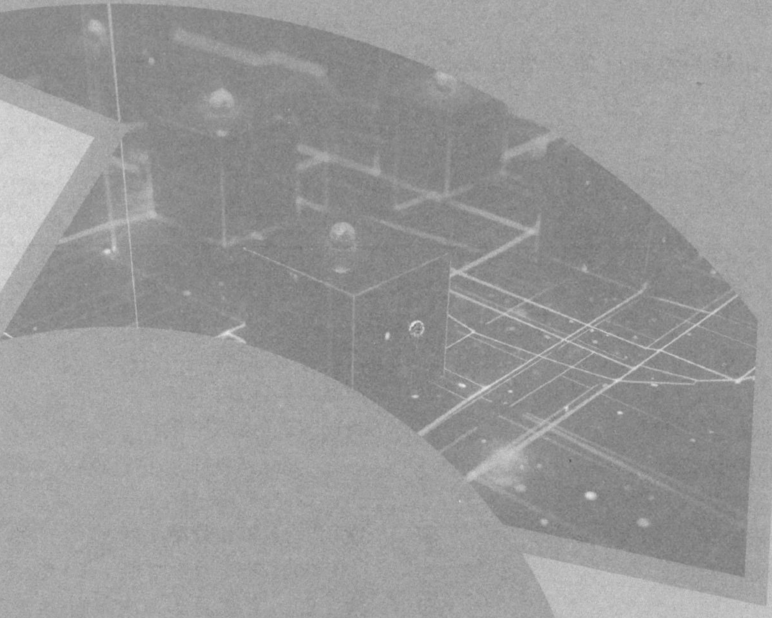

中国人民大学出版社
·北京·

图书在版编目（CIP）数据

市场调查与预测 / 张丽华主编 . -- 2 版 . -- 北京：中国人民大学出版社，2024.1
新编 21 世纪高等职业教育精品教材 . 市场营销系列
ISBN 978-7-300-32312-1

Ⅰ.①市… Ⅱ.①张… Ⅲ.①市场调查-高等职业教育-教材 ②市场预测-高等职业教育-教材 Ⅳ.①F713.52

中国国家版本馆 CIP 数据核字（2023）第 215504 号

新编 21 世纪高等职业教育精品教材・市场营销系列
市场调查与预测（第二版）
主　编　张丽华
副主编　相聪姗　贺　楠　王璐瑶　赵瑞君
Shichang Diaocha yu Yuce

出版发行	中国人民大学出版社		
社　　址	北京中关村大街 31 号	邮政编码	100080
电　　话	010－62511242（总编室）		010－62511770（质管部）
	010－82501766（邮购部）		010－62514148（门市部）
	010－62515195（发行公司）		010－62515275（盗版举报）
网　　址	http://www.crup.com.cn		
经　　销	新华书店		
印　　刷	北京七色印务有限公司	版　　次	2017 年 9 月第 1 版
开　　本	787 mm×1092 mm　1/16		2024 年 1 月第 2 版
印　　张	16.75	印　　次	2024 年 1 月第 1 次印刷
字　　数	365 000	定　　价	45.00 元

前言

党的二十大报告指出："教育是国之大计、党之大计。培养什么人、怎样培养人、为谁培养人是教育的根本问题。育人的根本在于立德。全面贯彻党的教育方针，落实立德树人根本任务，培养德智体美劳全面发展的社会主义建设者和接班人。"

为全面贯彻落实党的二十大精神，培养更多高素质技术技能型人才，更好地完成高职教育育人的重要使命，编者对本书进行了全面修订。此次修订有以下几个重点：

1. 增加课程思政元素。在每个项目中增加学思之窗栏目，将最新、最具代表性的经典思政案例融入其中，引导学生坚持正确的政治方向和价值导向，养成爱岗敬业、诚实守信、敢于担当的精神，增强文化自信、品牌自信，增强民族自豪感，培养爱国、爱家的情怀。

2. 配备立体化教学资源。本书为省级精品在线开放课程配套教材，书中所有核心知识点的配套资源都可以通过登录网站或扫描二维码进行在线学习。

3. 更新部分教学案例。根据教材使用规范，结合市场调研不断更新的成果，编者对书中的任务导入、案例精选等内容进行更新，将一些代表新知识、新做法、新模式的典型案例引入书中，使学生及时了解行业发展趋势，方便师生使用和阅读。

4. 完善任务实施部分内容。为解决任务实施部分难以操作的问题，本书以成果导向为指导，在任务实施过程中引入真实调研项目，细化任务实施环节，手把手引导学生进行演练，提高任务实施的系统性和实用性。

本书由辽宁经济职业技术学院张丽华担任主编，辽宁经济职业技术学院相聪姗、贺楠、王璐瑶、赵瑞君担任副主编。书中各部分编写分工如下：张丽华编写项目三、项目四、项目九，并负责整本教材的策划、大纲编写、框架设计和统稿；相聪姗编写项目二、项目五、项目六，贺楠编写项目一，王璐瑶编写项目七，赵瑞君编写项目八；辽宁金融职业技术学院苏红丽、辽宁生态工程职业学院刘鑫参与了本书部分案例的编写；沈阳邮优选网络科技有限公司的李杨也参与了本书的编写。由于市场调查是一门与时俱进的学科，加之编者水平有限，书中疏误之处敬请读者指正。

编者

2023 年 6 月

目录

项目一 了解市场调查与预测

学习目标

知识目标

1. 了解市场调查的含义、作用、类别和原则
2. 熟悉市场调查与预测的区别与联系
3. 掌握市场调查的内容与工作流程

技能目标

1. 能够掌握市场调查的工作流程
2. 能够解释说明市场调查的内容

素养目标

1. 培养团队意识与合作精神，培养逻辑思维能力与表达能力
2. 树立唯实求真、吃苦耐劳的优良工作作风

任务一 认识市场调查

任务导入

屈臣氏市场调查分析

第一步，细分消费者，锁定目标顾客。

经过多年的观察和分析市场动向，屈臣氏发现，在日益同质化竞争的零售行业，如何锁定目标客户群才是至关重要的。

屈臣氏在调查中发现，亚洲女性会用更多的时间进行逛街购物，她们愿意投入大量时间去寻找更便宜或是更好的产品。这与西方国家的消费习惯明显不同。中国的女性平均在每个店里逗留的时间是20分钟，而在欧洲只有5分钟左右。这种差异让屈臣氏最终将中国的主要目标市场锁定在18～40岁的女性，特别是18～35岁的时尚女性。屈臣氏认为这个年龄段的女性消费者是最富有挑战精神的。她们喜欢用最好的产品，寻求新奇体验，追求时尚，愿意在朋友面前展示自我。她们更愿意用金钱为自己带来大的变革，愿意进行各种新的尝试。

第二步，准确的市场定位，最大限度地满足目标顾客的需求。

屈臣氏以“个人护理专家”为市场定位，以低价作为吸引点，围绕“健康、美态、快乐”三大理念，通过为消费者提供别出心裁的产品、优雅的购物环境和专业的资讯等服务来传达积极美好的生活理念，旨在协助热爱生活、注重品质的人们塑造自己内在美与外在美的统一。

屈臣氏中国区区域总经理很自豪地表示：通过自有品牌，我们时刻都在直接与消费者打交道，能及时、准确地了解消费者对商品的各种需求信息，又能及时分析掌握各类商品的销售状况。屈臣氏正是通过自有品牌这一平台，巧妙地把低价和差异化结合起来，在差异化的基础上实现低价，给顾客提供各种丰富的高质低价的商品，用最高的性价比满足顾客的需要，使顾客形成对产品和企业的双重忠诚，成为别的企业不可复制的核心竞争力，从而在中国市场上所向披靡、无往不胜。

第三步，营销一种全新的购物体验。

一进入屈臣氏门店，你就会有一种与其他商店截然不同的感觉，优美的音乐，摆放在商店里独有的可爱的公仔、糖果等，还有一些可爱的标志，如“心”“嘴唇”“笑脸”等，都会出现在公司的货架上、收银台和购物袋上，面积不大却让人感觉到很轻松和舒服。这正是屈臣氏所极力营造的一种购物环境。为了让顾客更加满意，以女性为目标客户的屈臣氏将货架的高度从1.65米降低到1.40米；将走廊的宽度适当增大，增加顾客选择的时间和舒适度。另外，店面颜色更多使用浅色，这可以让顾客更容易兴奋。

任务分析

屈臣氏在市场低迷的情况下，进行深入的市场调查与分析，并迅速对目标客户、市场定位、购物环境等方面做出调整，重新树立了品牌形象，提高了市场占有率。屈臣氏的成功得益于它的市场调查与分析，科学的市场调研不仅能够让企业看到产品在市场上的真实表现，还能够让企业发现市场问题，并及时做出反应，为企业持续健康发展提供决策支持。

基础知识

一、市场调查的含义

市场调查就是指运用科学的方法，有目的地、系统地搜集、记录、整理有关市场营销的信息和资料，分析市场情况，了解市场现状及发展趋势，为市场预测和营销决策提供客观的、正确的资料。

二、市场调查的作用

（一）有助于更好地吸收国内外先进经验和最新技术

当今世界，科技发展迅速，新发明、新创造、新技术和新产品层出不穷，日新月异。这种技术的进步自然会在商品市场上以产品的形式反映出来。通过市场调查，可以得到有助于我们及时地了解市场经济动态和科技信息的资料，为企业提供最新的市场情报和技术生产情报，以便更好地学习和吸取同行业的先进经验和最新技术，改进企业的生产技术，提高人员的技术水平，提高企业的管理水平，从而提高产品的质量，加速产品的更新换代，增强产品和企业的竞争力，保障企业的生存和发展。

（二）为企业管理部门和有关负责人提供决策依据

任何一个企业都只有在对市场情况有了实际了解的情况下，才能有针对性地制定市场营销策略和企业经营发展策略。如制定产品策略、价格策略、分销策略、广告和促销策略，通常要了解的情况和考虑的问题是多方面的，主要有：本企业产品在什么市场上销售较好，有无发展潜力；在具体的市场上预期可销售的数量是多少；如何才能扩大企业产品的销售量；如何掌握产品的销售价格；如何制定产品价格，才能保证在销售和利润两方面都能上去；怎样组织产品推销，销售费用又将是多少；等等。这些问题都只有通过具体的市场调查，才可以得到具体的答复，而且只有通过市场调查得来的具体答案才能作为企业决策的依据。

（三）增强企业的竞争力和生存能力

商品市场的竞争由于现代化社会大生产的发展和技术水平的进步而变得日益激烈。市场情况在不断地发生变化，而促使市场发生变化的原因，不外乎产品、价格、分销、广告、推销等市场因素和有关政治、经济、文化、地理条件等市场环境因素。这两种因素往往又是相互联系和相互影响的，而且不断地发生变化。因此，企业为适应这种变化，就只有通过广泛的市场调查，及时地了解各种市场因素和市场环境因素的变化，从而有针对性地采取措施，通过对市场因素，如价格、产品结构、广告等的调整，去应付市场竞争。

三、市场调查的类别

市场调查既涉及市场营销的各个方面，又涉及经济学、社会学、心理学和统计学的许多方法，因此市场调查的分类标准也多种多样。

（一）按提供信息的目的分类

按提供信息的目的不同，市场调查可分为探索性调查、描述性调查、因果性调查、预测性调查。

（1）探索性调查是非正式的、定性的初步调查，目的在于发现想法、洞察问题、明确性质，为正式调查开路，常用于调查方案设计之前的初步研究。

（2）描述性调查是解决“是什么”的正式调查，要求有详细的调查方案和调查问卷，数据搜集要求具有系统性，能描述调查现象的各种数量表现和特征。

（3）因果性调查是解决“为什么”的正式调查，要求有详细的调查方案和调查问卷，重点探求影响事物变化的因素，揭示市场现象之间的因果关系。

（4）预测性调查是解决“未来市场前景如何”的调查，重点在于掌握未来市场发展变化的趋势，为经营管理决策提供依据。

（二）按调查的时间层次分类

根据组织市场调查的时间层次不同，市场调查可分为经常性市场调查、定期市场调查和临时性市场调查。

（1）经常性市场调查又称不定期市场调查，是指在选定调查的课题和内容之后，组织时间不断调查，以搜集具有时序化的信息资料。在经常性市场调查中，每次调查的时间、内容都是不固定的。

（2）定期市场调查是指每隔一定时期对市场情况或业务经营情况所进行的周期性调查。定期市场调查的形式有月末调查、季末调查、年终调查等。

（3）临时性市场调查又称一次性调查，是指为了研究某一特殊问题而进行的一次性的市场调查。企业投资开发新产品，开拓新市场，建立新的经营机构，或者根据市场的某些特殊情况而进行的市场调查活动，都属于这种类型的市场调查。

拓展阅读

柯达公司碟式相机是怎样推向市场的

任务实施

一、任务背景

啤酒是一种需要缴纳消费税的商品。政府对啤酒行业十分重视，陆续出台了各种法律法规来规范它的发展。同时，酒精类产品是一个利润较高的行业，对政府税收、经济发展发挥着巨大的作用。目前市场上的啤酒垄断现象比较严重，国有三大企业——华润雪花、燕京、青岛占据绝对的优势。因此，本次任务针对啤酒市场进行调查，以便啤酒企业能据此做出正确的市场定位、营销策略。

二、任务目标

通过本次调查了解，达到以下目的：

（1）了解政府对本行业的法律法规及相关政策，基本判定市场趋势；

（2）分析啤酒的产地及各产地的供应比例；

（3）分析啤酒饮用人群；

（4）把握啤酒商常用的销售宣传手段；

（5）明确消费者对啤酒档次的态度以及价格的接受程度。

三、任务要求

（1）以小组为单位，根据背景资料，采取小组讨论的方式，讨论如何完成工作任务，并将任务结果进行汇总，提交成果并汇报。

（2）教师根据学生提交的成果及汇报情况，检查学生对知识的掌握，并进行总结。

四、任务步骤

（1）由学生自愿组成小组，每组 6～8 人。

（2）查阅文献，收集资料。利用互联网信息了解查阅相关经济发展状况；了解相关的政策、法规、促销政策；掌握啤酒经销商数量，以及所经销啤酒的品牌、价格、主要销售渠道等，分析畅销的地区性差异。

（3）经销商的情况调查。了解中高档啤酒的销量；分析消费者对各品牌啤酒的青睐程度、批发和零售的比例；了解大型酒店的各品牌啤酒的消费数量，消费者的人群特征及变化情况，消费者对广告的认知情况。

（4）小组提交结果，并以小组为单位进行 PPT 演示。

任务二 掌握市场调查内容与程序

任务导入

康师傅方便面的成功之道

多年前，我国台湾地区顶新集团打算进入大陆方便面市场，但不知道大陆市场究竟需要哪一种方便面食品。当时大陆方便面生产厂家已有上千家，竞争比较激烈。顶新集团没有贸然投资，而是委托大陆的市场调查机构进行方便面的需求调查。调查分两个方面：一是消费者对方便面的需求情况；二是生产者生产的品种、规格和口味情况。结果发现，除非不得已，消费者对方便面食品并不特别感兴趣，主要原因是口味较差、食用不方便，而生产者生产的方便面大都是低档的，调料是味精、食盐和辣椒面等原料。据此，顶新集团大胆预测，大陆下一种方便面食品将是高档、注重口味、更为方便的产品。于是，顶新集团在天津经济技术开发区成立了顶新食品公司，生产高档方便面，结果一炮打响，尤其是碗式包装方便面更受欢迎，成为快餐食品中优选的品种。

任务分析

市场作为一只看不见的手，永远处于变动之中，而我们的经验，哪怕是成功的经验，则处于过去式的静止状态。市场调查的作用与意义非人的经验所能企及，却能给人以未来式的诸多昭示。市场调查是市场营销的出发点，是提高市场营销效果的一种管理方法。从调查分析中提出解决问题的办法，可以为公司制订产品计划、确立营销目标、决定分销渠道、制定营销价格、采取促销策略和检查经营成果提供科学的依据；在营销决策的贯彻执行中，可以为调整计划提供依据，起到检验和矫正的作用。

基础知识

一、市场调查的内容

企业经营的宗旨是以其生产的产品或提供的服务满足社会需求，并借此获取盈利和自我发展。企业的产品和劳动能否得到社会的承认，关键在于它所提供的产品和服务是否符合社会的需要。因此，企业要获得盈利，得到发展，就必须深入地研究市场，考察市场各主体的需求。市场调查的内容一般有以下两个方面。

（一）市场宏观环境的调查

市场宏观环境是由自然、经济、社会、文化、政治、法律等基本因素构成的外部环境，它们是独立于企业以外的不可控因素。只有在了解的基础上去适应它们，才能取得经营的成功。对宏观环境的调查包括以下几个方面：

（1）政治环境。政局稳定、政府廉洁、政策透明并具有连贯性，这些政治要素对企业投资者是非常重要的。政治环境的调查主要是了解国家有关政策、方针的具体内容，如国家在一定历史时期工农业生产发展的方针政策、物价政策、工资政策和对外贸易政策等。

（2）法律环境。法律环境的调查主要是了解与企业生产经营活动相关的法律法规，如企业法、经济合同法、环境保护法、商标法和消费者权益保护法等。

（3）经济环境。经济环境的调查主要是对工农业生产状况、经济发展水平、自然资源和能源的开发及供应状况、进出口产品的数量及变化情况、税收和银行利率及其变动情况、消费水平与消费结构、就业率、经济政策等的调查。经济环境对市场具有最直接的影响。一个国家或地区经济处于不同的发展阶段，市场就呈不同形态。

（4）人口环境。人口是社会的基本元素，也是构成市场的基础。企业制定的营销战略总是针对由特定人口组成的客户群，因此，人口调查是所有市场调查的基本内容。人口调查的具体内容主要包括人口总数、年龄结构、性别结构、收入结构、地理分布、家庭结构、受教育程度和职业等。

（5）文化环境。文化环境的调查主要是对消费者的文化背景、教育水平、民族与宗教状况、风俗习惯、社会心理的调查。由于人们的日常消费行为与生活方式既受文化的影响，又是文化的具体体现，因此，企业越了解当地的文化，越容易将其经营理念、产品与服务融入当地人的生活中，从而取得经营的成功。

（6）自然环境对人类的生活方式与生产方式有着深远的影响。自然环境不是人为创造的，很难通过人的作用加以控制，只能在了解的基础上去适应它。自然环境一般包括自然资源、地理与气候环境等方面的内容。

（二）市场微观环境的调查

市场微观环境的调查是指企业为达到一定的营销目的，在特定范围内对选定的专题所进行的调查，主要有以下几个方面：

（1）目标市场调查。目标市场调查主要包括市场占有率、市场容量和市场变化趋势的调查。市场占有率调查能够反映本企业在市场的地位和竞争力，一个面向世界市场的经营者必须树立强烈的市场占有率观念，及时掌握这方面的信息动向。市场容量是指市场对某种商品或服务在一定期间内需求量的最大限度。市场容量受价格与购买力的影响，价格容量必然会造成产品滞销积压。市场变化趋势通过销售趋势反映出来。销售趋势的变化有稳定形态、升降倾向形态、季节形态和抛物线形态等。

（2）产品研究调查。产品研究调查是指对新产品的开发、测试，现有产品的研发、诊断和改造等内容的调查。需要了解消费者对产品使用（试用）的感受、产品的预期市场占有率与现有产品的市场份额。

（3）产品实体调查。产品实体调查是指对产品本身的性能、质量、规格、品种等因素的调查。产品的性能、质量直接关系到产品的有用性、安全性、耐用性和维修性等方面的问题，这是消费者最为关心的问题，也是产品最基本的内容。另外，不同的消费者对产品的规格、样式、品位和颜色等有不同的偏好。企业通过这方面的调查，就可以生产、销售各种规格、样式、品位和颜色的产品来满足消费者的不同要求。

（4）企业和品牌调查。企业和品牌调查包括对企业和品牌的知名度、好感度的研究、对企业和品牌的认知程度和认知途径的研究、对企业和品牌的各项指标的研究、对新品牌和新企业的名称、商标相关设计的评价和喜好，品牌的管理和品牌力的测试，有时还可能涉及品牌使用者形象的确认的研究；等等。

（5）消费者调查。消费者调查是企业市场调查的主要内容。它主要包括购买行为、使用行为和价格敏感度等项内容。购买行为包括“6W”和“2H”：买什么（What）、为什么买（Why）、购买者是谁（Who）、何时购买（When）、购买地点（Where1）、产品信息的来源（Where2），购买量（How1）及如何决策（How2）。使用行为包括消费者使用产品的经验、方式、满意度等内容。价格敏感度是指消费者对产品和服务定价高低的接受程度及价格变动的敏感程度。

（6）销售和促销的调查。销售和促销的调查涉及关于产品推广过程中的多个环节的调查与预测，包括销售渠道和销售方式调查与预测、广告调查与预测、媒介调查与预测、公众关系和公共形象研究等。销售渠道是指商品从生产者手中转移到消费者手中所经过的中间环节。通过对这些中间环节的调查，企业能够选择更合适的中间商，开辟更合理、效益更好的销售渠道。促销调查应着重调查消费者对促销活动的反映，了解消费者最喜爱的促销形式。具体包括：调查各种促销形式的特点；消费者的接受程度如何，是否突出了产品和服务的特点；是否起到了吸引消费者、争取潜在消费者的作用。销售服务调查应了解消费者服务需要的具体内容和形式；企业目前所提供的服务在网点数量、服务质量上能否满足消费者的要求；消费者对目前服务的意见；竞争者提供服务的内容、形式和质量情况；等等。

（7）竞争对手状况的调查。对竞争对手状况的调查就是了解、掌握竞争对手的情况，在战略上做到知己知彼。竞争对手状况调查的主要内容包括：了解竞争对手的总体状况，如竞争者的数量、竞争者的企业性质、竞争者的分布、潜在的竞争者等；了解主要竞争对手的竞争能力，如竞争者的规模和技术水平，竞争者的产品和服务情况，竞争者的市场占有率、产品质量、拥有资金等；了解主要竞争者的经营战略与策略，如产品策略、价格策略、渠道策略、促销策略等；了解竞争者的发展新动向；了解竞争对手的产品质量和本企业的差距；了解消费者对竞争对手产品的认可程度和对本企业产品的认可程度。

案例精选

电脑下乡

随着农村经济的发展、农民生活水平的提高，电脑逐渐成为农村家电的新宠。加之“家电下乡”政策的鼓励，“电脑下乡”既配合了扩大内需、刺激消费的政策导向，又为PC企业开拓四、五级市场尤其是农村市场提供了契机。来自商务部的信息显示，2010年农村电脑销量呈井喷式增长，首次超过冰箱，冲进家电下乡产品销售的前三名。

针对PC市场的新形势，各电脑厂商加大力量投入农村市场的开发。借助政策的推行，PC企业加速开拓农村市场的步伐，联想、海尔、方正等本土企业凭借对市场的熟悉和渠道优势争得先机，从2009年4月PC产品被纳入家电下乡范畴，到2009年年底联想稳坐市场的第一把交椅，海尔居第二，方正列第三，同方挤进前四。相比之下，对农村市场缺乏了解的国际品牌则黯然失色。2010年3月，政策出现利好消息，下乡电脑的最高限价由原来的3 500元/台提高至5 000元/台。惠普等国际品牌迅速抓住这个机遇，纷纷推出了高配置的下乡机型，一些机型还配备了四核处理器等高端配置，意欲以高端机型抢占农村市场的份额。

家电分析师认为，由于电脑和网络逐渐走入人们的生活，农民的消费观念也发生了改变，而且政策的鼓励降低了“电脑下乡”的门槛，下乡电脑产品线更加丰富，消费者在电脑配置、性能方面都有了较大的选择空间，农村电脑市场的竞争也将迎来新一轮高潮。农村市场的胜败将极大地影响PC厂商在全球市场的竞争格局。

二、市场调查的程序

一般来说，正式的市场调查大体上可分为三个阶段：市场调查的准备阶段，市场调查的实施阶段，调查资料整理、分析与报告撰写阶段。

（一）市场调查的准备阶段

市场调查的准备阶段是市场调查工作的开始。这一阶段的主要工作是对所要进行的市场调查课题进行非正式的摸底。准备工作是否充分、周到，对后续的实际调查工作的开展和调查质量的好坏影响甚大。市场调查的准备阶段一般包括以下两个步骤。

1. 确定市场调查目标

确定市场调查目标就是确定为什么进行市场调查，调查的主题是什么。通过调查目标的确定，企业能得到一些与调查问题有关的具体信息，而管理者只有将这些信息与自己的经验和其他信息相结合，才能做出正确的决策。调查目标的确定需要制定者具有很好的洞察力和创造力，对于一些暂时难以确定的调查目标，可以先进行一般性的初步调查，即探测性的调查，如举行一次小组座谈会或搜集文案资料等。

2. 拟订调查方案和工作计划

调查方案是对调查的具体设计，包括确定调查目的和要求、调查对象、调查内容、调查方法和抽样方法等。调查工作计划是对某项调查的组织领导、人员配备、完成时间、工作进度和费用预算等的预先安排，目的是使调查工作能够有计划、有秩序地进行，以保证调查方案的实施。调查方案和调查工作计划各有不同的作用。大型市场调查需要分别制订调查方案和调查工作计划；一些小型市场调查可以将调查方案和计划合二为一来制订。

这个阶段需要确定的主要内容有以下几点：

（1）调查目的。调查目的需要说明本次调查的背景，所要研究的问题和备选的各种可能决策，该项调查结果可能带来的社会效益或经济效益，或在理论研究方面的意义。

（2）调查项目。调查项目是为了取得调查资料而设置的，是表明调查对象特征的各项标志。

（3）调查方法。调查方法是取得资料的方法。可供选择的方法有文案调查法和实地调查法。其中，实地调查法又有访问法、观察法、实验法等。

（4）调查内容。调查内容包括样本数量、抽样方法、调查地点的确定，调查对象的选择等。

（5）调查人员。调查人员是指参加市场调查的人员及其应具备的条件，一般要针对某一特定项目对市场调查人员进行培训。

（6）调查的进度和经费预算。一般要详细地列出完成每一步骤所需的时间和起止的时间。在进行经费预算时，要尽可能全面地考虑可能需要的费用，以免因出现一些不必要的麻烦而影响调查进度。申请调查费用的原则是节约、有效，即在调查费用有限的情况下，力求取得最好的调查效果，或者说在保证实现调查目标的前提下，力求调查费用最省。

（二）市场调查的实施阶段

市场调查的实施阶段也就是搜集市场调查资料阶段，主要任务是设计问卷，并组织调查人员深入实地，按照调查方案的要求及安排，有组织、系统地搜集各种资料，主要包括以下两个步骤：

（1）培训调查人员。通过培训，使调查人员熟悉调查计划，掌握调查技术和与调查目标有关的经济知识，了解问卷设计的相关知识和技巧。

（2）实地调查。在实地调查阶段，首先要按照调查计划或问卷的要求选择调查对象，其次按照顺序进行访问，最后对调查工作进行抽样审核。该步骤的目的是对访问工作进行检查，对调查计划和问卷中不清楚或者不明确的地方进行确认、修正。

（三）调查资料整理、分析与报告撰写阶段

在调查资料整理、分析与报告撰写阶段，市场调查人员要对问卷进行统计处理，并由市场分析人员对调查数据结果进行分析，最后由研究者撰写调查报告。

在这个阶段，调查人员要拥有充足的耐心，因为市场调查获得的资料大多数都是零散的，需要进行细致的审核、订正、分类、汇总。因此，也就要求统计分析人员具有较高的专业技术水平，能对信息进行归纳分析、去伪存真，并能够从认识现象上升到认识本质。

撰写市场调查报告是这一阶段的最后环节。调查报告是市场调查结果的最终体现，是调查人员与企业沟通的重要渠道，也是评价调查工作的主要依据。调查报告要简明扼要、清晰易懂。调查报告一般由前页、正文和附录三个部分组成，其基本内容包括开展调查的目的、被调查单位的基本情况、调查内容、调查分析过程的说明及调查的结论和建议等。

案例精选

楚汉大酒店经营之道

楚汉大酒店坐落在南方某省会城市的繁华地段，是一家投资了几千万元新建的大酒店。初期酒店的生意很不景气，公司经理为了寻找症结，分别从该市的大中型企业、大专院校、相关团体、街道居民中邀请了 12 名代表参加座谈会，并走访了东、西、南、北四区的部分居民。调查后发现，本酒店没有停车场，顾客来往很不方便，居民及游客对本酒店的知晓率很低，更谈不上满意度；本酒店与其他酒店相比经营特色是什么，大部分居民并不清楚。为此，酒店做出了兴建停车场、在电视上做广告、开展公益及社区赞助活动，突出经营特色和开展多样化服务等决策。决策实施后，酒店的生意日渐红火。

三、市场调查的原则

（一）科学性原则

科学性原则是指以正确的思想观念、严格的规章制度、科学的工作标准、合理的调查方法来开展市场调查工作。

（二）客观性原则

客观性原则是指一切从客观存在的实际情况出发，在正确的理论指导下，进行科学的

分析研究，真实准确地反映情况，避免主观偏见或人为地修改数据结果。

（三）系统性原则

系统性原则是指以系统要素为指导，处理好整体与局部的关系，全面地考虑问题。

（四）时效性原则

时效性原则是由市场调查的性质决定的。由于市场不断变化，市场调查必须在这种不断的变化中对市场现象进行研究。

（五）经济性原则

经济性原则是指以最少的调查费用获得最佳的调查效果，市场调查过程中要考虑投入和产出之间的对比关系。

（六）保密性原则

保密性原则是指为客户保密，为被调查者提供的信息保密。

任务实施

一、任务背景

电脑、手机和平板电脑悄然成为大学生进入校园的流行“三件套”，其中手机更是成为人手一部的必备单品，大学校园中人人都需要手机，市场容量巨大。为此，某品牌手机欲进一步开拓本学院大学生手机市场，提高该品牌手机在本学院的市场占有率。为保证营销活动有效开展，事先需要市场调查部门组织一次关于本学院手机市场情况的市场调查。

二、任务目标

（1）确定本次市场调查的流程；
（2）明确本次市场调查的内容。

三、任务要求

（1）学生根据背景资料设计调查流程、确定调查内容，提交完整的呈现结果，并进行汇报演示。

（2）教师根据学生提交的成果及汇报情况，检阅学生对知识的掌握，并进行总结。

四、任务步骤

（1）由学生自愿组成小组，每组 6～8 人；
（2）根据任务背景设计调查流程；
（3）根据任务背景，小组讨论确定调查内容；
（4）整理各项任务，小组提交最终结果；
（5）以小组为单位进行 PPT 演示；
（6）小组之间进行点评和补充，教师进行总结。

任务三　熟悉市场调查与预测的联系与区别

任务导入

打造前沿创新成果，满足消费者需求

以消费者为中心，是企业创新的不变追求。伊利深入洞察消费者需求，积极创新突破，将创新成果应用到产品研发之中，满足消费者个性化、差异化的需求，不断给消费者提供新的体验。伊利运用大数据分析精准把握消费需求，持续进行产品创新，让产品真正贴合消费者。比如，经过上千次的模拟肠道试验，运用 LHT 乳糖水解技术，伊利打造出中国第一款可以有效解决乳糖不耐症或乳糖酶缺乏问题的牛奶产品——舒化奶，解决了亚洲人普遍存在的乳糖不耐受问题；针对泛轻食主义者，伊利推出植选植物奶，提供植物营养新选择；在东南亚，为了满足消费者差异化需求，伊利最新上市的“摩卡咖啡冰激凌”配方经过精心改良，味道更加香浓、甜美，获得印度尼西亚消费者的喜爱。

任务分析

伊利能够不断推出受消费者欢迎的新产品，得益于其对市场的不断调研和精准预测。市场调查与预测是人们了解、认识市场，分析、研究市场发展变化规律的方法或工具，它是运用各种科学的调查方式方法，搜集、整理、分析市场资料，对市场状况进行反映或描述，以认识市场发展变化规律的过程。从时间的角度看，市场调查着重分析市场过去和现在的表现，并在长期的研究中认识市场规律；市场预测是根据市场过去和现在的表现，运用科学的预测方法对市场未来的发展变化进行预测或估计，为科学决策提供依据，因此市场预测着重分析市场未来的表现。

基础知识

一、市场预测的含义

预测就是以准确的调查资料和统计数据为依据，从研究现象的历史、现状和规律出发，运用科学的方法，对研究现象的未来发展前景进行测定。预测理论、方法和个别领域发展的实际相结合，产生了预测的各个分支，如社会预测、经济预测、科技预测、人口预测、气象预测等。市场预测是预测的一个分支，是在市场调查的基础上，组织（一般为企业）或个人根据历史统计资料和市场调查得到的信息，运用科学的预测技术，对未来一定时期内市场的发展变化进行推断和预见，从而得出符合逻辑的结论的活动过程，即“由往知来”。市场预测是市场调查的继续，是对企业未来的营销条件和营销状况的预计与推测，是得出市场调查结论的一个必经过程。

二、市场预测的内容

一般来说，市场预测的内容主要包括以下几个方面。

（一）市场需求预测

市场需求预测是指对未来一定时期内，某地区购买者在市场上具有货币支付能力的需求的预测。市场需求预测是各级各类预测的基础，无论是对宏观领域的市场预测，还是对微观领域的市场预测，都发挥着积极的作用。同时，它还是国民经济综合平衡研究的重要内容。

市场需求预测首先应对影响市场需求变化的人口、收入、储蓄、投资、信贷、价格、经济增长等因素进行分析研究，然后运用定性和定量分析相结合的预测方法，对未来的市场需求走向、需求潜力、需求规模、需求水平、需求结构等做出判断。市场需求预测有消费品需求预测和生产资料需求预测之分，也有全部商品、某类商品和某种商品的市场需求预测之分。一般来说，市场性质和市场层次不同，市场需求预测的内容和方法也有所不同。

（二）市场供给预测

市场供给预测实际上就是对社会生产及其变化趋势的预测。市场供应量与需求量能否在数量与结构上达到平衡，归根到底取决于社会生产的发展，生产部门只有生产出适销对路的产品才能实现供应量和需求量之间的平衡。对市场供给的预测包括一定时期和范围内的供应量、供应结构、供应变动因素的预测。市场供应量和供应结构的预测有消费品和生产资料预测，或者全部商品、某类商品和某种商品预测。

（三）市场价格变化的预测

价格是商品价值的货币表现。作为国民经济最有效的调节手段之一，价格对宏观经济的发展和微观经济效益的提高具有十分重要的意义。市场价格的变化直接影响着人民的生活。预测市场价格的变化，便于组织生产，安排市场供应，安定人民生活。影响商品价格的因素有很多，如劳动生产率、生产成本、利润、市场供求关系、货币价值和货币流通量以及国家经济政策等。在商品价格的预测中，要充分研究这些因素对商品价格的影响。例如：劳动生产率和价格成反比例关系，劳动生产率提高，商品的价格会随之下降；生产成本的增减变化，也会影响商品价格；为了限制或鼓励某些商品的消费，国家采取一些经济手段和行政手段，辅之以法律手段，调节商品价格。

（四）消费需求变化的预测

随着我国市场经济的不断深入发展，城乡居民的物质和文化生活水平得到了较大的提高，消费需求也相应地发生了变化。消费需求的变化受生产发展、收入水平、商品价格、消费者心理与消费观念等因素的影响。在对消费需求变化的预测中，应充分考虑各个因素对它的影响程度。

消费者的购买心理是购买商品的内在动力。消费者购买商品的心理是由主客观多重因素决定的。在对消费者进行心理预测时，需按照不同年龄、职业、地域、收入水平等特征分别进行预测，为市场决策提供依据。

（五）市场占有率的预测

市场占有率是指在一定时期、一定市场范围内，企业所生产的某种商品的销售量占当地市场同一种商品总销量的比例，或者是本企业的商品销售量占当地市场商品销售量的比例。通过对市场占有率的分析，企业能够充分估计自己产品的优势和劣势，从而不断改革创新，采用先进的生产技术和促销手段，提高产品质量和营销水平。

影响企业市场占有率的因素是多方面的。我们要准确地预测企业市场占有率，应认真分析以下几个因素：

（1）价格因素。价格的高低直接影响市场占有率。

（2）广告媒体因素。不同的广告媒体以及广告的力度、频度直接影响商品的市场占有率。

（3）商品资源因素。商品资源因素即商品的供应来源及商品的数量、质量、规格等。

（4）企业在消费者心目中的形象。企业的信誉、品牌和知名度也是直接影响企业市场占有率的重要因素。

三、市场调查与市场预测的联系

市场调查与市场预测的联系，突出地表现在两点上：一是从时间的联系性来看，只有将市场调查与预测作为一项连贯的工作，对市场的分析研究才能更加系统全面，才能为科学的决策提供更有利的依据。二是从方法论的角度看，市场预测有赖于市场调查。市场预测必须根据市场调查的资料，市场调查资料的水平和质量在很大程度上决定着市场预测的水平和质量。因此我们可以说，市场调查是市场预测的基础，市场预测又是市场调查的延伸和深化。

四、市场调查与市场预测的区别

（一）研究的出发点不同

市场调查是一种对于市场的过去与现在情况调查的活动，属于描述性研究，目的是全面反映市场的过去与现在的客观实际情况，帮助人们了解和掌握市场的真实信息。市场预测是一种侧重于市场未来的研究活动，属于预测性研究，着重探讨市场供求关系的发展趋势及各种影响因素，目的是正确判断市场未来的发展变化趋势，合理地制定或调整市场经营战略和策略。

（二）研究的过程和技术方法不同

市场调查是获取、处理和分析市场信息的过程。市场调查的方法属于了解情况、认识市场和获取信息的方法。市场预测是利用市场信息进行信息的深加工和做出预测结论的推断过程，其研究方法是建立在定性分析的基础上的定量测算，许多方面需要运用数学方法和建立预测模型进行分析和判断。

（三）研究的结果不同

市场调查所获得的结果是反映市场状况的各种数据和资料，既可作为市场预测的依据和资料，又可直接为管理部门决策提供依据。市场预测获得的结果是一种有一定科学依据的假定，主要为制定发展规划提供决策依据。

任务实施

一、任务背景

电脑、手机和平板电脑悄然成为大学生进入校园的流行“三件套”，其中手机更是成为人手一部的必备单品，大学校园中人人都需要手机，市场容量巨大。为此，某品牌手机欲进一步开拓本学院大学生手机市场，提高该品牌手机在本学院市场的占有率。为保证营销活动有效开展，事先需要市场调查部门组织一次关于本学院手机市场情况的市场调查，并对本学院大学生手机市场情况进行预测。

二、任务目标

学生通过完成本项目任务，掌握市场调查与预测的区别及作用。

三、任务要求

（1）学生根据任务背景，讨论分析预测的内容包括哪些，结合任务二，讨论分析市场调查与预测的区别及联系；

（2）教师根据学生提交的成果及汇报情况，检查学生对知识的掌握情况，并进行总结。

四、任务步骤

（1）由学生自愿组成小组，每组 6～8 人；

（2）以小组为单位认真分析背景资料、调查内容、预测结果等信息；

（3）针对背景资料，小组总结提交任务结果；

（4）以小组为单位进行汇报展示。

学思之窗

贵州茅台推出跨界产品——酱香拿铁

贵州茅台酒股份有限公司自建设之初就以“打造国际一流企业，塑造世界一流品牌”为宗旨，不断进行产品研发和创新。为扩大市场，进一步推动品牌年轻化，挖掘潜在消费需求，创造更多与年轻消费者接触的场景，2023 年 9 月，贵州茅台与瑞幸咖啡进行跨界合作，推出跨界产品——“酱香拿铁”。该产品单杯定价 38 元，券后售价为 19 元一杯，首推当天便火遍全网，单品单日销量超 542 万杯，单品销售额超 1 亿元。贵州茅台与瑞幸咖啡的合作打破了贵州茅台传统的沉稳、商务印象，以时尚、年轻的标签吸引更多年轻消费群体关注茅台品牌，进一步挖掘潜在消费需求，积极创造机会，在更多时间和空间里营造消费场景，提高与年轻消费者的接触频率。这是贵州茅台围绕“十茅台”，拓展“美生活”产业幅，构建多元化“美生态”的成功尝试。之后，贵州茅台还将与德芙等品牌联名推出更多产品。

点滴见素养：了解老字号品牌文化，树立品牌自信，学习企业不断创新的精神，培养积极进取、不断创新的工作作风。

项目总结

市场调查就是运用科学的方法，系统地搜集、记录、整理和分析市场信息资料，从而了解市场发展变化的现状和趋势，为市场预测和经营决策服务的工作过程，是伴随市场而产生的一种管理活动。市场调查可以按提供信息的目的、调查的时间层次等进行分类。市场调查主要包括市场宏观环境的调查和市场微观环境的调查。

市场预测是在市场调查的基础上，组织（一般为企业）或个人根据历史统计资料和市场的信息，运用科学的预测技术，对未来一定时期内市场的发展变化进行推断和预见，从而得出符合逻辑的结论的活动过程，即“由往知来”。市场预测是市场调查的继续，是对企业未来的营销条件和营销状况的预计和推测，是得出市场调查结论的一个必经过程。市场预测主要包括市场需求预测、市场供给预测、市场价格变化的预测、消费需求变化的预测、市场占有率的预测。

职业技能训练

一、单项选择题

1. 市场调查首先要解决的问题是（　　）。

A. 确定调查方法　　B. 选定调查对象

C. 明确调查目的　　D. 解决调查费用

2. 一般说来，下述几种调查方式中，（　　）对市场的调查更深入。

A. 探索性调查　　B. 描述性调查　　C. 因果性调查　　D. 抽样性调查

3. 在市场调查工作中，（　　）是现场实施阶段。

A. 搜集资料阶段　　B. 研究阶段　　C. 总结阶段　　D. 准备阶段

二、多项选择题

1. 市场调查的步骤是（　　）。

A. 收集信息　　B. 确定问题和调查目标

C. 分析信息　　D. 制订调查计划

E. 提出调查结论

2. 以下属于市场预测主要内容的是（　　）。

A. 生产发展及其变化趋势预测　　B. 市场需求量预测

C. 市场商品价格预测　　D. 消费需求变化预测

3. 市场微观环境调查包括（　　）。

A. 目标市场调查　　B. 产品研究调查

C. 消费者调查　　D. 竞争对手状况的调查

三、判断题

1. 市场调查可以为企业管理部门和有关负责人提供决策依据。（　　）

2. 市场调查与市场预测无关。（　　）

3. 制定调查目标是市场调查工作的开始。（　　）

四、简答题

1. 简述市场调查的作用。

2. 简述市场调查的类别。

3. 简述市场调查的原则。

4. 简述市场调查与市场预测的联系和区别。

五、案例分析题

市场调查帮助王永庆立业

王永庆早年因家贫读不起书，只好去做买卖。1932 年，16 岁的王永庆从老家来到嘉义开了一家米店。那时，小小的嘉义已有近 30 家米店，竞争非常激烈。当时仅有 200 元的王永庆，只能在一条偏僻的巷子里承租了一个很小的铺面。他的米店开办最晚、规模最小，更谈不上知名度了，没有任何优势。在新开张的那段日子里，生意冷冷清清，门可罗雀。

怎么打开销路呢？王永庆想起父亲常说的一句古训："不惜钱者有人爱，不惜力者有人敬。"他没钱，唯一能做的是不吝惜时间和力气。

刚开始，王永庆曾背着米挨家挨户去推销，一天下来，人不仅累得够呛，效果也不太好。谁会去买一个小商贩上门推销的米呢？可怎样才能打开销路呢？王永庆决定从每一粒米上打开突破口。那时候，农民还处在手工作业状态，由于稻谷收割与加工的技术落后，很多小石子之类的杂物很容易掺杂在米里。人们在做饭之前，都要淘好几次米，很不方便。但大家都已见怪不怪，习以为常了。

王永庆却从这司空见惯的小事中找到了切入点。他和两个弟弟一齐动手，一点一点地将夹杂在米里的秕糠、砂石之类的杂物拣出来，然后再卖。一时间，小镇上的主妇们都说，王永庆卖的米质量好，省去了多淘米的麻烦。这样，一传十，十传百，米店的生意日渐红火起来。

王永庆并没有就此满足。他还要在米上下大功夫。那时候，顾客都是上门买米，自己运送回家。这对年轻人来说不算什么，但对一些上了年纪的人，就是大大的不便了。而年轻人又无暇顾及家务，买米的顾客以老年人居多。王永庆注意到这一细节，于是主动送米上门。这一方便顾客的服务措施同样大受欢迎。当时还没有“送货上门”一说，增加这一服务项目等于是一项创举。

王永庆送米，并非送到顾客家门口了事，他还要将米倒进米缸里。如果米缸里还有陈米，他就将陈米倒出来，把米缸擦干净，再把新米倒进去，然后将陈米放回上层，这样，陈米就不至于因存放过久而变质。王永庆这一精细的服务令顾客深受感动，因此赢得了很多顾客。

如果给新顾客送米，王永庆就细心记下这户人家米缸的容量，并且问明家里有多少人吃饭，几个大人、几个小孩，每人饭量如何，据此估计该户人家下次买米的大概时间，记在本子上。到时候，不等顾客上门，他就主动将相应数量的米送到客户家里。

不过，由于嘉义大多数家庭都靠做工谋生，收入微薄，少有闲钱，主动送米上门，如果马上收钱，碰上顾客手头紧，会弄得双方都很尴尬。因此，每次送米，王永庆并不急于收钱。他把全体顾客按发薪日期分门别类，登记在册，等顾客领了薪水，再去一拨儿一拨儿地收米款，每次都十分顺利，从无拖欠现象。

王永庆精细、务实的服务，使嘉义人都知道在米市马路尽头的巷子里，有一个卖好米并送货上门的王永庆。有了知名度后，王永庆的生意更加红火起来。这样，经过一年多的资金积累和客户积累，王永庆便自己办了个碾米厂，在最繁华热闹的临街处租了一处比原来大好几倍的房子，临街做铺面，里间做碾米厂。就这样，王永庆从小小的米店生意开始了他后来问鼎台湾地区首富的事业。

阅读材料，回答问题：

1. 王永庆的米店为什么能够成功？

2. 王永庆是怎样通过市场调查留住顾客的？

3. 本案例对大型企业的营销管理有什么启示？

项目二　市场调查方案

学习目标

知识目标

1. 了解市场调查方案的含义、类型、作用
2. 掌握市场调查方案的内容和结构
3. 掌握市场调查方案的一般格式

技能目标

1. 能够掌握市场调查方案的内容和结构
2. 能够为调查项目设计一份调查方案

素养目标

1. 培养团队合作精神和系统的思维方式
2. 树立踏实肯干、精益求精的优良工作作风

任务一　了解市场调查方案设计的含义和作用

任务导入

某校大学生市场调查方案

一、研究背景

学生人数多，用餐时间比较一致，学校食堂同时容纳就餐人数有限，造成就餐拥挤、排队等候时间较长等一系列问题。食堂开放时间有限，不能满足广大学生由于特殊原因造成的推迟就餐的要求。校外饭店纷纷推出外卖服务，越来越受到广大学生的青睐。

二、调查目的

通过本次调查，达到以下目的：

1. 了解大学生对外卖的需求程度、消费观点及习惯。

2. 把握校外饭店外卖服务的常规宣传方式与促销方式。

3. 分析大学生消费者对外卖的消费行为与消费特点。

4. 统计资料，预测外卖市场的容量及潜力。

三、调查内容

1. 外卖市场环境调查

(1) 外卖市场的容量及发展潜力。

(2) 学院不同年级对外卖的消费状况。

(3) 学校教学、生活环境对该行业发展的影响。

2. 消费者调查

(1) 消费者的消费心理（偏爱、经济、便利等）。

(2) 对外卖产品的了解程度（品种、口味、价格等）。

(3) 消费者的忠诚度。

(4) 消费者消费能力、消费层次及消费比例的统计。

(5) 消费者理想的外卖服务描述。

3. 商家调查

(1) 主要客户群。

(2) 广告策略。

(3) 商家对现有外卖服务的描述。

四、调查对象

学校全体学生，提供外卖服务的校外饭店。

五、调查方法

消费者以问卷调查为主、访谈为辅；对商家以访谈为主。

六、样本量及访问形式

拦截问卷：在学生活动量比较大的区域，比如食堂、超市等地，发放200份问卷。

访谈调查：访谈20个学生、6个商家。

七、调查日程安排

(1) 前期准备（自计划实施之日起2～3日）：制订调查计划、设计问卷、取样、招募培训访问员、印刷问卷、准备礼品等。

(2) 调查实施（自调查实施之日起3～4日）：进行实地调研。

(3) 后期工作（调查完成后2日）：数据录入、统计分析。

(4) 调查报告撰写（统计分析后2日）：完成调研报告。

八、成果说明

（1）以电子版和书面方式各提供一份报告；

（2）提供问卷及问卷完成样本。

九、项目预算

略

任务分析

当确定了营销调查的“问题”以后，就应该对这一问题“设计调查方案和方法”。任何正式的市场调查活动都是一项系统工程。为了在调查过程中统一认识、统一内容、统一方法、统一步调，圆满完成调查任务，在具体开展调查工作之前，就应该根据调查研究的目的、调查对象的性质，事先对调查工作的各个阶段进行通盘考虑和安排，制定合理的工作程序，也就是提出相应的调查实施方案。调查工作的成败，在很大程度上取决于所制订的调查方案是否可行。

基础知识

一、市场调查方案的含义和类型

（一）市场调查方案的含义

市场调查方案，就是根据调查研究的目的和调查对象的性质，在实际调查之前，对调查工作总任务的各个方面和各个阶段进行的通盘考虑，以提出相应的调查实施方案，制定合理的工作程序。

市场调查的范围可大可小，但无论大小，都会涉及相互联系的各个方面和各个阶段。这里所说的各个方面指的是调查工作的横向涉及，要考虑到调查所涉及的各个组成项目。例如：对某超市的客户满意度进行调查，就应该将该超市的产品、价格、服务、信誉等方面作为一个整体，对相互区别但又有紧密联系的调查项目进行整体考虑，避免调查内容方面出现重复或者遗漏。

（二）市场调查方案的类型

1. 按照调查目的进行调查方案分类

按照调查目的划分，可以将市场调查方案分为探索性调查方案、描述性调查方案、因果性调查方案。

（1）探索性调查方案。当对调查问题一无所知时，应该进行探索性调查。通过探索性调查可以准确地定义问题或寻找市场机会，确定备选行动方案，拟订调查问题或找出假设，辨别主要变量及自变量与因变量。例如：通过探索性调查可以验证透气性是影响婴儿纸尿裤销售的主要因素。探索性调查也可以用于确定问题原因的重要程度，以便于安排结论性调查的先后次序，优先安排针对重要原因的调查。例如：企业销售额下降的原因有很多，比如定价过高、销售人员素质低、渠道阻塞、广告环节薄弱、产品质量问题、服务差等。通过探索性调查可以初步确定这些因素的重要程度是：销售人员＞渠道＞广告＞定价。因此，在进行结论性调查的时候可以依次调查“销售人员”“渠道”“广告”“定价”等因素，这样可以合理使用调查经费。如果调查经费有限，那么后面不重要的因素就可以不必调查。

探索性调查一般不必制订严密的调查方案，往往采用简便的方法。例如：搜集现有的二手资料，或者是向了解调查主题的专家、销售人员、用户、内行开展询问调查，目的在于及时掌握一些初步资料，以便较快地得出调查的初步结论。

探索性调查的特点有：

第一，调查方式的灵活性。探索性调查一般不采用正规的问卷，而是采用灵活的自由访谈方式，因为正规的问卷容易限制调查对象的思路和回答问题的深度，自由、随意的访谈有助于更多和更深入地从调查对象那里了解问题的原因，而了解问题的原因正是探索性调查的主要目的之一。

第二，调查对象的广泛性。探索性调查的对象常常不局限于市场对象本身，还包括文献资料、知情者和实例等市场对象以外的对象，因为仅仅调查市场对象本身，往往容易“不识庐山真面目”，而调查市场对象以外的对象有助于从新的角度考察营销问题，从而有助于对问题的探索。

（2）描述性调查方案。描述性调查是指对所面临的不同因素、不同方面现状的调查研究，其资料数据的采集和记录着重于客观事实的静态描述。大多数的市场营销调查都属于描述性调查。

描述性调查主要用于决策的方案评估和选择阶段、方案实施和反馈阶段以及发现问题阶段。例如：描述性调查可用于某类产品市场特征和变化趋势的调查，以便于发现企业营销中存在的问题。描述性调查也可以用于评估营销决策方法，检查营销决策方案实施的效果。在描述性调查中，调查者可以发现其中的关联因素，但是不能说明两个变量哪个是因、哪个是果。与探索性调查相比，描述性调查的目的更加明确，研究的问题更加具体。

描述性调查的特点有：

第一，调查设计的严格性。描述性调查的要求严格，因为只有严格，才能更客观、更准确地揭示市场因素的特征和变化趋势，并且据此验证和预计营销决策方案的实施后果，而只有客观、准确地验证和预计方案的实施后果，才能正确地评估方案和选择方案。描述性调查在设计中必须明确：为什么要调查（Why）、调查谁（Who）、调查什么（What）、何处调查（Where）、何时调查（When）、怎样调查（How），一般称为“5W+1H”。

第二，调查方式的正规性。描述性调查的方式通常是正规的、结构性很强的问卷询问方式。描述性调查方式的正规性还表现在：在调查之前，通常要设计好将来用于资料整理和分析的样表。

(3) 因果性调查方案。因果性调查是指调查一个因素的改变是否会引起另一个因素改变的研究活动。如调查预期价格、包装以及广告费用等对销售的影响。

因果性调查和描述性调查一样，也是为决策的方案评估和选择阶段服务的。因此，因果性调查同样也可以用于营销问题原因和假设的验证。通过探索性调查可以找出营销问题的原因和拟订解决问题的方案，但原因分析和方案所依据的市场因素之间的因果（关系）假设应当加以验证，否则就难以用于方案的评估和选择。因果性调查也可以用于营销决策方案的评估。事实上，通过因果性调查被验证的因果假设或因果关系，经数量化后，可以用于决策方案的实施后果预测，而实施后果的预测是方案评估的重要依据。

2. 按照选择调查样本的方法进行调查方案分类

(1) 普遍调查。普遍调查是指专门组织的一次性全面调查，即对调查对象的全部样本无一例外地逐个进行的调查。普遍调查的特点是根据同一要求的调查项目，在一定时点，对每一个调查对象都进行调查，因而收集到的资料是最全面的，调查结果比较可靠。但普遍调查往往涉及面广，调查工作量大，进行一次调查需要动用较多的人力、物力和财力，组织工作繁重复杂，调查的内容项目有限。

(2) 重点调查。重点调查是在全部调查对象中选取比较集中的、对调查总体有决定作用的部分样本进行调查，从而了解调查对象的主要情况的一种调查方式，是一种非全面的专门调查。在采用重点调查时，被选择的调查对象虽然只是全部样本中的少数，但却具有较大的代表性，能够反映全部现象的基本情况。重点调查适用于调查任务只要求掌握调查总体的基本情况、调查项目比较单一、调查标志在数量上集中于少数样本、这些少数样本的标志数量在总体中又占优势的情况。

(3) 典型调查。典型调查也是长期以来进行市场调查时所采用的传统方法之一。它是在对调查对象做全部分析的基础上，通过比较，有意识地选择少数具有代表性的样本作为典型，对典型进行系统的、深入细致的调查，侧重了解和掌握调查对象质的特征，用以补充全面调查之不足的一种调查方式。正确地选择典型调查样本，保证典型具有充分代表性，是做好典型调查的关键。

(4) 抽样调查。抽样调查是从调查总体中随机选出一部分样本进行调查，以其结果推断总体的一种非全面调查方法。抽样调查的基本特点为：一是遵循随机性原则；二是可以从数量上科学地推断总体，排除主观因素的影响。采用抽样调查有可能取得比典型调查更加准确的资料，其科学性和实用性已经越来越被人们认识和采用。

二、市场调查方案的作用

(一) 市场调查方案是定性认识和定量认识的连接点

从认识上讲，市场调查方案是定性认识到定量认识的过渡。虽然市场调查所搜集的许多资料都是定量资料，但应该看到，任何调查工作都是先从调查对象的定性认识开始的，没有定性认识就不知道该调查什么和怎样调查，也不知道要解决什么问题和如何解决。例如：要研究某一企业的生产经营状况，就必须先对该企业生产经营活动的性质、特点等做详细了解，设计出相应的调查指标和搜集、整理调查资料的方法，然后再去实施市场调查。所以，市场调查方案是定性认识和定量认识的连接点。

（二）统筹兼顾、统一协调

从工作上来说，市场调查方案起着统筹兼顾、统一协调的作用。市场调查可以说是一项非常复杂的系统工程，尤其是大规模的市场调查更是如此。在调查过程中会遇到很多复杂的矛盾和问题，其中很多问题都属于调查本身的问题，也有很多问题不一定是调查的技术性问题，而是与调查相关的问题。例如：抽样调查中样本量的确定，按照抽样调查理论，可以根据允许误差和概率把握程度的大小，计算出相应的必要的抽样数目，但这个抽样数目是否可行，受到调查经费、调查时间等很多方面条件的限制，最终所涉及的样本容量，其实是一个统筹兼顾的结果。

（三）调查工作的起点

从实践要求上讲，设计市场调查方案是调查工作的起点。市场调查已经由单纯的搜集资料活动发展到把调查对象作为整体来反映的调查活动。与此相适应，市场调查过程也应该被视为包括市场调查设计、资料搜集、资料整理和分析的一个完整的工作过程，调查方案设计正是这个全过程的第一步。

拓展阅读

公司为什么
生意萧条

任务实施

一、任务背景

电脑、手机和平板电脑悄然成为大学生进入校园的流行“三件套”，其中手机更是成为人手一部的必备单品，大学校园中人人都需要手机，市场容量巨大。为此，某品牌手机欲进一步开拓本学院大学生手机市场，提高该品牌手机在本院市场的占有率。为保证营销活动有效开展，事先需要市场调查部门组织一次关于本学院手机市场情况的市场调查，而在进行调查之前需要设计市场调查方案。

二、任务目标

通过本项目任务，认识什么是市场调查方案和市场调查方案的作用，掌握市场调查方案的类型。

三、任务要求

分析背景资料，确定市场调查方案的类型、调查目的和内容。

四、任务步骤

（1）学生自愿组成小组，每组 6～8 人；

（2）以小组为单位，讨论要设计的调查方案属于哪种类型，确定该调查项目的调查目的和要调查的内容有哪些；

（3）小组将问题答案汇总起来，每组选派一名代表进行汇报。

任务二 设计市场调查方案的步骤和内容

任务导入

A 公司对 X 市的内衣市场调查

一、调查背景

A 公司最近设计了一款“紫罗兰”品牌的男女内衣，该款内衣质地优良、款式新颖。为了配合“紫罗兰”进军 X 市，评估营销环境，制定广告策略，对 X 市的内衣市场进行调查非常有必要。

二、调查目的

(1)“紫罗兰”进入X市的广告活动策划依据。

(2)“紫罗兰”在X市的营销依据。

三、市场调查内容

1. 消费者

(1) 消费者的年龄、性别、收入、文化程度等人口统计资料。

(2) 消费者对男女内衣需求数量、习惯、看法等消费形态资料。

(3) 消费者对内衣的购买地点、购买标准等购买行为资料。

(4) 消费者对内衣广告、促销的反应。

2. 市场

(1) X市内衣市场的总量和结构。

(2) X市消费者需求及购买状况。

(3) X市内衣市场潜力测评。

(4) X市内衣销售通路状况。

3. 竞争者

(1) X市现有厂家的数量、品牌、定位、档次等。

(2) 市场上现有男女内衣的销售状况。

(3) 各品牌的主要购买者描述。

(4) 竞争对手的广告策略及销售策略。

四、调查对象及抽样

因为“紫罗兰”是准备上市的新款内衣，但目前在市场上已经有很多品牌的内衣，所以，在确定调查对象时应该适当针对目标消费者，点面结合，有所侧重。

1. 调查对象及样本要求

调查对象包含消费者和竞争者。

(1) 消费者样本要求：

1) 没有在生产内衣的工厂或岗位工作。

2) 没有在市场调查或广告公司工作。

3) 没有在最近半年接受过类似产品的市场调查测试。

(2) 竞争者是指在X市销售的内衣品牌。

2. 样本构成

(1) 消费者样本构成：月收入3 000元以上占70%，3 000元以下占30%。

(2) 竞争品牌：10个。

五、调查方法

(1) 入户访问。

(2) 卖场访问。

六、问卷设计

问卷以封闭式问题和量表式问题为主体，还有少量开放式问题。访问采用调查人员提问、调查对象在调查人员的引导下填答的方式。

七、调查程序及时间安排

第一阶段：方案设计（12天）。

第二阶段：问卷设计（9天）。

第三阶段：数据收集（12天）。

第四阶段：数据分析（20天）。

第五阶段：报告成果（20天）。

八、经费预算

略

任务分析

在调查项目确定后，如何全面考虑市场调查方案、一般的市场调查方案有哪些基本要件组成、需要经过哪些步骤、各部分内容撰写的详略程度和先后顺序都需要认真研究。要想顺利完成市场调查任务，就必须依据科学的程序，有计划、有步骤地进行。

基础知识

一、市场调查方案设计的原则

（一）可行性原则

市场调查方案的设计要有利于调查目标的实现，调查内容、调查对象、调查方法、调查时间和地点的选择要切实可行，不能脱离实际情况。只有可行性强的调查方案才能真正成为调查工作的行动纲领。

（二）经济性原则

从事调查活动，要尽量以较少的人力、物力、财力和时间取得令人满意的效果。因此，调查方案的设计要注意经济性，样本的选取、样本的容量、调查地区的选择、问卷的设计等都要合理安排，尽量减少不必要的开支和时间。

（三）灵活性原则

由于现实社会的多变性，在调查过程中会出现许多新情况，遇到许多新问题，因此，调查者需要对调查方案中的部分内容进行调整。方案的设计要保持一定的弹性，留有一定的余地，不能定得太死。

二、市场调查的过程

一般来讲，从调查供给方，即专业调查工作或自设调查部门的角度来看，市场调查包括确定市场调查问题、拟订市场调查提案、设计市场调查方案等步骤。

（一）确定市场调查问题

市场调查，首先要解决调查什么问题，界定清楚问题就成功了一半。准确地界定调查问题一般要经过三个阶段：第一，最初提出的市场问题往往是笼统和不确定的多种假设，一般来说，要将这些可能存在的问题进行梳理和排列，并根据问题之间的相互关系进行逐项的筛选和排除；第二，一旦发现问题症结，市场调查人员还要进一步通过探索性调查，来证实其所确定的市场调查问题方向的正确性；第三，建立市场调查基本主题，形成市场调查的基本假设。当一个市场调查问题确定后，还要对其可行性及能够达到的基本目标进行评估，以确定调查结果对企业营销决策的价值。

（二）拟订市场调查提案

调查提案是由调查者根据客户或者上级部门下达的调查任务而设计的用于申请、组织和管理调查活动的文本文件。调查提案通常由调查公司或企业自身调查部门拟订，并交由客户或上级部门审批，相当于调查项目的立项申请书。

市场调查提案对调查项目的陈述往往是粗略的，具有申请调查立项的性质，通常不具备实际操作性，只是简单地说明调查目标、调查方案的基本框架、调查费用的构成和调查时间进度等。调查提案也是调查公司与客户之间的合同基础，一旦双方均认可调查提案中所列举的任务和要求，则可以以此为基础拟订并签署具有法律效力的合同。

（三）设计市场调查方案

一项好的市场调查方案既能准确地反映市场调查主题的要求，又能指导市场调查活动的有效进行。调查方案一般是在调查提案得到客户认可后进行设计，内容详细，具有可操作性，通常不提交给客户，只供调查公司自己使用，以指导调查活动的具体组织和实施。

三、市场调查方案设计的内容

（一）确定调查目的

确定调查目的，就是明确在调查中要解决哪些问题、通过调查要取得什么样的资料、取得这些资料有什么用途等问题。例如：某调研机构组织关于“大学生食堂消费情况”的调查，其调查目的很明确，主要想了解大学生食堂消费的基本情况，包括消费的价格、消费的主要餐品、消费的时间段、对食堂的态度等。

（二）确定调查对象和调查单位

明确了调查目的之后，就要确定调查对象和调查单位，这主要是为了解决向谁调查和由谁来具体提供资料的问题。调查对象就是根据调查目的、任务确定调查的范围以及所要调查的总体，它是由某些性质上相同的许多调查单位所组成的。调查单位就是调查对象中的具体单位，它是调查实施中需要具体回答各个调查项目的承担者。

在确定调查对象和调查单位时，应该注意以下几个问题：

(1) 由于市场具有复杂多变的特点，因此，在许多情况下，调查对象也是比较复杂的，必须以科学的理论为指导，严格界定调查对象的含义，并指出它与其他有关现象的界限，以免造成调查登记时由于界限不清而发生差错。例如：以城市职工为调查对象，就应该明确职工的含义，划清城市职工和非城市职工、职工和居民等概念的界限。

(2) 调查单位的确定取决于调查目的和对象，调查目的和对象变化了，调查单位也要随之变化。例如：调查城市职工个人情况时，这时候的调查单位就不是家庭，而是每一个城市职工。

(3) 调查单位与填报单位是有区别的，调查单位是调查项目的承担者，而填报单位是调查中填报调查资料的单位。例如：对某地区工业企业设备进行普查，调查单位为该地区工业企业的每台设备，而填报单位是该地区每个工业单位。但在有的情况下，两者又是一致的。例如：在进行职工基本情况调查时，调查单位和填报单位都是每一个职工。在调查方案设计中，当两者不一致的时候，应当明确从何处取得资料并防止调查单位重复和遗漏。

(4) 不同的调查方式会产生不同的调查单位。例如：采用普查方式，调查总体所包括的全部单位都是调查单位。如果采取重点调查方式，只有选定的少数重点单位才是调查单位。如果采取的是典型调查方式，只有选出的有代表性的单位才是调查单位。如果采取的是抽样调查方式，那么采用各种抽样方法抽取出来的样本单位就是调查单位。

（三）确定调查项目

调查项目是指对调查单位所要调查的主要内容，确定调查项目就是要明确向调查对象了解什么问题。例如：在消费者调查中，调查项目就是消费者的性别、受教育程度、年龄等。

在确定调查项目时，除了要考虑调查目的和调查对象的特点之外，还需要注意以下几个问题：

(1) 确定的调查项目应该既是调查任务所需，又是能够取得答案的，否则不应该列入。

（2）项目的表达必须明确，要使答案具有明确的表示形式，如数字式、文字式等，否则会导致被调查者产生不同的答案，造成汇总时的困难。

（3）确定调查项目应该尽可能做到项目之间相互关联，使取得的资料可以相互对照，以便了解现象发生变化的原因和后果，便于检查答案的准确性。

（4）调查项目的含义要明确、肯定，必要时可以附以调查项目解释。

（四）确定调查时间和调查期限

调查时间是指调查资料所属的时间。如果所反映的现象是时期现象，则调查时间就是资料所属的起止时间；如果调查的是时点现象，则调查时间就是统一规定的调查资料所属的标准时点。例如：某企业要进行设备调查，要求了解 5 月 1 日的设备情况，调查登记工作从 5 月 1 日开始持续到 5 月 15 日结束，则前一个时间 5 月 1 日就是调查时间，后一个时间 5 月 1 日至 5 月 15 日为调查期限。

调查期限就是调查工作从开始到结束的整个工作时间，包括从调查方案设计到提交调查报告的整个工作进度，也包括各个阶段的起始时间，其目的是使调查工作能及时开展、按时完成。为了提高资料信息的时效性，在可能的情况下，调查期限应该尽可能缩短。

（五）确定调查地点

在调查方案中，还要明确规定调查地点。调查单位和调查地点通常是一致的，但也有不一致的情况，当不一致的时候，就必须规定调查地点。例如：人口普查，规定调查登记常住人口，调查地点即人口的常住地点。对于登记时不在常住地点的人，或者不在本地常住的流动人口，均须明确规定处理办法，以免调查资料出现遗漏和重复。

（六）确定调查经费预算

市场调查费用的多少通常视调查范围和难易程度而定。通常情况下，市场调查中实施调查阶段的费用一般占据调查经费预算的 40%左右，而实施前期的计划准备和后期分析报告阶段的费用则分别占 20%和 40%左右。在进行经费预算时，一般需要考虑以下几个方面：调查方案设计费、抽样设计费、问卷设计费（包括测试费）、问卷印刷装订费、调查实施费、数据编码录入费、数据统计分析费、调查报告撰写费、办公费用、其他费用。

（七）确定调查报告的内容和提交方式

调查报告的内容主要包括研究目的、研究方法、调查结果分析、建议、附件等。调查报告提交的方式是指市场调查组织者和实施者以何种形式向用户提交调查报告以及调查报告的形式和份数，较常用的提交方式一般有电子资料方式、光盘资料方式、纸质材料方式等。

（八）制订详细的调查组织计划

调查的组织计划主要是调查实施过程中的具体工作计划，例如，各工作环节的人员配备与工作目标、调查的质量控制措施、调查人员的培训等。

对于规模较大的调查机构，调查的组织计划要体现并处理以下几种关系：方案设计者、数据采集者、资料汇总处理者以及资料开发利用与分析者之间的相互关系；调查中的人、财、物各因素之间的相互关系；调查过程中各环节、各程序、各部门之间的相互关系。这些关系处理得好，任务的安排就可以做到科学、合理、平衡和有效。

拓展阅读

准确界定调查目的

任务实施

一、任务背景

在项目二任务一中，我们已经确定了市场调查方案的类型，明确了市场调查的目的和内容。接下来，请在此基础上拟定市场调查方案初稿。

二、任务目标

通过本次任务，了解市场调查方案设计原则，掌握市场调查方案设计的步骤，能够根据任务背景确定市场调查方案具体框架、内容和设计技巧，同时，提高自身专业能力和职业核心能力。

三、任务要求

学生根据背景资料，确定市场调查方案的具体框架，讨论并确定调查方案中各部分具体内容；提交拟订的市场调查方案。教师审核学生的调查方案。

四、任务步骤

（1）由学生自愿组成小组，每组 6～8 人；

（2）明确市场调查方案设计的主要内容；
（3）了解项目背景、调研目的；
（4）小组讨论调查内容、调查对象及抽样方法、经费预算、调查日程安排等；
（5）小组成员共同商讨，初步拟订调查方案；
（6）提交调查方案，教师对方案进行审核。

任务三 撰写市场调查方案

任务导入

中国粮油食品进出口总公司日本冻鸡市场调查方案

一、背景资料和调查目的

中国粮油食品进出口总公司（简称粮油公司）自20世纪60年代开始向日本出口冻鸡，销路一直很好。70年代中期，日本冻鸡市场竞争加剧，中国冻鸡出口呈现下降趋势。粮油公司的调查目的是要重新确定目标市场和调整市场营销策略以应付激烈的竞争，其制定的具体的调查目标如下：

（1）识别主要的竞争对手；
（2）评估中国冻鸡与竞争者冻鸡在质量、品种、规格和包装方面的差异；
（3）研究日本消费者对冻鸡的消费偏好和购买行为；
（4）判断不同类型的消费者对冻鸡的态度和要求；
（5）确定对不同消费人群具有吸引力的价格；
（6）确定有效的促销和分销策略。

二、调查方法

粮油公司决定采用两种方法展开调查：

一是二手资料调查。主要通过查阅和分析国内外公开发表的有关肉鸡饲料和加工方面的文章和资料，查阅各国有关肉鸡生产方面的统计资料，分析肉鸡饲料加工行业的报告等来收集资料。

二是实地调查。根据调查目的设计一份问卷，采用个人访问的方式进行资料收集。每次访问时间为30～45分钟，在访问期间，对于一些敏感问题另附一份自答问卷，让访问对象自己回答。

三、抽样方案

抽样样本确定为500人，其中包括饮食业用户和其他团体用户的一些管理人员，样本将从日本的5个主要大城市中根据概率抽样方法抽取，抽样的分配比率大致为：家庭妇女占50%，饮食业用户经理占25%，团体用户经理占25%。

四、资料收集

实地调查人员的招聘由日本友好商社帮助进行，每个城市约选4人进行采访，由日本友好商社进行监督管理，采访工作拟在一周内完成。

五、资料处理和分析

使用标准的编辑和编码程序处理资料，使用方差分析法（ANOVA）对资料进行统计分析。

六、调查报告

使用书面形式报告调查结果。

七、成本预算

全部调查项目的成本预算为50 000美元，浮动幅度为10%。

八、时间安排

(1) 调查计划拟订，2周；

(2) 二手资料调查，2周；

(3) 实地调查，1周；

(4) 资料录入编码，2周；

(5) 数据整理分析，1周；

(6) 拟写调查报告，1周。

任务分析

市场调查方案是指导我们完成调查任务的蓝图，也是指导我们调查工作的总纲。可以说，调查方案设计的科学、系统、可操作性与否关系到调查工作的成败。为了使调查方案可以有条不紊地指导我们的调查活动，我们还应该对方案进行一系列的讨论和修改，直到获得多方面的认可。

基础知识

一、市场调查方案的一般格式

不同的市场调查方案格式有所区别，但是一般都包括前言、调查的目的和意义、调查的内容和具体项目、调查的对象和调查范围、调查的方法、资料分析的方法、调查时间进度安排、经费预算、调查结果的表现形式、附录等。

（一）前言

前言即方案的开头，应该简明扼要地介绍整个调查课题的出台背景、原因。

（二）调查的目的和意义

方案设计的第一步就是在背景分析的前提下确定市场调查的目的。这是调查过程中关键的一步。目的不同，调查的内容和范围就不同。如果目的不明确，就无法确定调查的对象、内容和方法等。

对于任何调查项目，调查者首先要弄清楚以下三个问题：

(1) 客户为什么要进行调查？即调查的意义。

(2) 客户想通过调查获得什么信息？即调查的内容。

(3) 客户希望利用已获得的信息做什么？即通过调查所获得的信息能否解决客户所面临的问题。

（三）调查的内容和具体项目

调查的主要内容和具体项目是依据我们为解决调查问题所必需的信息资料来确定的。

在确定调查项目时，要注意以下几个方面的问题：

(1) 所有确定的调查项目应该是围绕调查目标进行的，为实现调查目标服务的，否则就是浪费人力、物力和财力。

(2) 调查项目的表达应该是清晰的。通过调查，答案是能够获取的。必要时，可以附上对调查项目的详细解释，以确保调查项目的明确性。

(3) 调查项目之间一般是相互联系的。有时，可能存在着内在逻辑关系或相互的因果关系。所以，在调查项目中，会先提出一些假设，并希望在今后的调查中得到进一步验证。

（四）调查对象和调查范围

确定调查对象和调查范围，主要是为了解决向谁调查和由谁来具体提供资料的问题。调查对象就是根据调查目的、任务确定调查的范围及所要调查的总体，它是由某些性质上相同的许多调查单位组成的。

在一般情况下，调查对象的选择是根据消费品的种类及其分销渠道来确定的。也就是说，产品由生产者到消费者手中都经历了哪些环节，那么消费者的调查对象也就是哪几种人。例如：耐用消费品，一般分销渠道较短，其调查对象主要为经销商和最终消费者；一般消费品，如自行车，它的分销渠道稍微长一些，其调查对象主要为消费者、经销商；而一些价格低廉、外形较小的日用消费品，由于消费者一般是随用随买，以方便为宜，因此它的零售商较多，分销渠道长，调查对象也就增加了零售商。

（五）调查的方法

调查方法有面谈、电话访问、邮寄调查、留置调查、座谈会、网上调查等。至于具体采用什么方法，往往取决于调查对象和调查任务。选取样本的方法也很多，比如按是否是概率抽样可以分为随机抽样和非随机抽样，在随机抽样中又有简单随机抽样、系统抽样、分层抽样、分群抽样等方法可供选择；在非随机抽样中有判断抽样、方便抽样、配额抽样、滚雪球抽样等方法可供选择。选择不同的调查方法，调查结果会有所不同，有时会产生很大差别。

案例精选

选址的巧妙之处

某集团有员工近万人，在这个集团门口的两侧分别开着A、B两家超市。虽然两家超市的位置相近，但日销售额却相差很大。A超市不管使用什么样的促销方式都无法超过B超市。A超市的老板很困惑，自己超市的品牌形象比B超市好，而且经营的商品种类比B超市全，营业面积也差不多，为什么销售额却远低于对方？于是他请专家来诊断。

专家经过现场观察，得出了以下结论：A超市开在路的右边，是该集团的员工上班必经之地，而B超市开在路的左边，恰好是员工下班必经之地。人们匆匆赶去上班时不可能停下来去超市买东西，而下班之后就有充足的时间买东西。同样的地段，选择开店的方位不同，销售额会相差很大。

（六）资料分析的方法

采用实地调查方法收集到的原始资料大多是零散的、不系统的，只能反映事物的表象，无法深入研究事物的本质和规律，这就要求调查人员对大量原始资料进行分类、编码、分析、整理加工和汇总，使之系统化和条理化。

（七）调查时间进度安排

调查时间是调查工作开始时间和结束时间。拟订调查进度表主要考虑两方面的问题：一方面是考虑客户的时间要求，及信息的时效性；另一方面是考虑调查的难易程度，及在调查过程中可能出现的问题。

一般情况下，调查过程安排如下：

第一周，准备，包括与客户商讨、确认计划建议书，进行二手资料收集，了解行情，设计问卷等；

第二周，试调查，包括修改、确定问卷；

第三周，具体实施调查；

第四周，进行数据处理；

第五周，编写报告，结束调查。

市场调查进度表的一般格式如表 2-1 所示。

表 2-1　市场调查进度表的一般格式

工作与活动内容	时间	参与单位和活动小组	主要负责人及成员	备注

（八）经费预算

市场调查项目的财务预算是判断和确定调查项目可行性的基础，也是调查企业确定合理报价的前提。调查费用项目具体包括：资料收集、复印费，问卷设计、印刷费，实地调查劳务费，数据收入、统计劳务费，计算机数据处理费，报告撰写费，打印装订费，组织管理费，税收，利润，等等。调查项目成本结构表如表 2-2 所示。

表 2-2　调查项目成本结构表

项目	与项目内容的关系	占总成本的比例
调查人员培训	相对固定	4%～5%
初步调查费	前期已支付	10%～15%
调查工具设计费	相对固定	5%左右
问卷印刷费	单位印刷费×样本量	2%～3%
问卷测试费	相对固定	1%以下
访问费（赠品费）	单位访问费×样本量	5%～8%
调查劳务费	单位调查费×样本量	30%～36%
交通费及餐补	调查时间×日补贴	5%～10%
统计分析	单位统计费×样本量	16%～20%
公共关系	相对固定	5%左右
报告和展示	相对固定	2%～3%
其他杂费		5%左右

（九）调查结果的表现形式

确定调查结果的表现形式，如最终报告是书面报告还是口头报告，是否有阶段性报告等。

（十）附录

列出项目负责人及主要参加者的名单，并且可以简要介绍一下团队成员的专长和分工情况，指明抽样方案的技术说明和细节说明，说明调查问卷设计中有关的技术参数、数据处理方法、所采用的软件等。

二、市场调查方案评价

调查方案设计完毕，一般还需要对其进行可行性评价。

（一）调查方案评价标准

对于一个调查方案的优劣，可以从两个方面进行评价：

（1）方案设计是否基本体现了调查的目的和要求，是否科学、完整和适用。这一条是最基本的评价标准。调研人员应从调查项目的可行性和调查目的出发，根据方案确定的调查内容、调查范围、调查单位，设置一系列完整的观察指标体系，并判断这些指标是否能够给决策提供必要的信息。

（2）方案设计可操作性是否强，是否可以保证调查质量。在调查方案设计中，要考虑到可操作性，从进度安排、预算、调查方法选择、调查范围等方面确保方案的可操作性。调查质量是最终检验调查方案是否科学合理的唯一标准。然而，影响调查数据质量的因素是多方面的，调查方案设计阶段必须事先考虑到在调查过程中可能产生的影响调查质量的各种因素，选择更加合理的媒介和方法，尽可能提高调查质量，这些努力应该在调查方案设计中体现。

（二）调查方案的讨论和修改

1. 采用项目小组座谈会的方法

可由项目调查小组的组长主持会议，项目小组人员参加会议，同时可以邀请委托方代表参加。主持人在该座谈会前针对本次调查任务的调查方案列出提纲，与会人员围绕调查目的、调查内容、调查对象、调查范围、调查方法、调查工具、调查时间进度安排、调查经费预算等展开讨论。参加座谈会的人员可以公开发表各自的意见和想法，集思广益，相互启迪，相互交流，相互补充，针对某个问题最好能达成一致的修改意见。

2. 采用经验判断的方法

经验判断即通过组织一些市场调查经验丰富的人士，对设计出来的市场调查方案进行初步研究和判断，以说明调查方案的可行性。例如：对劳务市场中的农民工问题进行调查，就不适合采用普查的方式，而是应该采用抽样调查。

经验判断法的优点是可以节约人力、物力等资源，并在较短的时间内做出快速的判断。缺点是因为认识有限，并且事物的发展变化常常有例外，各种主观因素都会对判断的准确性产生影响。

3. 采用试点调查的方法

试点是整个调查方案可行性研究中的一个十分重要的步骤，对于大规模的市场调查来说更是重要。调查人员可以通过在小范围内选择部分单位进行试点调查，对调查方案进行实地检验，及时总结并做出修改。

具体操作的时候应该注意以下几个问题：

（1）应该选择适当的调查对象，必要时可以采用少数单位先行试点，然后再扩大试点的范围和区域，最后全面铺开，如此循序渐进。

（2）事先建立一支精干的调查队伍，这是做好调查研究工作的先决条件。团队成员包括有关调查的负责人、调查方案设计者和调查骨干，这将为搞好试点调查工作提供组织保证。

（3）调查方式应该保持适当的灵活性，不能太死板。事先确定的调查方式可以多准备几种，以便经过比对后，从中选择合适的方式。

（4）试点调查工作结束后，应该及时做好总结工作，认真分析试点调查的结果，找出影响调查的各种主观因素并进行分析。检查调查项目的制定是否恰当，调查指标的设置是否正确，哪些项目应该增加或减少，哪些地方应该修改和补充，及时提出具体意见，对原方案进行修改和补充，以便制订的调查方案科学合理、切合实际情况。

任务实施

一、任务背景

在项目二任务二中，我们已经拟定了调查方案的初稿，在本任务中请根据调查方案标准格式确定市场调查方案终稿，并进行评价和修改。

二、任务目标

通过本次任务，掌握调查方案的基本构成组件和各部分内容的具体设计与撰写。

三、任务要求

任务二调查提案通过的小组，继续设计调查方案。

四、任务步骤

（1）各小组在原来选定调查项目的基础上，继续进行调查方案的设计。

（2）各小组按照要求提交规范的市场调查方案文本一份及市场调查方案演讲文稿一份。

（3）各小组有效完成市场调查方案汇报和演讲。

学思之窗

京东物流的“绿色行动”

2017 年世界环境日（6 月 5 日）的当天，京东物流携手宝洁、雀巢、惠氏、乐高、金佰利、农夫山泉、联合利华、屈臣氏、伊利九大品牌商共同发起了一项针对绿色供应链的联合行动——“青流计划”，并与环保组织 WWF（世界自然基金会）签署了《中国纸制品可持续发展倡议书》，助力绿色快递。

据了解，2016 年中国快递包裹数量居全球第一。在这种高速增长的背后，是包装耗材的惊人浪费。数据显示，中国快递行业每年消耗的包装袋、运单和纸箱数量均在百亿以上个，由此产生大量的快递垃圾，给环境和整个社会带来巨大的负担。

根据该举措，到 2020 年，京东将减少供应链中一次性包装纸箱使用量 100 亿个，这相当于 2015 年全年全国快递纸箱的使用数量；从品牌商到电商企业的供货端，京东物流将实现 80%商品包装耗材的可回收、单位商品包装重量减轻 25%；在用户端，京东物流 50%以上的塑料包装将使用生物降解材料、100%物流包装使用可再生或可回收材料、100%物流包装印刷采用环保印刷工艺。

“青流计划”通过京东的平台优势，整合品牌供应商、物流企业、包装企业和消费者，并吸引更多的社会资源加入，在产业链上形成良性合力，让绿色节能深入产业链的每个环节，最终发挥出产业合作的最大效力。

点滴见素养：了解中国企业为全球绿色生产生活方式做出的努力与贡献，坚持用技术创新促进人类社会的可持续发展，在树立品牌形象的同时，也增强了民族自豪感和使命感。

项目总结

市场调查方案，就是根据调查研究的目的和调查对象的性质，在实际调查之前，对调查工作总任务的各个方面和各个阶段进行通盘考虑，以提出相应的调查实施方案，制定合理的工作程序。从市场调查方案的目的、作用等不同角度进行划分，可以将市场调查设计方案分为多种不同的类型：按照调查目的划分，可以将市场调查方案分为探索性调查方案、描述性调查方案、因果性调查方案；按照选择调查样本方法的不同，可以分为普遍调查、重点调查、典型调查、抽样调查。

市场调查方案设计需要遵循可行性原则、经济性原则、灵活性原则。一般来讲，从调查供给方，即专业调查工作或自设调查部门的角度来看，市场调查包括确定市场调查问题、拟订市场调查提案、设计市场调查方案等步骤。市场调查方案设计的主要构成要素包括八个方面：确定调查目的、确定调查对象和调查单位、确定调查项目、确定调查时间和调查期限、确定调查地点、确定调查经费预算、确定调查报告的内容和提交方式、制订详细的调查组织计划。

不同的市场调查方案格式有所区别，但是一般都包括前言、调查目的和意义、调查的内容和具体项目、调查对象和调查范围、调查的方法、资料分析的方法、调查时间进度安排、经费预算、调查结果的表现形式、附录等。

职业技能训练

一、单项选择题

1. 进行某类产品市场特征和变化趋势的调查应该属于（　　）。

A. 探索性调查　　B. 描述性调查　　C. 因果性调查　　D. 抽样调查

2. 当对调查问题一无所知的时候，首先应该进行（　　）。

A. 探索性调查　　B. 描述性调查　　C. 因果性调查　　D. 以上都不是

二、多项选择题

1. 按照市场调查方案的目的划分，可以将调查设计方案分为（　　）。

A. 探索性调查　　B. 描述性调查　　C. 因果性调查　　D. 抽样调查

2. 对于一个调查方案的优劣，可以从（　　）方面进行评价。

A. 是否科学、完整和适用　　B. 操作性是否强

C. 是否可以保证调查质量　　D. 是否基本体现了调查的目的和要求

三、判断题

1. 要制定一份好的市场调查方案，必须根据调查目标要求，合理安排好进度计划和费用预算，确保可操作性。（　　）

2. 即使市场经验不丰富的人也可以对市场调查方案进行优劣判断。（　　）

四、简答题

1. 简述市场调查方案的类型。

2. 简述市场调查方案的作用。

3. 简述市场调查方案的一般格式。

五、案例分析题

大学生手机市场调查计划书

某集团为了更好地开发手机市场，确立某品牌手机产品在本市的市场地位，拓展本品牌手机的市场发展空间，更好地满足消费者的消费需求，计划对大学生手机市场进行一次较系统的市场调查。

1. 调查目的

（1）明确手机市场的品牌认知与竞争情况；

（2）了解和分析各层次消费群体的消费需求和消费行为；

（3）掌握手机销售终端对各手机品牌的销售状况；

（4）了解消费者及各手机销售终端对手机的认知和建议，以及与其他品牌相比的优缺点；

（5）掌握其他品牌手机产品的营销策略与推广方式；

（6）最终目的：一是为调整本公司手机产品的营销策略提供市场依据；二是为确立本公司在本市市场的营销定位。

2. 调查内容

（1）各手机品牌的认知与竞争情况。

1）各手机品牌的认知度；

2）各手机品牌的购买频率；

3）不同档次手机的购买频率；

4）各手机品牌的购买意向；

5）各手机品牌的市场份额。

（2）消费者的消费行为与需求。

1）消费者对各品牌手机产品质量的评价；

2）消费者对各手机产品款式的认知与要求；

3）不同层次消费者对手机产品价格的接受程度；

4）影响消费者购买手机产品的主要因素；

5）消费者对手机产品功能的要求；

6）不同层次消费者购买手机产品的场所。

(3) 销售终端各手机品牌的销售状况。

1）各销售终端销售不同手机品牌的数量与月销售总量；

2）各销售终端销售各手机品牌的消费者喜好程度；

3）各销售终端销售各手机品牌的价格；

4）各销售终端对各手机品牌质量、款式、功效的评价与要求；

5）各销售终端对不同品牌手机产品的促销与推广方式；

6）各销售终端对本公司手机的评价以及与其他品牌相比的优缺点；

7）请各销售终端提出本公司手机存在的问题（质量、价格、包装、客户服务、促销）及建议。

3. 调查方法

(1) 校园定点拦截调查法：对一般的、不同层次的消费者采用校园定点拦截访问的方式进行调查，即在本院校的繁华地带租用场地，由访问员对消费者进行讲解后，进行一对一的访问。样本数不宜过多，建议为 30～50 人。

(2) 深入访问调查法：对各手机销售终端采用深度访问法进行深度访问，目的是了解各零售商对手机的认识情况，设定访问样本为 10 个销售终端。

4. 调查结果的复核与统计分析

(1) 统计采用小组合作分析的销售结果进行分析；

(2) 问卷调查的准确率为 80%；

(3) 系统分析误差为 80%。

5. 调查进度安排

调查进度安排如表 2-3 所示。

表 2-3　调查进度安排表

时间	内容
4 月 8 日—4 月 9 日	设计问卷、选择样本、了解品牌
4 月 9 日—4 月 10 日	调查前的准备（踩点、问卷试调查）
4 月 11 日	调查实施（深入访问调查、校园定点拦截调查）
4 月 15 日—4 月 20 日	问卷的复核与审核
4 月 21 日—4 月 30 日	统计分析、编写调查报告
5 月 7 日—5 月 15 日	印刷和提交调查报告

6. 费用预算

每份问卷共 5 张，印刷 70 份问卷共计：70×5×0.2＝70（元）。

阅读材料，回答问题：

1. 该调查方案的格式是否符合要求？为什么？

2. 根据编写调查方案的要求及评价标准，指出该调查方案存在的不足，并提出修改意见。

项目三 市场调查方法

学习目标

知识目标

1. 熟悉各种市场调查方法的种类
2. 掌握各种市场调查方法的操作流程

技能目标

1. 能够根据不同的项目任务选择合适的调查方法
2. 能够灵活运用各种市场调查方法获取调查资料

素养目标

1. 培养团队意识与合作精神，培养逻辑思维能力与表达能力
2. 遵守市场调查人员职业道德，履行职业责任，树立吃苦耐劳的工作作风

任务一 了解文案调查法

任务导入

捷达公司的市场调查

捷达公司原来是一家自行车生产厂家，后来开始转向电动自行车的生产，并具有一定的研发能力和生产能力。为了降低经营风险，提高竞争力，在进入某地区市场前，捷达公司对消费者和经销商进行调查，首先通过二手资料调查法摸清了该地区电动自行车的市场规模、市场容量、市场增长潜力、竞争对手情况等信息。

捷达公司的做法是这样的，调查人员首先在企业的各个业务部门（销售部、市场部、财务部、仓库、代理商等处）查找捷达公司内部的资料：

（1）捷达公司的业务资料：客户订货单、进货单、合同文本、发票、销售记录、应收应付款、产品利润结构和地区利润结构等。

（2）捷达公司的统计资料：公司的各种统计报表，生产、销售、库存等各种数据资料、统计分析资料。

（3）捷达公司的财务资料：财务部门提供的各种财务、会计核算和分析资料，包括成本、价格、经营利润等。

（4）捷达公司积累的其他资料：公司的各种调查报告、总结、顾客意见与建议、简报、录像等。

另外，调查人员应积极查找外部的资料：

（1）查找该地区统计局、财政局、市计委、工商局、税务局、各大银行公布的信息资料，并登录相关网站，获取最新数据。

（2）在该地区各大媒体上（报纸、杂志、电视、广播、网络）关注电动自行车市场信息栏目和商业评论栏目。

（3）该地区及周边市场的各种市场调查机构提供的市场信息。

（4）该地区图书馆、档案存档的各种电动自行车的商情资料、技术发展资料、研究机构的各种调查报告、论文集等。

（5）在该地区企业名录中查找电动自行车生产和零部件供应商企业。

（6）通过“该地区电动自行车协会”了解近几年自行车行业的发展状况，行业的行规、惯例等。尽可能查询更多的信息资料，如年销售量等。

（7）通过近几年的该地区市政府工作报告及该地区统计公报了解该地区近几年的经济发展状况，特别是与自行车生产相关的制造业数据。在统计年鉴中查询该地区电动自行车年产量、产值等。

（8）在互联网上查找电动自行车企业，了解各企业生产规模、技术力量、产品类型等。

（9）通过“中国质量技术监督局”网站了解电动自行车质量技术标准。重点了解电动自行车的车速、发动机、车架组合的抗震动强度、制动距离标准部分。

任务分析

市场上已有的资料也称为二手资料，文案调查法是最常用的获取二手信息的调查方法，也称为间接调查法。在正式调查活动开始之前可以首先通过报纸、广播、电视、杂志以及其他一些媒体，查找相关数据、资料，通过过滤、筛选，去粗取精，去伪存真，得到大量的有用信息。这些信息有的可以让我们看清市场调查的问题，有的甚至可以直接作为市场调查的结论。为了更好地利用文案调查方法，调查人员需要了解文案调查法的特点、使用文案调查法的程序、获取调查资料的途径及文案调查的主要方法。

基础知识

一、文案调查法的含义、特点及优缺点

（一）文案调查法的含义

文案调查法又称二手资料调查法、间接调查法、资料分析法或室内研究法，是指围绕一定的调查目的，通过查看、检索、阅读、购买、复制等手段，收集和整理企业内部和外部现有的各种信息、情报，对调查内容进行分析研究的一种调查方法。文案调查法所获取的资料又称为次级资料、二手资料，比如可以查阅图书、期刊、报纸、会议文件、科研报告、情况简报、经济或统计年鉴、学术论文、专利、档案文献、图片、录音、录像等，这些资料通常是根据一定的调查目的经过整理的现成资料。

（二）文案调查法的特点

（1）文案调查是收集已经加工过的文案，而不是原始资料。简而言之，就是调查者可以在足不出户的情况下，通过文案调查法获取已有信息用来支持调查项目，为营销决策活动提供参考。比如，我们在家看电视、报纸或其他媒体资料，获知新能源车开始在5个城市试运行，据此可以推测新能源汽车具有很大的发展前景，未来可能成为消费者的消费计划。

（2）文案调查所收集的资料既包括动态资料，也包括静态资料。文案调查尤其注重对动态资料的收集，对动态资料进行分析可以反映市场发展变化的现实与历史动态过程。静态资料是指某一时间段内变化相对较小的市场态势资料，是一个相对的概念，经常作为动态资料的参考，以便进行进一步的市场调查。在文案调查法应用中，调查人员一般更偏于对动态资料的收集。

（3）文案调查法所收集的资料主题比较明确。在我国，目前仍以收集印刷型文献资料为主。当代印刷型文献资料又有许多新的特点，即数量急剧增加、分布十分广泛、内容重复交叉、质量良莠不齐等。

（三）文案调查法的优缺点

1. 文案调查法的优点

（1）获取的信息资料信息丰富，受到时间和空间限制较少；

（2）收集过程简易、经济便利，能够节省大量的人力、物力和财力；

（3）资料内容比较客观，比较适合纵向比较；

（4）可以为实地调查提供大量的背景资料和借鉴意义。

2. 文案调查法的缺点

（1）不可得性。对于有些问题，可能根本就不存在二手资料，因此也就无法收集。

（2）不可预见性。由于形式和方法上的问题，有很多二手资料无法为调查人员所应用。

（3）准确性差。在收集、整理二手资料的过程中，调查人员难免会有一些错误，从而导致收集到的资料缺乏准确性。

（4）资料不充分。虽然通过文案资料可以获得大量的信息，但是不能据此做出完全准确的判断。

案例精选

资料收集方式的修改

二手资料除了能够提供调查方法外，还能暴露出调查者潜在的问题和困难，如资料收集方法不受欢迎、样本选择有困难或调查者有敌对情绪等。例如：国外某制药厂一位调查者计划进行一项对某种新型防治感冒药物的满意度的研究。在设计问卷时，他查阅了一项服用感冒药后驾驶机动车的市场调查资料后发现电话调查的拒访率非常高。于是这位调查者将原定的电话调查改为邮寄问卷调查，并承诺给应答者物质奖励。

二、文案调查法的工作步骤

文案调查法一般包括以下几个步骤，如图 3-1 所示。

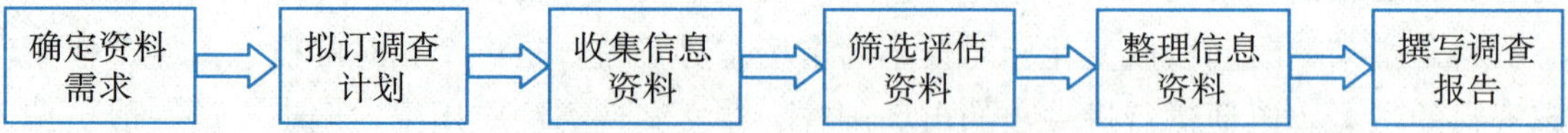

图 3-1　文案调查法的工作步骤

（一）确定资料需求

进行文案调查法的第一步要明确资料需求信息。文案调查所需要的信息都要围绕调查目的展开，委托方与被委托方需要经过多次深入沟通后，就调查目的、调查内容涵盖范围达成一致，以避免日后调查结果不适用。调查目的明确之后，调查人员就可以围绕调查目的确定资料需求信息。一般来讲，调查者在明确所需资料时，应该考虑此次调查所需要的资料的长远需求和现实需求。长远需求主要是通过此次调查为企业经常性的经营管理活动提供信息和数据支持；现实需求则是通过此次调查所获取的信息为解决具体问题提供数据支持。文案调查资料的明确，可以为调查者节省时间、人力、物力和财力等，为调查工作的顺利开展奠定基础。

（二）拟订调查计划

为保证文案调查顺利有效开展，在确定完资料需求之后，要拟订详细的调查计划或方案。调查计划的内容涵盖各种调查具体目标及其排列优先顺序、各种可能使用的资料及来源、调查人员的培训及分工、调查过程中的费用预算、调查所需要的时间及最后完成日期。

（三）收集信息资料

在收集信息资料阶段，要明确获取资料的渠道。资料主要有企业内部资料和外部资料，调查人员要针对调查目标和资料内容，分析资料来源的准确性和可获得性，确定资料的可能来源。在收集过程中，还需要注重两个方面：第一，要保证资料的数量。在资料收集范围内，尽可能多地收集资料，保证资料的涵盖范围。第二，要保证资料的质量。为便于在调查过程中对资料的利用，调查人员要详细记录下资料的信息（出处、作者、文献名称、出版社、出版时间、引文页码等）。还有一些需要特殊说明的，比如资料使用限制、使用程序等也要进行说明。

（四）筛选评估资料

筛选评估资料的目的是去伪存真、去粗取精，并将资料整理成统一的形式。筛选要坚持两个原则：第一，真实性。要求调查者细心阅读资料内容，注意发现资料中隐藏的错误、夸张及曲解，避免资料的失真。第二，原始性。各种资料中引用的一些外来资料可能是片面的，如报纸上的资料可能是经采编后得来的，并经过多次转载和引用。针对这些引用的资料，一定要寻找原始的资料文件和相关的参考书籍。这样可以对这些外来资料有更全面的认识和把握。评估主要是评估各类资料的可用性，主要评估资料的切题性、准确性、专题性、时间性和效益性。

（五）整理信息资料

文案调查所获取的资料种类繁多，资料间可能有中断和矛盾，也可能有互补。此时调查人员应该运用相关知识和经验，对资料进行判断，并加以整理、衔接及融会贯通。整理信息资料要处理好以下几方面的问题：将用不同计算单位得到的资料统一口径，转换为标准单位；对调查资料做逻辑性分析，将所收集的数据有机地重新编排和组合，成为新的可用的资料；统计图表做必要的分析和解释，使阅读者能容易地阅读和掌握事实情况；最后还要详细检查资料是否全面、严谨，衔接是否得当。经整理后的资料不可孤立地分析和运用，必须经过比较分析和相互衔接，才能用来发现事物发展、变化的规律。

（六）撰写调查报告

在收集到充分的信息资料后，调查人员要对这些信息资料进行整理分析，将重要信息提炼成一份完整的调查报告提交给决策者。

案例精选

顾客俱乐部

通过成立“顾客俱乐部”来建立数据库是一种收集顾客信息的方法。例如：某公司邀请孩子们加入“奶酪俱乐部”，只要有 3 张购买证明，一张填写好孩子的（当然还有妈妈的）姓名和地址的会员单，外加 2.95 元，就会得到该公司送出的礼物。该公司正利用它记录着 3 600 万个家庭和每天 200 万宗交易的数据库，来帮助它的录像带租借顾客选择影片，并吸引他们购买公司的其他附属产品。该公司已经将它的购物卡提升为俱乐部卡，以此卡为基础建立了一个能自动对促销商品进行打折的数据库。

三、文案调查的方法

文案调查的具体方法有很多，最常用的有以下几种。

（一）查找法

获取二手资料的基本方法是查找法。在运用查找法时，从操作的次序看，首先，要注意从企业内部查找，通常情况下，从自身的信息资料库中查找最为快速、方便。其次，还可到企业外部查找。查找时，可通过阅读目录、参考文献、检索工具等来进行。

（二）咨询法

咨询法是指通过电话询问、实地咨询，向企业内部相关部门查询某些业务数据的方法。在进行咨询之前，调查人员应该了解企业有哪些相关服务咨询项目，从而做到有的放矢，节省调查成本和时间。

（三）索取法

如果所收集的调查资料明显属于某个机构或者部门，在这种情况下，市场调查人员需向有关机构直接索取某方面的情报信息。在索取资料时，应注意营造良好的企业形象，清楚地说明需要资料缘由及资料类别，索取数量要适可而止。

（四）其他常用方法

（1）收听法。收听法是用收音机等收听广播及新兴的多媒体传播系统中播放的各种政策、法规和经济信息的一种方法。

（2）购买法。购买法是指从专业咨询机构、行业协会、信息中心等单位或团体购买定期或不定期出版的市场行情资料和市场分析报告等的一种方法。

（3）委托法。委托法是指委托专业市场研究公司收集和提供企业产品营销诊断资料等的一种方法。

（4）汇编法。汇编法是指企业定期整理和积累企业内部统计数据、财务数据和相关资料的一种方法。

四、文案调查的资料来源

对于企业来讲，文案调查资料的来源主要包括内部资料和外部资料。

（一）内部资料

（1）业务资料。业务资料是指那些与企业经营活动密切相关的各种原始资料，如订货单、进货单、发货单、合同文本、发票、销售记录、业务员访问报告、顾客反馈信息等。通过对这些资料的收集和分析，可以掌握本企业所生产和经营的商品的供应情况及其他详细信息，以及分区、分用户的需求变化情况。

（2）统计资料。统计资料主要包括各部门的各类统计报表，各时间段工作计划，企业生产、销售、库存等各种数据资料，各类统计分析数据资料等。通过对企业统计资料的分析，调查人员可以了解企业经营活动的数量特征及规律，它是企业进行市场调查与预测的基础。

（3）财务资料。财务资料一般是由企业财务部门提供的各种财务、会计核算和分析资料，包括生产成本、销售成本、商品价格、经营利润及税金资料等。通过对财务资料的分析，调查人员可以了解企业的经济效益，掌握企业活劳动和物化劳动的占用和消耗情况，确定企业的发展背景，为企业以后的财务决策提供支持。

（4）生产技术资料。生产技术资料是和生产环节相关的资料，包括生产作业完成情况、工时定额、操作规范、质量保障、产品设计图纸及说明书、实验数据、会议纪要、产品技术指标、设备配备、新产品开发等。通过对生产技术资料的分析，调查人员能够了解企业生产技术水平、产品设计能力、设计技术、新产品开发情况等。

（5）企业积累的其他资料。这包括平时剪报、各种调查报告、经验总结、顾客意见和建议、有关照片和录像、竞争对手的综合资料等。积累和分析这些资料，可以为企业的市场研究提供参考。

（二）外部资料

（1）各级、各类政府主管部门发布的有关资料。国家统计局和各地方统计局都定期发布统计公报、数据和统计信息，定期出版各类统计年鉴，内容包括人口总数、国民收入、居民购买力水平等，这些都是很有权威和价值的数据。此外，财政、工商、税务、银行等各主管部门和职能部门，定期或不定期地公布有关政策、法规、价格和市场供求等信息。这些信息都具有综合性强、辐射面广的特点。

（2）各种经济信息中心、咨询机构、行业协会和联合会提供的信息和有关行业资料，主要包括行业法规、市场信息、发展趋势、统计数据等。比如，机械工业协会发布的机械设备报价信息对会计师事务所进行财产评估有很重要的参考价值。

（3）国内外公开或内部发行的出版物。国内外新闻媒体、专业书籍、报纸、杂志及各种类型的图书馆等经常能够提供大量的文献资料，包括各种统计资料、广告资料、市场行情和预测资料等，有关生产和经营机构提供的广告说明、商业目录、专利资料及各种商品价目表等。这些均是获取二手资料的重要途径。

（4）组织机构资料。它包括各种国际组织、学会团体、外国使馆、商会所提供的国际信息；各类科研机构、科研院校提供的研究论文集、调查报告；各类专业性组织提供的研究报告、统计报告及其他资料信息；等等。

（5）媒体传播的信息。各地电视台和电台提供的市场信息，各地电视台和电台开设的有关市场信息、经济博览等电视节目，其中所传播的经济、市场信息及各类广告都是获取二手资料的重要来源。

（6）会议文件和资料。它包括国内外各种博览会、展销会、交易会、订货会等促销会议以及专业性、学术性经验交流会议上所发放的文件和材料。

五、文案调查资料的管理

（一）文案调查资料管理的必要性

在“信息爆炸”的时代，要想利用现成的数据又不会被数据淹没，就必须对二手资料进行有效的管理。具体来说，应该着手做好以下几项工作：

（1）建立信息管理系统。信息管理系统用于持续监测各种数据来源并快速锁定所需数据，将日常运营过程中收集到的各种市场资料分门别类地归档，通过对数据资料进行整理、补充、修正、汇总，形成决策支持系统，辅之以现代化信息工具和手段，提高信息利用率。

（2）配备专门人员。根据生产经营和长期发展的需要，企业要配备专门的信息管理人员，对其进行培训，以提高信息管理技术水平。

（3）提高信息使用效率。文案调查资料管理可以加强企业内部信息管理能力，增强管理机构利用信息的能力，能够用最短的流程、最快的速度、最快捷的方式将所需的信息提供给企业，用于企业战略、策略的制定等一系列问题的处理。

（4）加强内外部信息的联系。文案调查资料管理可以建立和扩大企业与外部市场信息的联系，使内部和外部的市场信息形成一个有机的体系，一方面可以通过外部信息网络获得必要的信息，另一方面企业的各种信息可以通过外部网络向全国发布。

（二）文案调查资料管理的方式

文案调查资料管理的方式通常有以下两种。

1. 档案管理方式

就像每个人都有自己的个人档案一样，各种文献资料也可以利用档案进行管理。企业将各种反映市场变化过程的资料，针对各自的特点建立经济档案。可以选择的工具有：资料袋、登记卡、卷宗、文字处理机、录像带、计算机等。档案存放的地点应该保证安全、存放的档案要保证完整无缺。对于过期或者失去效用的信息，要定期销毁，各种资料都要做好记录，以备后期使用。

2. 电脑管理方式

电脑管理方式是把与企业经营相关的各种信息资料输入或用代码储存到电脑中，利用电脑对其进行查找、排序、累加和计算。这种管理方式可以节省存储空间和时间，也提高了数据资料处理的效率，利用起来更方便。

拓展阅读

杜威十进制
分类法

任务实施

一、任务背景

在项目二任务三中，我们已经确定了市场调查方案。在本任务中，请采用文案调查法获取所需信息。

二、任务目标

通过实训项目的演练与操作，熟悉文案调查工作。

三、任务要求

以“大学生手机市场调查”为主题，利用文案调查法收集有关手机行业的发展历史、现状以及大学生消费情况等方面的信息。

四、任务步骤

（1）学生自愿组成小组，每组 6～8 人，由组长负责组织和协调项目的实施；
（2）以小组为单位，讨论调查项目，确定调查信息及获取信息的途径；
（3）小组编写一份完整的市场调查方案；
（4）小组展示调查方案的内容，交流活动结果，师生共同评价。

任务二 熟悉网络调查法

任务导入

某网络市场调研公司的做法

某网上市场调研公司通过互联网在世界范围内征集会员，只要回答一些关于个人职业、家庭成员组成及收入等方面的个人背景资料问题即可成为会员。该公司每月都会寄出一些市场调查表给符合调研要求的会员，询问诸如“你最喜欢的食物是哪些口味的，你最需要哪些家用电器”等问题。他们会在调查表的下面注明如果完成调研后被调查者可以获得的酬金，根据问卷的长短及难度不同，酬金在 200～1 000 元。他们每月还会从会员中随机抽奖，至少奖励 100 元。该公司会员注册十分积极，目前已有网上会员 50 多万人。

任务分析

以往市场调查主要是通过电话调查、实地调查和邮寄调查进行的，而网络调查法则是通过互联网收集资料。互联网所具有的许多特性，为企业开展市场调查提供了一条便利途径。互联网的出现催生了以网络在线为特征的调查新形式，特别是某些具体的针对某些特定顾客群进行的市场调查，逐渐代替了原来的调查形式，有效地降低了市场调查的成本。作为市场调查员，必须熟悉网络调查法的应用，能够独立运用网络调查法收集资料。

基础知识

一、网络调查法的含义和优缺点

（一）网络调查法的含义

网络调查法是利用互联网、计算机通信和数字交互式媒体，发布调查问卷来收集、记录、整理、分析信息的调查方法。在信息化时代，互联网为企业进行市场调查提供了强有力的工具，互联网本身作为一个工具的同时也是一个巨大的信息数据库。企业可以通过互联网提供的有关信息，通过整理与分析，获取有用的数据，用以解决市场营销的有关问题。

（二）网络调查法的优缺点

1. 网络调查法的优点

（1）无时空和地域限制。网络调查可以 24 小时进行，可以跨地区、跨国界进行，这是网络调查所独有的优势。

（2）速度快、成本低。网络调查只需有一台能上网的计算机，通过站点发布电子问卷或组织网上座谈，并且快速地将问卷回收，利用计算机和统计分析软件进行即时统计分析，省去了传统调查中的印刷问卷、派遣人员、邮寄问卷、电话访问、信息采集与录入等工作与费用，整个过程非常迅速，既方便又便宜。

（3）调查结果准确、客观。调查站点的访问者一般都对该领域有一定的兴趣，因此这种基于顾客和潜在顾客的市场调查结果是客观真实的，消费者的购买行为和态度及市场发展趋势能够有效地反映出来。

（4）更加简捷方便。与传统方式相比，调查对象可以在一种无调查人员在场的相对轻松和从容的气氛中填写问卷，达到面对面提问无法达到的效果。此外，由于网上调查一般都是在线封闭式填写，因此回答非常方便。

（5）保密效果更好。网络调查法中网络调查者可以使用匿名方式提交，这对调查者而言具有很好的保密性。这样，被访者是在完全自愿的情况下参与调查，对调查的内容一般都有一定的兴趣，因此回答问题时更加大胆、坦诚，调查结果也比传统调查更为客观和真实。

（6）具有互动性。网络的互动性赋予了网络调查互动性的优势。调查对象可以及时就问卷相关问题提出自己的看法和建议，减少因问卷设计不合理而导致的调查结论的偏差。同时，调查对象可以在网络上自由地发表自己的看法，不受时空的限制。

2. 网络调查法的缺点

（1）调查结果受制于调查对象。在传统调查中，一般是调查者主动向调查对象提出问题或要求。而在互联网上，调查对象是在完全自愿的原则下参与调查，调查的针对性更强。但网上调查的问卷能否收回，取决于调查对象对调查项目的兴趣。

（2）调查对象群体受到限制。市场调查中的抽样调查，如入户调查和街头拦访等，能保证以小部分人的意见代表全体人（目标群体）的意见，这小部分人在群体中是随机产生的，具有数理上的科学性。但在网上调查中，情况就不同了。首先，互联网是一个极为开放的空间，任何人都可参与；其次，目前上网的消费者以高收入、城市化和高学历的群体居多，难以具有真正的代表性。因此，网上调查受网上受众特征的限制，其调查结果一般只能反映网民中对特定问题有兴趣的“舆论积极分子”的意见，它所能代表的群体可能是有限的。

二、网络调查的内容

（一）网民基本情况调查

主要调查网络用户的基本信息，比如性别、年龄、专业、收入、学历、爱好、婚姻状况、职业、消费习惯、网上浏览习惯、居住场所等。

（二）产品消费调查

通过网络调查能够很好地获得现实与潜在消费者对产品和服务的需求、爱好、习惯、价格意向等方面的资料。通过调查，企业能够快速地获取产品消费市场需求结构、偏好以及趋势等信息，为企业生产经营决策提供依据。

（三）社会民情民意调查

通过网络调查可以及时、快速、准确地就社会热点问题进行调查研究，并做出反应。比如，大众对国家新出台的某项政策的态度、对公众人物的评价、对就业医疗卫生问题的反应等，这些信息为政府、社会团体及研究机构提供了大量的资料支持。

（四）广告效果调查

通过产品销售情况来测量广告的效果难度很大，因为影响产品销售情况的因素很多，通过网络调查可以很容易地获得广告投放到达率、认知率、认同率、喜爱度及对消费者购买决策的影响程度等信息。

（五）企业生产经营情况调查

对企业生产经营情况的调查可以通过两种网络调查方式进行：第一，向企业直接发放调查问卷，由企业自行填写，比如对政府或行业的统计调查；第二，利用企业在网上公布的有关生产经营信息，获得相应的调查资料。

（六）竞争对手调查

在商品经济社会中，要想在竞争中立于不败之地，必须要做到知己知彼，时刻掌握并分析同行竞争者的各种情况，从而扬长避短，充分发挥自身优势。有关竞争者调查主要包括竞争对手的市场占有率、竞争优势、经营特点、产品研发情况、销售网络以及服务水平等。

三、网络调查的方法

（一）直接调查法

直接调查法是利用互联网直接进行问卷调查或互动交流获取一手资料的方法。按网上调查所采用的技术，直接调查法可以分为访谈法、站点法、电子邮件法、随机 IP 法和视讯会议法等。

1. 访谈法

访谈法是指在计算机网络上使用已经建立的网站，邀请事先确定的若干名网友，在指定的时间登录一个特定的网站进行市场调查的方法，一般经过以下几个步骤：

第一，确定调查对象。调查人员根据调查资料的要求，甄选符合调查要求的调查对象，并按照既定的条件进行筛选，确定符合要求的受访者名单，建立潜在受访者数据库。接着，向受访者发送电子邮件，邀请他们在约定的时间登录网站接受采访。

第二，事先公布访谈内容。为保证访谈顺利进行，要事先告知受访者访谈的内容、方式、要求及注意事项，便于受访者提前做好准备。

第三，进行访谈。访谈主持人对访谈过程进行控制，在约定的时间打开网站迎接受访者，讲解问题及讨论要求，与受访者的交流要轻松愉快，避免给受访者造成紧张的氛围。

第四，整理资料，撰写报告。访谈结束后，调查员要对访谈内容进行整理分析，并撰写调查报告。

2. 站点法

站点法是将调查问卷设计成网页形式，放到一个或者多个站点上，由浏览这些站点的用户在线回答调查问题的方法。站点法属于被动调查法，特点是网站访问者看到调查问卷后，自由选择是否参与调查。调查对象答完问题后，系统自动进行数据处理。这是目前网上调查的基本方法。

案例精选

中国互联网络自身发展状况调查

CNNIC（中国互联网络信息中心）每半年进行一次的“中国互联网络发展状况调查”采用的就是在线交流调查法。在调查期间，为达到可以满足统计需要的问卷数量，CNNIC一般与国内一些著名的ISP（网络服务提供商）/ICP（网络媒体提供商）合作设置调查问卷的链接，如新浪、搜狐、网易等，并进行适当的宣传以吸引大量的互联网浏览者进行问卷点击。感兴趣的人会自愿填写问卷。

3. 电子邮件法

电子邮件法也称邮件调查法，是指利用计算机网络向调查对象的电子信箱进行问卷发送及回收的市场调查方法。调查对象收到问卷后，填写问卷，然后点击“提交”，问卷答案就会被发送到指定的邮箱。电子邮件法属于主动调查法，与传统邮件法相似，优点是邮件传送的时效性大大地提高了；缺点是问卷的交互性较差，并且数据的处理会很麻烦，因为每份问卷的答案都以邮件形式发回，所以必须重新导入数据并处理。

4. 随机IP法

随机IP法是指通过特定选取方式，随机产生一批IP地址作为样本进行调查的方法。随机IP法属于主动调查法，是由调查方主动向调查对象提出请求，被选中IP地址的用户作为调查对象提供信息。利用这种方法可以进行纯随机抽样，也可以依据一定的标志属性进行分层抽样和分段抽样。

5. 视讯会议法

视讯会议法是基于web的计算机辅助访问，将分散在不同地域的调查对象虚拟地组织起来，在主持人的引导下讨论调查问题的调查方法，主要用于对关键问题的调查研究。该方法属于主动调查法，与传统调查法中的专家调查法类似，区别在于专家不必实际地聚集在一起，而是分散在任何可以连通互联网的地方，如可以在家中、办公室等。因此，网上视讯会议法的组织比传统的专家调查法简单得多，且方便快捷。

（二）间接调查法

间接调查法主要用来搜集二手资料，是指利用互联网收集与企业营销相关的市场、供需、竞争者及宏观环境等信息的方法。对调查者来说，互联网所涵盖的信息远远超过任何传统媒体，其中蕴藏着大量有价值的商业信息，如网上广告，企业、政府部门网站上发布的需求信息和招商、招标信息等，信息面广泛，跨越时间段长，深受企业的欢迎。但是这些资料须经编排、加工处理后才能成为有用的资料。

四、网络调查的步骤

（一）明确调查目标

在进行网络调查之前，首先要确定调查的目标。调查目标是指通过此次市场调查，希望达成什么样的目标，解决什么样的问题。例如：通过调查希望知道顾客对本企业所提供的产品与服务是如何评价的；企业网站的邮件订阅者对企业邮件服务是否满意；访问者对企业网站是如何评价的；潜在顾客群对企业的新产品是否感兴趣等。

调查目标确定之后，要根据目标选择调查方式。比如，想向企业网站的访问者做调查，那么可以通过在企业网站中设置弹出式窗口，来吸引访问者完成调查问卷；如果调查对象是企业产品和服务的已有顾客，则可以通过 E-mail 的方式来进行；如果调查目标不局限于本企业的产品和服务，而是希望能够研究目前某细分市场的发展趋势的话，则可以向专门公司购买包含目标调查对象的邮件地址数据库。

（二）确定调查对象

网络调查对象包括两大类：企业产品的消费者、企业的竞争者。

1. 企业产品的消费者

企业产品的消费者要想购买本企业的产品，就必须登录企业网站，并通过企业首页所提供的分类目录或搜索引擎工具，浏览商品的说明、功能、价格、售后服务等信息。此外，企业调查人员可通过互联网跟踪消费者，了解他们对企业产品的意见、建议及其他信息。

2. 企业的竞争者

为了获得竞争者的有关动态信息，分析竞争对手的情况，准确把握行业竞争趋势，市场调查人员可以通过互联网进入竞争者的站点查询面向公众的所有信息，比如竞争企业的发展历史、提供的产品类别、组织结构、年度评价报告、营销计划等。

（三）制订调查计划

确定了调查对象后，为保证调查工作顺利开展，还要制订详细的调查计划。网络调查计划内容主要包括确定资料来源、制定调查方法、明确调查手段、设计抽样方案和确定交流方法五部分。

1. 确定资料来源

市场调查首先须确定是收集一手资料（原始资料）还是二手资料，或者是两者都要；通过何种途径获取资料，比如，在互联网上利用搜索引擎、网上营销和网上市场调查网站可以方便地收集到各种一手和二手资料。

2. 制定调查方法

网络市场调查可以使用的方法有专题讨论法、问卷调查法和实验法。

3. 明确调查手段

网络市场调查可以采取的调查手段有在线问卷和软件系统两种。目前使用比较广泛的是在线问卷。在线问卷制作简单、分发迅速、回收方便，但须遵循一定的原则。

4. 设计抽样方案

抽样方案设计的主要工作是确定抽样单位、样本规模和抽样程序。抽样单位是确定抽样的目标总体；样本规模的大小涉及调查结果的可靠性，样本须足够多，必须包括目标总体范围内所发现的各种类型样本；在抽样程序选择上，为了得到有代表性的样本，应采用概率抽样的方法，这样可以计算出抽样误差的置信度。当概率抽样的成本过高或时间过长时，可以用非概率抽样方法替代。

5. 确定交流方法

交流方法是指通过何种方式接触调查的主体。网络市场调查经常采取网上交流的方式，比如通过 E-mail、BBS 传输问卷等。

（四）收集、整理信息

利用互联网做市场调查，没有时间和空间的限制，只要准备工作充足，那么收集资料会非常快速便捷。不管是一手资料还是二手资料，都可同时在全国或全球进行。例如：某跨国公司想要了解各国消费者对某一国际品牌的看法，网络调查无须像传统调查那样，在各国找不同的代理公司分别实施，而只需在一些著名的全球性广告站点发布广告，把链接指向公司的调查表就行了。

（五）分析信息

网络调查对信息分析的能力提出了更高的要求，因为所有竞争者都可从一些知名的商业站点看到同样的信息。调查人员从收集的数据中提炼出与调查目标相关的信息，在此基础上对有价值的信息进行分析，得出正确的结论，并迅速做出反应，这是把握商机、战胜竞争对手、取得经营成果的一个制胜法宝。

（六）提交报告

和传统调查方法相似，网络调查最后也要提交调查报告。调查报告的撰写是整个网络调查活动的最后一个阶段。调查员不能把大量的数字信息和复杂的统计技术递交给管理人员，而应把与市场营销关键决策有关的主要调查结果按照调查报告的正规格式书写出来，然后提交。网络调查报告不是数据和资料的简单堆砌。

任务实施

一、任务背景

在项目三任务一中我们利用文案法收集了有关手机市场的宏观信息，在本任务中请以

“大学生手机市场调查”为主题，利用网络调查法对大学生手机使用情况进行调查。

二、任务目标

通过本次任务的操作和演练，学生能够深入理解网络调查法的运用，掌握网络调查法的内容及要求，具备进行网络调查的能力。

三、任务要求

通过网络调查法完成对大学生手机使用情况的调查，根据网络调查的步骤，选择正确的调查方法，围绕调查内容收集调查资料，对调查结果进行整理和分析，写出调查报告，并相互交流。

四、任务步骤

（1）学生自愿组成小组，每组6～8人，由组长负责组织和协调任务的实施；

（2）以小组为单位，确定本组要调查的内容；

（3）确定要收集的调查资料，选择网络调查方法；

（4）设计网络调查问卷，问卷要围绕调查目的展开；

（5）根据选取的调查方式发放问卷；

（6）回收并整理调查问卷；

（7）撰写网络调查报告；

（8）分小组讨论并进行全班交流。

任务三　掌握询问调查法

任务导入

某服装公司：侦探式销售调查

某服装公司为掌握一手“活情报”，在全国81个城市顾客集中的车站、繁华街道开设侦探性专营店，陈列公司所有的产品，给顾客以综合印象。售货员的主要任务是询问顾客的采购动向。事业部每周安排一天时间全员出动，3～5 人一组分散到各地调查，有的甚至到竞争对手的商店观察顾客的情绪，向售货员了解情况，找店主聊天。调查结束后，调查员当晚回到公司进行讨论，分析顾客消费动向，提出改进工作的新措施。全国经销该公司时装的专营店均有顾客登记卡，详细地记录每一个顾客的年龄、性别、体重、身高、体型、肤色、发色，使用什么化妆品，常去哪家理发店以及兴趣、爱好、健康情况、家庭成员、家庭收入、现时穿着及家中存衣的详细情况。这些卡片通过信息网储存在公司信息中心，只要根据卡片就能判断顾客眼下想买什么时装，今后有可能添置什么时装。侦探式销售调查使公司得以迅速扩张，且利润率高，将同行竞争对手远远甩在后面。

任务分析

询问调查法是实地调查收集市场资料最基本的、应用最普遍的方法之一，它可以单独使用，也可以同其他方法结合使用。这种方法一般是通过面谈、电话、书面、电信等方式向调查对象提出问题，由调查对象回答，以此了解市场实际情况，收集市场有关资料，获取最新的实地信息。作为调查人员，要学会运用每一种调查方法进行资料的收集工作，有针对性地选择调查方法，用较少的费用获取更多更精确的资料信息。

基础知识

一、面谈调查法

面谈调查法是调查员根据调查提纲直接访问调查对象的一种调查方法。调查人员在交谈中，应做好记录或事后追记，然后对资料进行整理分析。它是询问调查中最常用的方法之一。

（一）面谈调查法的类型

1. 按谈话方式分

（1）自由交谈方式。自由交谈方式是调查者与调查对象之间自由交谈，了解所需的市场信息资料。它可以不受时间、地点、场合的束缚。自由交谈方式能使调查对象有充分发表意见的机会，有利于调查者和调查对象双方思想沟通、深入探讨问题，有助于调查者弄清所需了解问题的来龙去脉，了解到未被列入调查提纲的重要资料。

（2）调查表提问方式。调查表提问方式是利用事先准备好的调查表向调查对象提问，请调查对象逐一回答问题。利用调查表提问方式进行调查，调查者容易控制谈话的进程，谈话内容比较明确，调查表的回收率高，调查结果也很容易汇总整理。

2. 按接触方式分

（1）个人面谈。这是调查者与调查对象面对面的单独谈话。个人面谈灵活方便，谈话问询伸缩性强，彼此可以沟通思想，能够产生激励效果。个人面谈还能控制问题的次序，谈话主题集中，有针对性，可获得较丰富的信息。但个人面谈受环境影响大，有时难以控制局面；当调查样本选定较多时，分别进行个人面谈费时较长。

（2）小组面谈。这是将选定的调查样本分成若干个小组进行交谈，调查者分头听取反馈，收集资料。每个小组由三至五个调查对象组成，可以按每个人的特点分组或按具体问题分组。这种形式既有个人面谈的优点，又能消除个人面谈的心理压力，还可以节省时间。

（3）集体面谈。这是将选定的调查对象以开座谈会的方式召集起来，听取意见，收集反馈，归纳市场信息。它除了具有个人面谈的优点外，还能使参会人员互相启发，节省时间、费用。但是，每次座谈会参加人员的选择要视调查者的组织能力而定，要给每个调查对象发表意见的机会，要注意听取不同意见的反馈。

（二）面谈调查法的优缺点

1. 面谈调查法的优点

面谈调查法能够获得较高的回答率；调查对象对调查的内容不太理解时，调查者可以当场解释；由于调查对象与调查者面对面交流，获得信息的可靠性较高；在调查过程中，还可根据调查对象的性格特征、心理变化、对访问的态度及各种非语言信息，灵活调整询问的方式和内容；通过交谈中的启发和引导，较易获得某些需要回忆或比较秘密的资料，对调查对象的购买意图、态度、意见和生活方式等也容易了解。

2. 面谈调查法的缺点

面谈调查法需要的调查时间长、成本高，由于需要选派比较多的、有一定水平的调查人员，因而成本比较高，需要投入大量的人力、物力；面谈调查法对调查人员的交流、资料收集和整理能力、素质有较高的要求；由于调查人员要和调查对象进行面对面交流，会受到调查双方所在区域、时间的限制，因此影响调查的效率。

二、电话调查法

电话调查法是指通过电话向调查对象询问有关调查内容和征询市场信息的一种调查方法。电话调查法广泛应用于以企业用户、事业团体、新老顾客等为调查对象，听取市场情况反映，收集对商品使用的意见，尤其是商品消费结构、商品品牌偏好、潜在购买要求、售后服务的满意度反馈等方面的调查。

（一）电话调查法的优点

1. 效率高

电话调查法省去了路上花费的时间，所以具有时间短、速度快的特点。电话调查法能及时收集调查对象的答案，与邮寄调查相比，速度快，因而是效率较高的调查方式之一；与面谈调查法相比，还可以访问到不易接触到的对象。

2. 可以获得更为有效的应答

一些比较敏感的问题，比如受教育水平、收入、分期付款等问题，在面谈调查和邮寄调查等情况下，调查对象会感到有些不自然，而在电话访问中，则能获得较坦诚的回答。电话调查的拒访率低，因为电话铃一响起，人们一般都会去接。

3. 易于控制实施质量

访问员集中在同一中心位置进行电话访问，督导可以在现场随时检查访问操作、访问技巧等，与入户调查和邮寄调查相比，其调查质量可以得到大大的提高。

4. 费用较低

电话调查法与面谈调查法相比，面谈调查需要的调查人员多、交通费用大，所花的费用很高；相对来说，电话调查的费用较低。

（二）电话调查法的缺点

1. 访问成功率受限制

电话号码的编制采用的是随机数表的方法，有些号码可能未开通，或者是空号，或已经停用。另外，调查对象如果正忙于其他事务，或误以为是一般的推销商的电话，都可能拒绝接受访问。这些原因使得电话访问的成功率较低。

2. 电话调查时间受限制

电话调查时间不宜过长，应该控制在 10 分钟以内；问题不宜复杂和过长，最好提一些简单易答的问题，以免引起调查对象的反感。

3. 抽样总体与目标总体可能不一致

抽样总体实际上是全体电话用户，而要调查的目标总体可能包括所有有电话和没有电话的调查对象。

三、邮寄调查法

邮寄调查法是指将设计印刷好的调查问卷或调查表格邮寄给调查对象，请他们按规定的要求和时间填写问卷，再由调查对象按要求寄回来，然后对寄回的资料进行整理分析，得到市场信息的一种调查方法。

（一）邮寄调查法的优点

1. 调查区域广泛

邮寄调查法的调查区域不受限制，只要可以通信的地方就可以展开调查；可以扩大调查区域，增加更多的调查样本数目；可增加提问的内容，信息含量大。

2. 调查者的影响小

这种调查方式避免了由于调查人员的干扰而产生的信息失真，避免调查对象受调查者态度、情绪等因素的影响，使调查资料更客观。

3. 回答问题更确切

调查对象的匿名性较强，还可以有充分的时间来考虑，能在空闲时间更好地思考问题的答案，填写较为灵活、自由、方便。

4. 费用较低

邮寄调查不需要专门进行调查人员的招聘、培训、监控以及支付报酬，调查成本较低，只需花费少量邮资和印刷费用，特别是当回收率较高时，有效问卷的费用可大大降低。

（二）邮寄调查法的缺点

1. 问卷的回收率低

由于调查对象对问题不感兴趣，或是问卷过长或复杂，调查对象没有时间或能力回答，因此邮寄调查的回收率一般很低。一般来说，回收率与问卷的长度有关，所以应尽量控制问卷的长度。

2. 结果的真实度低

由于缺乏对调查对象的控制，调查对象可以自由浏览和思考所有问题，自由选择答题顺序，甚至有些调查对象只回答部分问题，使得问卷结果不一定代表整个要调查总体的特征，所以结果的真实性有所降低。

案例精选

邮寄问卷回答是否真实

十几年前有关不明飞行物（UFO）的报道很多，有一个机构做了一份问卷寄给一些经过抽样选出的人。结果是很大一部分回答问卷的人都觉得有外星来客。这是否说明大部分人都觉得有外星来客呢？分析的结果发现，那些对不明飞行物感兴趣的人回答问卷的可能性比那些对不明飞行物不感兴趣的人回答问卷的可能性大得多。

3. 所花的时间长

邮寄调查的时间包括问卷在路途的时间和等待调查对象回答问卷的时间，因此前后会需要很长的时间，导致资料的时效性受到影响。

4. 应答者会有选择偏见

由于没有调查人员在现场监督、检查，因此调查对象常会有意或无意地漏掉某些问题，或者出现一些答非所问的情况，导致最终获得的样本不具有普遍意义上的选择性。

（三）增加邮寄问卷回收率的方法

由于邮寄问卷存在一定的缺陷，为了使调查顺利进行，提高回收率和准确性，就需依靠一定的方法和技巧，除了掌握设计问卷的技巧外，还可考虑以下方法。

1. 用电话或跟踪信跟踪提醒

为了提高回收率，可以采用电话或跟踪信来提醒调查对象回答问卷，但是这种方法要有雄厚的资金支持并能坚持不懈。

2. 提前通知

利用电话或信件方式提前告诉调查对象随后有问卷要回答，是提高问卷回收率和加快回收速度的有效办法。

3. 物质激励

随问卷附上某种有价值的物品，或采取抽奖的方式来激励调查对象以提高问卷的回收率。

4. 附上回寄信封并贴上足够的邮票

附上回寄信封并贴上足够的邮票，并在回寄信封上手写地址而不是简单地贴上地址签等，这会使调查对象感到亲切、真诚。

5. 选用知名度高的机构主办

由知名度较高且受人尊敬的机构主办，可以提高问卷的回收率。

四、留置调查法

留置调查法是调查人员将调查问卷（表格）或调查提纲当面交给调查对象，并详细说明调查目的和填写要求，留下问卷，由调查对象自行填写，再由调查人员在约定日期收回问卷，进而进行汇总分析的一种市场调查方法。它可以消除面谈法和邮寄法的一些不足。留置调查法在入户访谈难以进行而又需要深入了解调查对象的观点、态度等情况下使用。另外，企业对内部职工的调查常用这种方法，政府对居民的家庭调查也属于留置调查的一种。

（一）留置调查法的优点

1. 问卷回收率高

由于留置调查的调查过程是当面送、当面收，调查对象可以当面了解填写问卷的要求，澄清疑问，避免由于误解提问内容而产生误差，因此问卷的回收率高。

2. 可信度较高

由于调查对象有充分的时间来考虑有关的问题，便于思考回忆，同时又不受调查者的主观影响，因此可信度较高。

（二）留置调查法的缺点

1. 调查区域范围小

调查区域范围受限制，如果调查的区域太广泛，则不适合用留置问卷的方式。

2. 调查费用高

留置调查比入户访谈调查要多跑一趟去回收问卷，调查费用有所增加。

（三）留置调查问卷设计的注意事项

（1）在问卷开头部分尽量说清楚问卷调查的目的和调查对象作答的重要性。

（2）每一道题的作答方式、方法尽量详细注明。

（3）提问项目的设计要简洁、明了。

（4）避免可跳答的提问。

（5）前后提问不能相互提示。

五、询问调查法的选择

在实际调查中，选择合适的调查方法应考虑以下因素：

（一）调查范围

为获得可靠的市场调查资料，在调查过程中，要扩大调查范围，获得更多的调查样本资料，对各个层面、各不同特征的调查对象进行调查，显得十分重要。调查目的决定调查范围，调查时间、区域和经济条件以及调查方法也影响着调查范围。

（二）调查对象的可靠性和选择性

在实际调查过程中需要考虑的重要问题之一，就是如何选择最适宜的单位、个人和其他机构，有针对性地按步骤进行询问采访，从而获取最翔实的资料。面谈调查法对调查对象的可控性和选择性最高，电话调查法次之。

（三）数据量的多少

调查对象提供的数据量大小一般取决于问卷的复杂程度、询问花费的时间长短以及样本的数量。收集大量的信息和资料，从而客观全面地反映市场情况，自然对调查结果具有积极的作用。

（四）回收率、回答速度和回答质量

调查效率高低的重要评价指标是回收率、回答速度。回收率越高，则获得的信息量可能也越大；回答速度越快，则调查花费的时间越短；回答质量越高，所收集的资料质量也越高。

（五）费用

调查费用也是调查员需要考虑的主要问题之一，调查费用一般取决于调查种类、问卷性质、回收率以及调查覆盖范围等多种因素。

关于四种具体询问调查法的比较如表 3-1 所示。

表 3-1　四种具体询问调查法优缺点比较

影响因素	面谈调查法	电话调查法	邮寄调查法	留置调查法
调查范围	差	差	优	较优
调查对象可控性	优	优	差	较差
收集数据量	优	优	较优	优
问卷可回收率	优	较差	较差	较优
回答速度	优	优	差	较差
回答质量	优	较优	较差	较优
平均费用	优	较优	较优	较优

拓展阅读

新型调查方法

任务实施

一、任务背景

以项目三任务二为背景，以“大学生手机市场调查”为主题，利用询问调查法收集所需资料。

二、任务目标

通过本实训任务的演练与操作，初步认识询问调查法的应用。

三、任务要求

学生分组，自己当一回市场调查员，确定调查内容，制定访问提纲，选择一种询问调查法进行调查。

四、任务步骤

（1）学生自愿组成小组，每组 6～8 人，由组长负责组织和协调任务的实施；

（2）以小组为单位，确定本组的调查项目；

（3）针对调查项目确定一种询问调查法（面谈调查法、电话调查法、邮寄调查法、留置调查法）；

（4）制定访问提纲；

（5）组织实施调查；

（6）概括调查结果；

（7）小组之间分享调查过程、调查结论，学生互评，教师评价。

任务四 掌握观察调查法

任务导入

海底捞新品上市收获顾客打卡好评

海底捞的产品创新，无论是在周期上还是在产品品质方面都受到消费者的青睐。据了解，海底捞自2021年开始就形成了一年两次的上新节奏，且在每次上新前都会举行新品品鉴会，来收集顾客的产品建议和意见，并据此进一步深度打磨产品。

2023年五一期间，海底捞在全国门店上新了9款2023春夏新品，涵盖锅底、荤菜、素菜、甜品、饮品五大品类。海底捞新品上市后，吸引了众多顾客到店打卡，数据显示，海底捞9款春夏新品在五一假期前三天就售出超127万份。其中，新升级的猪肚鸡锅底——海底捞岭南黄猪肚鸡锅底，凭借肉香汤更佳，最受欢迎。

不少到店顾客表示，海底捞此次上新的新品菜单，除了颜值口感双在线、可以拍照打卡以外，其别出心裁的趣味互动抽奖玩法与菜品创意搭配更让大家感受到了不一样的美食体验。比如，现剪现吃豌豆苗将好玩发挥到极致，连盒上桌，让“新鲜”肉眼可见。吃完之后，顾客还可以将根部带回家继续养殖，让趣味持续“萌发”。

海底捞新品能够成功打动顾客，最重要的因素在于它对消费者的深入了解，通过市场调研获取全面的信息，帮助其产品不断改进升级。

任务分析

观察调查法又叫观察法，是市场调查中常用的一种方法。与其他调查方法不同，观察法侧重于借助眼睛、耳朵等感觉器官或者借助辅助工具进行调查，以获取一手信息。观察法可作为其他调查方法的一种补充，也可为特定的目的专门使用。

基础知识

一、观察调查法的概念及特点

（一）观察调查法的概念

观察调查法是调查人员在现场通过自己的感官或者借助科学的观察工具，直接或间接观察和记录正在发生的行为或状况，以获取第一手资料的一种实地调查方法。观察调查法是市场调查中使用较多的一种调查方法，主要凭借调查员的感官和各种记录工具，深入调查现场，在不惊动调查对象的情况下，通过直接观察并记录其行为，达到收集市场信息和资料的目的。

案例精选

运用观察法调整袜子颜色配比

美脚袜厂每十双袜子装一包，采用3∶3∶4的比例配装三种不同颜色的袜子，但这种比例配装法在许多地区并不畅销。为了解各地消费者对袜子颜色的偏好，该厂运用观察法进行调查，派人在主要街道上观察行人袜子的颜色并做好记录，回来后按照记录结果调整每包袜子的颜色比例，最终扩大了袜子的销售量。

（二）观察调查法的特点

1. 观察调查法的优点

（1）直观可靠。观察调查法可以实地记录市场现象的发生，能够获得直接、具体的生动材料，对市场现象的实际过程和当时的环境气氛都可以了解，这是其他方法不能比拟的。

（2）适用性强。观察调查法不要求调查对象具有配合调查的语言表达能力或文字表达能力，不会受调查对象回答意愿、回答能力的干扰，调查人员不需要与调查对象进行沟通和交流，只需要仔细观察其活动行为即可，因此适用性较强。

（3）方便易行。观察者可以随时随地观察调查对象，对现场发生的行为和现象进行观察和记录，还可以使用一些影像工具，将现场的特殊环境及事实如实地反映和记录下来。

2. 观察调查法的缺点

（1）时间长、成本高。为了使调查结果有效，有些调查需要对环境进行特殊处理和设计，从而使调查时间延长；另外，一些大型的特殊的调查项目需要很多调查人员的共同配合和多次反复观察才可以得出结论，这样也使得调查成本提高。

（2）不够深入、具体。由于观察调查法只能观察到人的外部行为，不能说明其内在动机，致使观察调查法深度不够。

（3）存在观察误差。由于观察活动受时间和空间的限制，调查对象有时难免受到一定程度的干扰而不完全处于自然状态，加上观察人员本身能力、素质和操作技能的不同，使观察结果有所不同，导致观察误差。

3. 观察决定货品陈列

零售商通常通过观察商店里顾客的行踪决定货品的陈列。通常调查者会在通道示意图上标出购物者的行走路线。通过有代表性的购物者之间行走路线的比较，就可以决定在哪里摆放能引起顾客购物的冲动。一般来说，零售商希望商店中的商品尽可能多地暴露在购买者面前。例如：超市往往将必需品摆放在商店的后部，目的就是希望购物者在走到通道的另一端去选购牛奶、面包及其他必需品的时候能够产生购物冲动，将更多的物品放进他们的购物车里。

二、观察调查法的主要内容

（一）观察顾客的行为

通过了解顾客行为，可促使企业有针对性地采取恰当的促销方式。所以，调查者要经常观察或者摄录顾客在商场、销售大厅内的活动情况，例如：顾客对商场的服务态度有何议论，顾客在购买商品前主要观察什么，是商品价格、商品质量还是商品款式等。

（二）观察顾客流量

观察顾客流量的好处在于能够帮助商店改善经营、提高服务质量。比如，观察一天内各个时间进出商店的顾客数量，可以合理地安排营业员工作的时间，更好地为顾客服务；又如，通过观察客流量，可以进行新商店选址或研究市区商业网点的布局。

（三）观察产品使用现场

调查人员通过到产品用户使用地观察调查，了解产品质量、性能及用户反映等情况，实地了解使用产品的条件和技术要求，从中发现产品更新换代的前景和趋势。

（四）观察商店柜台及橱窗布置

调查人员通过观察商店内柜台布局是否合理，顾客选购、付款是否方便，柜台商品是否丰富，顾客到台率与成交率以及营业员的服务态度如何等情况，来提高商店的服务质量。

三、观察调查法的基本类型

（一）按调查者的介入程度划分

按调查者的介入程度划分，观察调查法可分为参与观察和非参与观察。

参与观察是指调查者直接参加到社会的某一群体之中，以内部成员的身份参与他们的活动，在共同的生活中进行观察，进而收集与分析有关资料。

非参与观察是指调查人员作为观察者，不加入调查对象的群体，不参与调查对象的活动，完全以局外人或旁观者的身份进行观察。在非参与观察中，观察者是旁观者，观察结果具有较高的可信度，但是由于其置身事外，不能了解到调查对象的内心世界，所以获取的资料不够深入细致。

案例精选

奇怪的客人

一次，一个美国家庭住进了一位日本客人。奇怪的是，这位日本人每天都在做笔记，记录美国人居家生活的各种细节，包括吃什么食物、看什么电视节目等。一个月后，日本人走了。不久，丰田公司推出了针对当时美国家庭需求而设计的物美价廉的旅行车。如美国男士喜欢喝玻璃瓶装饮料而非纸盒装的饮料，日本设计师就专门在车内设计了能冷藏并能防止玻璃瓶破碎的柜子。直到此时，丰田公司才在报纸上刊登了其对美国家庭的研究报告，同时向收留日本人的家庭表示感谢。

（二）按调查者是否公开身份划分

按调查者是否公开身份划分，观察调查法可以分为公开观察与非公开观察。

公开观察是指在调查对象知道调查者身份的前提下对调查对象进行观察。公开观察中，观察员的公开出现会对调查对象产生影响，他们可能会表现得与平时有所偏差，造成结果的不准确。

非公开观察是指调查者在整个观察过程中不暴露自己的身份而对调查对象进行的观察。在非公开观察中，观察者经常将自己装扮成普通顾客在现场观察人们的行为，这种方法观察的结果相对真实、可靠。比如，市场调查人员可以装扮成购物者来到超市，观察购买商品的顾客如何走到商品前，记录他们在陈列区停留的时间有多长，看他们在寻找商品时是否遇到了困难，他们在选购商品时是否浏览包装说明，在包装上寻找信息是否有困难等。

案例精选

娱乐实验室里的观察

在费雪公司的娱乐实验室里，公司邀请一群孩子在实验室里玩玩具。玩具设计者观察孩子们对他们的玩具以及其他厂家玩具的反应。通过观察，设计者们发现公司过去设计的割草机孩子不喜欢玩。一位设计者通过观察发现孩子对肥皂泡很感兴趣，于是设计了一台能够喷出肥皂泡的割草机，这种玩具在第一年就卖了100多万台。

（三）按观察结果的标准化划分

按观察结果的标准化划分，观察调查法可分为控制观察与非控制观察。

控制观察是根据观察目的，预先确定范围，以标准化的观察手段、观察程序和观察技术进行有计划的系统观察，使观察的结果达到标准化。在这种情况下，观察员为每个调查对象填写一份问卷式表格，即记录表。如某书店服务评价如表3-2所示。

表3-2 某书店服务评价表样本

店名：________________	日期：________________
服务员：________________	购买者：________________
进入书店的时间：________	离开书店的时间：________
等候服务员的时间：________	分钟：1 2 3 4 5
________ 微笑迎接顾客	
________ 主动提问："今天我能为你做什么？"	
________ 至少提出一个附加性的问题来帮助顾客	
否□ 是□ 带领顾客到相应的图书区	
否□ 是□ 向顾客介绍两种以上的相应书籍	

非控制观察是对观察的项目、程序和步骤等不做严密的规定，也不用标准方法进行记

录，而是采用较灵活的观察形式。

一般而言，如果调查人员对所要调查的问题了解得很全面，那么尽可能用控制观察法；如果所要观察的是新兴事物，观察者对所要调查的问题不了解，则可以采用非控制观察法。所以，非控制观察常用于探索性调查或有深度的专题调查。

（四）按观察记录主体划分

按观察记录主体分类，观察调查法可分为人工观察与仪器观察。

人工观察是由调查人员直接在观察现场记录有关内容，并根据实际情况对观察到的现象做出合理判断。

仪器观察是调查人员通过采用先进的设备、手段，如录音、摄像等进行观察记录的观察调查。在特定的环境中，机器观察可能比人员观察更便宜、更精确、更容易完成工作。常用的机器有交通流量计数器、脑电图、测瞳仪、阅读器、扫描仪等。比如，对人流量的统计、对收视率的统计等用摄像机和视听设备记录人们的行为比人员观察更客观、更精确。又如，通过电子扫描仪记录产品的销售量比人员观察更及时、更准确等。

（五）按观察的具体形式划分

按观察的具体形式划分，观察调查法可分为现场观察与实际痕迹观察。

现场观察是调查人员到销售现场（如商场、超市、展销会等）、使用现场、供应厂家现场实地观察。

实际痕迹观察是调查人员不直接观察消费者的行为，而是通过一定的途径来了解其行为的痕迹。

拓展阅读

神秘顾客法

任务实施

一、任务背景

超市、食堂、图书馆等是大学生经常出入的场所，请利用观察法收集大学生使用上述场所的情况，为更好地服务提供决策依据。

二、任务目标

通过实训任务的演练与操作，初步认识观察调查法。

三、任务要求

就近选择超市、食堂、图书馆中任一场所，使用观察调查法收集相关信息，看看能否发现什么问题，针对问题提出改进建议，并总结观察的结果。

四、任务步骤

（1）学生自愿组成小组，每组 6～8 人，由组长负责组织和协调任务的实施；
（2）以小组为单位，确定本组要调查的场所，制定观察记录表；
（3）使用观察调查法对所选定的对象进行观察，并做好相应的记录；
（4）小组总结观察得到的信息，总结该超市或者商店存在的问题，提出改进建议；
（5）小组选派一名代表汇报各自的结论，学生互评，教师评价。

任务五 熟悉实验调查法

任务导入

伊利的市场调研

为了给消费者提供更安全、更健康、更营养的奶，伊利一直在行动。早在 2003 年，伊利就开始采集母乳样本，建设首个中国母乳研究数据库。选奶粉的实质是选配方，国外配方到底适不适合中国婴幼儿？东、西方不同饮食结构对母亲的乳汁成分有没有影响？这些问题都需要自己调查研究。而那时，放眼全国都没有母乳研究基础数据。

母乳采集，毫无捷径可走，伊利为此下足“笨功夫”，足迹遍布全国 29 个省、自治区、直辖市。采集母乳并不是抽一点儿样本就算完成任务。因为要将稀薄的前乳和营养丰富的后乳混合均匀，才能得出完整准确的数据，每次采集时间都不短，婴儿哭闹、妈妈着急是常事儿。采集员既要安慰母亲，又要帮忙照顾孩子。但就是顶着这样的压力和困难，伊利采集到全国 2 000 多个母乳样本，形成了中国最初的母乳数据库，并将之作为一手资料开放给行业。

随着数据的累积，中国母乳的成分、含量、比例也逐渐清晰起来。依靠前瞻布局，做“早起的鸟儿”，伊利赢得奶粉业务创新发展先机。伊利发现，母乳中的 α-乳清蛋白和 β-酪蛋白的含量、比例与牛奶大不相同，由此花费数年研究原料制备方法，开发了奶粉母乳化的关键配方。伊利不仅因此斩获中国专利奖，自主研发出市场口碑强劲的金领冠系列奶粉，还为其他乳企研发适合中国婴幼儿的配方奶粉提供了第一手资料和科学依据。

任务分析

市场调查的方法很多，但有些特殊情况必须使用实验调查法。比如要想了解某种商品价格变化对销售量的影响，使用普通的观察法、询问法无法获得结论，但使用实验调查法却可以解决问题。现场调查人员可以通过观察商品提价或降价以后对企业销售量产生的影响，从而以此作为企业调整价格的依据。

基础知识

一、实验调查法的含义及特点

（一）实验调查法的含义

实验调查法是指市场调查者有意识地改变一个或几个影响因素，来观察市场现象在这些因素影响下的变动情况，以认识市场现象的本质特征和发展规律。实验调查既是一种实践过程，又是一种认识过程，并将实践与认识统一为调查研究过程。

（二）实验调查法的特点

1. 实验调查法的优点

实验调查法通过主动控制调查环境和调查过程，来揭示或确立市场现象之间的相关关系，而不是消极、被动地等待某种市场现象发生。它不但可以说明是什么，而且可以说明为什么，能够揭示市场变量之间的因果关系，使决策更具有科学性。

2. 实验调查法的缺点

实验调查法在进行市场实验时，由于不可控因素较多，很难选择到有充分代表性的实验对象和实验环境，因此实验结论往往带有一定的特殊性，实验结果的推广会受到一定的影响。另外，实验过程难以控制，在实验过程中很多因素是无法也不能排除的，而对它们又很难测定出来，因此准确区分和检测实验效果与非实验效果很难，实验结果中往往可能混杂着非实验因素的影响。此外，实验调查法还有花费时间较多、费用较高、实验情况不易保密、竞争对手可能会有意干扰现场实验的结果等缺点。

案例精选

红色的杯子

一位咖啡店老板发觉不同的颜色能使人产生不同的感觉，于是他做了一个实验，请来 30 位实验者，请他们每人喝 4 杯浓度完全相同的咖啡，但这 4 个装咖啡的杯子的颜色是不同的，有红色、黄色、青色和咖啡色。然后，咖啡店老板询问实验者："哪种杯子的咖啡浓度最好？"大部分人回答："青色杯子的咖啡浓度太淡""红色杯子的咖啡太浓""黄色杯子的咖啡正好"，还有一部分人认为"咖啡色杯子的咖啡太浓"。于是，老板的咖啡改用了红色的杯子，这样既减少了原材料，又使老板赚了钱。

二、实验调查法的实施步骤

（一）根据市场调查的课题提出研究假设

实验调查法的第一步是通过对现象的了解和分析，提出现象之间及各种影响因素之间的因果关系假设，只有这样，才能确定实验对象、环境、实验活动和实验要检测的具体内容。

（二）进行实验设计，确定实验方法

进行实验设计是调查者进行如何控制实验对象，怎样开始活动，以及如何进行检测等的设计。这其中要应用不同的实验方法，验证实验假设，以达到实验调查的目的。这是实验调查成功的关键一步。

（三）选择实验对象和实验场所

由于实验调查是在较小的范围内展开，因此必须选择合适的实验对象和场所。根据调查项目的特点和要求，用适当的方法选择场所和对象，保证其具有一定的代表性，同时使实验活动易于控制。

（四）实施实验，收集资料

根据事先确定的方案进行实验，实验过程中要注意改变、控制自变量，要做好相应的记录工作。在实验过程中，实验实施和记录结果是一个统一的过程，是各种收集资料方法的综合运用。

（五）整理、分析资料，得出结论

根据实验记录的资料，做实验检测，通常使用对比方法，观察实验活动的效果，并对其进行数量测定。运用统计分析方法对实验记录进行整理、分析，最终得出结论，写出调查报告。

三、实验调查法的类型

（一）单一实验组前后对比实验

这是一种最简单的实验调查法。观察对象只有一组，即选定的实验组。通过对实验组在实验前后所要观察的经济现象的变化情况，对比分析变动的原因，了解实验变量的效果。选择若干实验对象作为实验组，将实验对象在实验活动前后的情况进行对比，得出实验结论。

案例精选

某食品厂单一实验组前后对比实验

某食品厂为了提高糖果的销售量，认为应改变原有的陈旧包装，并为此设计了新的包装图案。为了检验新包装的效果，以决定是否在未来推广新包装，厂家取A、B、C、D、E五种糖果作为实验对象，对这五种糖果在改变包装的前一个月和后一个月的销售量进行了检测，得到的实验结果如表3-3所示。

表3-3　单一实验组前后对比　　单位：千克

糖果品种	实验前售量 Y_0	实验后销量 Y_n	实验结果 Y_n-Y_0
A	300	340	40
B	280	300	20
C	380	410	30
D	440	490	50
E	340	380	40
合计	1 740	1 920	180

从实验前后测量的糖果销售数据变化可以看出，实验前（旧包装）五种糖果分别为300千克、280千克、380千克、440千克、340千克，实验前销售总量为1 740千克。实验后（新包装）五种糖果销售量分别为340千克、300千克、410千、490千克、380千克，销售总量为1 920千克。实验变动效果为180千克。这说明，改变糖果的包装对糖果销售影响较大。因此，根据实验调查，该食品厂可以对糖果更换新包装，以扩大销售，提高市场竞争力。

从以上案例可以了解前后对比实验的步骤为：

第一，选定实验组。

第二，对实验组在实验前（未改变包装前）一段时间内（比如一个月）产品的销售做事先统计和记录。

第三，在实验组销售做了改变之后的产品。

第四，统计和记录相同时期内的新产品的销售。

第五，测定前后不同时期销售量的变动幅度，并分析非实验因素对销售有无显著影响，由此做出市场决策。

单一实验组前后对比实验法简单易行，可用于企业改变产品的花色、规格、款式、包装等，调整产品价格，增加广告开支等的实验中。需要注意的是，单一实验组前后对比实验，只有在实验者能有效排除非实验变量的影响，或者非实验变量的影响可忽略不计的情况下，实验结果才能充分成立。

（二）实验组与对照组对比实验

该种方法是将对照组的数据与实验组的实验结果进行比较的一种调查方法。这种方法是将对照组和实验组在同一时间内进行对比，不需要分出时间先后，这样可以排除因为时间不一致而引起的外来因素的影响，比如市场环境变化、消费心理变化等对实验的影响，进而提高实验调查的准确性。这种方法通常用于实验后测量。

案例精选

某食品厂实验组与对照组对比实验

某食品厂为了解面包的配方改变后消费者有什么反应，选择了A、B、C三个商店为实验组，再选择与之条件相似的D、E、F三个商店作为对照组进行观察，观察一周。

从表3-4中可知，两周内原配方面包共销售了120＋130＝250（百袋），新配方面包共销售了150＋140＝290（百袋）。这说明改变配方后增加了40百袋的销售量，对企业很有利。

表3-4 实验组与对照组对比

商店	原配方销售量（百袋）		新配方销售量（百袋）	
	第一周	第二周	第一周	第二周
A		37	43	
B		44	51	
C		49	56	
D	35			41
E	40			47
F	45			52
合计	120	130	150	140

实验组与对照组对比实验，必须注意二者具有可比性，即二者的规模、类型、地理位置、管理水平、营销渠道等各种条件应大致相同。只有这样，实验结果才具有较高的准确性。但是，这种方法对实验组和对照组都是采取实验后检测，无法反映实验前后非实验变量对实验对象的影响。为弥补这一点，可将上述两种实验进行综合设计。

（三）实验组与对照组前后对比实验

这是对上述两种实验方法的结合。它是将实验组和对照组都进行实验前后对比，再将实验组与对照组进行对比的一种双重对比的实验法。它吸收了前两种方法的优点，也弥补了前两种方法的不足。

案例精选

某公司实验组与对照组前后对比实验

某公司在所属的6个销售部门中进行某种工艺品包装改革效果的实验。对照组为3个部门，用原包装售货；实验组为另外3个部门，用新包装售货。实验前后对比时间为两个月，实验所得数据如表3-5所示。

表3-5　实验前后产品销售量

单位：件

实验单位	实验前两个月内的销售量	实验后两个月内的销售量	变动量
实验组	3 000	4 200	1 200
对照组	2 950	3 450	500

根据实验结果可以判断，产品采用新包装后，可以扩大销售量。

表中的检测结果，实验组的变动量为1 200件，包含实验变量即调整包装的影响，也包含其他非实验变量的影响；对照组的变动量为500件，不包含实验变量的影响，只有非实验变量的影响，因为对照组的商品包装未改变。实验效果是从实验变量和非实验变量共同影响的销售额变动量中，减去由非实验变量影响的销售额变动量，反映调整配方这种实验变量对销售额的影响作用。由此可见，实验组与对照组前后对比实验，是一种更为先进的实验调查方法。

四、实验调查法的应用

进行市场实验调查，一是要有实验活动的主体，即实验者；二是要有实验调查所要了解的对象；三是要营造出实验对象所处的市场环境；四是要有改变市场环境的实践活动；五是要在实验过程中对实验对象进行检验和测定。

实验调查是一种探索性、开拓性的调查工作，实验者必须思想解放，有求实精神，敢于探索新途径，能灵活应用各种调查方法，只有这样才能取得成功。正确选择实验对象和实验环境，对实验调查的成败也有重要作用。

任务实施

一、任务背景

一家计算机软件分销公司近来完成了一项富有创新性的销售培训计划。目的是改善当前十分迟滞的销售情况。营销部门的主管很想了解这个新的培训计划在改进人员销售业绩和提高销售额方面效果如何，请为该项目选择适当的实验调查法并进行调查。

二、任务目标

学生通过该实训任务的训练，能够掌握实验调查法的概念及应用过程。

三、任务要求

学生能够根据不同的任务要求，选择适当的实验调查方法，并使用实验法进行实验以获取信息，为决策提供依据。

四、任务步骤

（1）学生自愿组成小组，每组 6～8 人，由组长负责组织和协调任务的实施；
（2）以小组为单位，确定使用的实验调查方法；
（3）确定实验调查法的实施步骤和方案；
（4）实施实验调查法，并进行实验前后数据的对比与分析；
（5）小组选派一名代表汇报各自的结论，学生互评，教师评价。

学思之窗

华为重大突破：15 小时更换自主可控 ERP

ERP 系统是企业资源计划（Enterprise Resource Planning）的简称，是指建立在信息技术基础上，以系统化的管理思想，为企业决策层及员工提供决策运行手段的管理平台。ERP 是最关键、最重要的企业级 IT 应用之一。

2023 年 5 月 22 日，华为宣布“我们用自己的操作系统、数据库、编译环境构建的 MetaERP，大规模集结军团，在 15 个小时之内，把全球 88 家子公司的老 ERP 成功换掉，这个事是没人干过的”。

华为本次成功切换，覆盖 90%的全球税法和会计准则，完全覆盖全球销售、供应、采购、交付、财经等场景。为了实现 88 家子公司业务在极短时间内完成割接，对业务影响最小，华为项目组构建了完整的方案模板、自动化测试及切换工具、协同作战指挥平台，包括：沉淀 20 多个标准方案模板，实现区域业务场景 2 周内完成适配；构筑 8 767 个分钟级端到端自动化测试流水线，3 周内完成全球 1.5 万个测试场景验证；构建数据迁移、系统部署自动化工具及数字化指挥大屏，支撑批量割接。

在 2019 年之前，华为的软件工具多采用“购买＋自研”模式，开源软件、商用软件、自研产品并存。在美国把华为放入实体清单后，华为的唯一出路只能是自研。经过几年的努力，华为终于成功了！

点滴见素养：了解华为坚定不移和不屈不挠的民族精神，了解品牌的同时，增强民族自豪感，培养不怕困难、勇敢创新的精神。

项目总结

本项目主要讲授常用的市场调查方法。文案调查法并不是直接针对消费者或者顾客，而是以收集各种文献资料进行分析研究的方法，因此被称为间接调查法。文案调查法具有许多优点，比如，信息较丰富，收集起来方便、快捷，能够节省很多调查费用等。

网络调查法是利用互联网、计算机通信和数字交互式媒体，发布调查问卷来收集、记录、整理、分析信息的调查方法。网络调查法与传统调查法相比有很多优势，比如，无时空和地域限制，速度快、成本低，调查结果准确客观，更加简捷方便，保密效果更好，网络具有互动性等，同时也存在缺点。

询问调查法是实地调查收集市场资料最基本的、应用最普遍的方法之一，它可以单独使用，也可以同其他方法结合使用。询问调查法中运用比较多的有面谈访问法、电话调查法、邮寄调查法、留置调查法等。

观察调查法是市场调查中应用比较广泛的另一种实地调查法。观察调查法具有直观可靠、适用性强、简单易行等优点，可根据不同的分类标准分为不同的类型，调查人员可根据需要选择合适的方法。

实验调查法是指市场调查者有目的、有意识地改变一个或几个影响因素，来观察市场现象在这些因素影响下的变动情况，以认识市场现象的本质特征和发展规律。实验调查法可以分为单一实验组前后对比实验、实验组与对照组对比实验、实验组与对照组前后对比实验。

职业技能训练

一、单项选择题

1. 下列不属于询问调查法的是（　　）。

A. 网络调查法　　B. 电话调查法　　C. 邮寄调查法　　D. 面谈调查法

2. 下列不属于面谈调查法的是（　　）。

A. 个人面谈　　B. 小组面谈　　C. 集体面谈　　D. 团体面谈

3. 观察对象只有一组，即选定的实验组，通过对实验组在实验前后所要观察的经济现象的变化情况，对比分析变动的原因，了解实验变量的效果的实验法是（　　）。

A. 单一实验组前后对比实验　　B. 实验组与对照组对比实验

C. 实验组与对照组前后对比实验　　D. 前后对比实验

二、多项选择题

1. 电话调查的优点有（　　）。

A. 效率高　　B. 可以获得更为有效的应答

C. 易于控制实施质量　　D. 费用较低

2. 邮寄调查法的缺点是（　　）。

A. 问卷的回收率低　　B. 结果的真实度低

C. 所花的时间长　　D. 费用高

3. 观察法的优点是（　　）。

A. 直观可靠　　B. 适用性强　　C. 方便易行　　D. 科学准确

三、判断题

1. 电话调查时间不宜过长，应该控制在 10 分钟以内，问题不宜复杂和过长，最好提一些简单易答的问题，以免引起调查对象的反感。（　　）

2. 与其他调查方法相比，邮寄调查法的调查范围最广。（　　）

3. 调查人员在现场通过自己的感官或者借助科学的观察工具，直接或间接观察和记录正在发生的行为或状况，以获取第一手资料的实地调查方法是实验法。（　　）

4. 在调查对象知道调查者身份的前提下对调查对象进行观察属于公开观察法。（　　）

5. 由调查人员直接在观察现场记录有关内容，并根据实际情况对观察到的现象做出合理判断属于人工观察法。（　　）

四、简答题

（1）询问调查方法有哪些？各自具有怎样的特点？

（2）观察法的类型有哪些？

五、案例分析

当代购物中心的资料收集

当代购物中心一向注重服务。荣夏是购物中心营销部的副主管。他受命制订一项旨在使服务具有可操作性的计划。这一计划的第一个阶段是建立一个系统，以不断追踪消费者对购物中心所提供服务的满意程度。根据以往的经验，他选择了他信任的两家调查公司来设计追踪消费者满意程度的调查系统。这两家公司拟采用不同的资料收集方法。第一家公司建议用电话采访。每月对 400 名消费者进行电话采访，经计算，该抽样方式所提供的消费者满意程度评估的结果有 95%的把握，误差不超过 5%。第二家公司建议通过邮寄调查收集必要资料。他们的理由有两条：第一，此方法成本低、质量高；第二，消费者在回信时比接受电话采访时更坦率。电话采访的月成本约为 8 400 元，邮寄方式的月成本约为 6 900 元。初步计算：邮寄调查的回收率为 25%，即 75%的人不回信，如果回信人的观点截然不同，那么调查结果就有偏差，不能真实代表顾客的意见。电话采访的回答率估计为 70%。尽管电话采访仍存在很高的不回答率，但潜在的不回答者要少得多。另外，电话采访更快捷，大约两周内就可完成，邮寄调查则需六周时间。

思考：

1. 你认为获取信息的较好方法是什么？请说明理由。
2. 收集数据的过程还可以采用其他方法吗？请加以说明。

项目四　抽样调查技术

学习目标

知识目标

1. 了解抽样调查的含义、特点和一般程序
2. 掌握随机抽样的类型及其各自的特点
3. 掌握非随机抽样的类型及其各自的特点
4. 理解抽样误差的含义及计算方法

技能目标

1. 能够设计抽样调查方案
2. 能够根据调查项目选择合适的抽样调查方法

素养目标

1. 培养运用整体与部分的思维方法解决问题的能力
2. 树立科学规范、追求卓越的工作作风，激发爱国热情和民族自豪感

任务一　掌握抽样调查的基本知识

任务导入

丹江口水库移民生活满意度调查

本次调查的对象是1978年前因丹江口水库工程而迁出的移民，着重了解他们的生活状况以及对移民生活的满意程度，希望通过对移民生活中这一敏感而又关键问题的把握，为改善移民工作提供一些有价值的参考意见。

本次调查以湖北的宜城市和荆门市的部分乡镇的移民为总体，采用判断抽样方法选取调查对象。由于该项调查的指导者对宜城一带较熟悉且得到荆门地区移民局的热情支持，因此首选了这两个地区。此次调查总样本为517人，其中宜城市为238人，占总样本的55.7%，荆门市为189人，占总样本的44.3%。

任务分析

抽样调查是市场调查中非常重要的调查方式。在实际调查过程中，若希望通过抽样调查得到准确的结果，调查人员应该根据调查的目的慎重选择调查样本。

基础知识

一、抽样调查概述

抽样调查简称抽查，它是指从市场总体中抽取一部分作为样本，对抽取的样本进行调查，并以样本的调查结果推断市场总体状况的一种调查方法。理论上，普查法结果最准确，但是只适用于小型母体的市场调查。对于大型母体的调查，从时间、财力、组织上都适宜采用抽样法。例如，某食品公司要调查某地区居民食用油月均消费量，该地区有20万居民，若采用市场普查的方式进行调查，就要对该地区20万居民逐一调查，这需要耗费大量的人力、物力、财力和时间，也没有必要，所以可以采用抽样调查方式进行调查。

（一）抽样调查的分类

1. 随机抽样

随机抽样又称为“概率抽样”，是指遵循随机原则抽取样本，即在总体中抽取样本时，完全排除了人的主观因素的影响，使每一个单位都有同等的可能性被抽到，抽样中遵守随机原则。相对于非随机抽样，随机抽样具有以下几点优势：

（1）样本代表性强。由于随机抽样样本是按照随机的原则抽取的，在总体中每一个单位被抽取的机会都是均等的，用随机样本来推断总体，而不是用随意挑选的个别单位代表总体，因此，随机抽样能够保证被抽中的单位在总体中的均匀分布，不至于出现倾向性误差，这样可以使抽取出来的部分单位的分布情况（如不同性别、年龄人员的比例等）有较大的可能性接近总体的情况，从而使根据样本所做出的结论对总体推断具有充分的代表性。

（2）样本容量确定且合理。随机抽样所抽选的调查样本数量是根据调查误差的要求，经过科学计算确定的，在调查样本的数量上有可靠的保证。

（3）抽样误差可以计算并且可以控制。由于抽样中遵循随机原则，在推断效果上，根据中心极限定理和正态分布规律，每个单位被抽中的概率是可以计算出来的，访问员可以准确地计算抽样误差，并有效地加以控制，从而使抽样估计具有一定的可靠程度或保证一定的精度。

2. 非随机抽样

非随机抽样不遵循随机原则，它是从方便的角度或者根据主观选择来抽取样本。非随机抽样主要依靠调查人员个人的经验和判断，它无法预先计算和控制抽样误差，无法用样本的定量资料采用统计方法推断总体指标。非随机抽样调查简单易行，尤其在探索性调查中得到广泛运用。

（二）抽样调查的特点

抽样调查具有以下优点：

（1）时间短，见效快。抽样调查涉及面较小，取得调查结果比较快，能在较短的时间内获得同市场普查大致相同的调查结果，还可以运用抽样调查技术来检验普查及有关资料的正确性，并给予必要的修正。

（2）质量高，可信程度较好。抽样调查是建立在数理统计基础之上的科学方法，只要由专门人才主持抽样调查，严格按照抽样调查的要求进行抽样，就可以确保获取的信息资料具有较好的可靠性和准确性，对那些无法或没必要进行普查的项目具有很好的适用性。

（3）费用省，易推广。由于抽样调查把调查的对象降低到较小的范围，又能保证调查的有效性，因此可以减少工作量，降低费用开支，提高经济效益。同时，由于抽样调查需要较少的人力、物力，企业容易承担、容易组织。

二、抽样调查的程序

抽样调查过程包含以下五个步骤。

（一）确定调查总体

确定调查总体，即明确调查的全部对象及其范围，它是抽样调查的第一步骤，也是抽样调查的前提和基础。其目的是描述和认识总体的状况和特征，发现总体中存在的规律性。只有对象明确，才能有的放矢，取得真实、可靠、全面的信息资料。只有明确调查总体，才能从中进行正确的抽样，并保证抽取的样本符合要求。

一般来说，调查总体可以从以下几个方面来描述：地域特征、人口统计特征、产品或服务使用情况、对产品或服务的认知度等。

1. 地域特征

地域特征是指总体单位的活动范围或区域，可能是一个街区、一个省、整个国家或者许多国家；有时指的是总体单位的户籍所在地或长期居住地。例如，当需要在上海市进行产品推广时，消费者的地域特征就是指上海市。

2. 人口统计特征

考虑到调查目标和企业目标的目标市场，抽样调查要郑重考虑在人口统计变量方面具有某些特征的总体单位。人口统计变量主要包括性别、年龄、学历、家庭结构、家庭收入水平等。例如：在进行彩妆产品市场调查时，被访者主要应该是女性，其中，年龄在18～55岁之间的被访者的意见是至关重要的，而了解18岁以下或55岁以上的被访者意见的意义则不是很大。

3. 产品或服务使用情况

除了地域特征、人口统计特征两个因素以外，总体单位的共同特征通常根据产品或服务的使用情况来定义。例如，在对消费者的满意度进行调查时，被访者应该是某产品或服务的消费者。

4. 对产品或服务的认知度

企业传递其产品或服务的信息，或者进行品牌宣传时，所采用的方式是多种多样的，当想探知每一种方式传递信息的效果如何、消费者对所传递信息的理解程度如何这些问题时，消费者对产品或服务的认知度就成为定义总体单位的重要特征。

（二）编制抽样框，进行个体编号

抽样框又称“抽样范围”，它是指抽样所用的所有的调查单位的详细名单。抽样框是抽样的基础，必须把所有抽样单位编制进去，不能遗漏或者重叠，以提高样本对总体的代表性。抽样框的形式是多样的，一般可用现成的名单，如企业名录、企事业单位员工名单等，也可以是一张表格、一个电话本或一份档案等。

个体编号，即对调查总体中的个体进行编号。在采用随机抽样的情况下，需要对总体中每一个个体进行编号，以使抽样选出的个体更具有代表性。如果调查的范围过大，总体中的个体过多，则编号工作量太大，因此，要尽量压缩调查范围，简化编号工作。如果调查总体很大且无法压缩，则可以将随机抽样的分层和分群抽样方法结合使用，每一群体、每一层次都编制相应的抽样框，减少编号工作量。当然，也可以采用非随机抽样方法，以减去编号这一环节。

（三）选择抽样样本

这是在调查总体中选定具体的需要实施调查的样本。如果说总体是唯一确定的，那么，调查样本则相反，一个总体中可能抽取很多个调查样本，全部样本的可能数目和每一样本的容量有关，也和随机抽样的方法有关。

选择调查样本，需首先确定抽样的技术，即确定采用随机抽样还是非随机抽样；在总的方法确定后，要确定具体的抽样方法，比如是分层抽样，还是分群抽样等，最后确定样本的数量。

（四）实施调查

实施调查即运用不同的调查方法对抽选的样本进行逐一调查，以取得第一手信息资料。如果被访问的样本不在或是拒绝接受访问，应设法改变访问技巧，再次访问。只有确定无法访问时，才能改变访问对象。对随机抽样而言，一般不允许随意改变样本或减少样本数，以保证样本资料的准确性和客观性。而对于非随机抽样而言，如遇原定调查对象不再或不愿接受访问，调查人员可以根据主观标准改变访问对象，以达到样本数为标准。

（五）测算结果

测算结果是用样本指标推断总体指标的结果。用样本的调查结果推断总体是调查的最后一个步骤，也是调查的目的所在。具体做法可以按照实际的调查项目确定，如按照百分比推算法进行推算，或按照平均数推算法进行推断等。

三、总体及样本容量的确定

（一）总体

总体是指所有调查对象的全体，一般用大写字母 N 表示。抽样总体简称样本，是指从总体中抽选出来所要直接观察的全部单位，一般用小写字母 n 表示。如调查某大学学生月平均生活费收入和支出，可以按抽样调查理论从全体学生中抽取部分学生进行调查，那么全校学生就是总体，抽取的学生就是样本。针对同一个研究总体，总体是唯一的，而抽样总体可以产生许多个。根据抽样方法的不同选择及具体要求，抽样总体的大小及范围都是有很大差异的。

（二）样本容量

样本是指从总体中抽取的部分个体，是实际的调查对象。例如：某公司有员工 1 万名，从中抽取 100 名来进行生活状况的调查，这 100 名员工就构成样本。

样本容量又称“样本数”，是指一个样本的必要抽样单位数目。在组织抽样调查时，抽样误差的大小直接影响样本指标代表性的大小，而必要的样本单位数目是保证抽样误差不超过某一给定范围的重要因素之一。

1. 样本容量的影响因素

归纳起来，影响样本容量的因素主要有以下几个：

（1）预算。预算的多少直接影响着调查样本量的设计。通常，某一项调查为满足调查要求必须要有一个最低的预算指标。如果低于这个预算指标，不能满足调查最低精度的话，调查方极有可能会放弃此项调查任务。

（2）经验。根据调查经验，市场潜力的推断等涉及变量比较严格的调查需要的样本量比较大，而一般广告效果等人们差异不是很大或对样本量要求不是很严格的调查，样本量相对可以少一些。在调查相对简单的情况下，样本量的把握主要依靠经验这个因素。

（3）子群个数。在任何样本量确定的过程中，都必须考虑被调查样本的子群数。也就是说，当被调查样本子群数比较多的时候，样本量就必须相应扩大。例如，某一项调查600个样本量是基本满足要求的，但如果将这些样本量划分为男女各占50%的话，那么每个子群只有300个样本。如果进一步按照收入情况进行细分的话，假设分为高、中、低三个层次，那么每一个子群就只有100个样本。这样的样本量就不能满足最初设计的要求了，因此必须按照子群的要求设计合理的样本量。

（4）统计精度的要求。在正规的市场调查中，统计精度的要求是决定样本量大小的主要方面。纯粹由统计精度确定的样本容量有时又称为必要样本容量。影响必要样本容量的因素主要有：

1）总体变异程度。研究对象的变化程度，一般用总体标准差来反映，在其他条件保持不变的情况下，总体变异程度越大，所需的样本量也就越大。

2）抽样允许的误差。即抽样精度要求，可以用抽样平均误差或抽样绝对误差来反映。在其他条件保持不变的情况下，允许的误差越小，抽样精度要求越高，所需要的样本量越大；反之，需要的样本量越少。

3）抽样推断的置信度。置信度也叫置信水平，即抽样推断的概率把握程度。在其他条件不变的情况下，置信水平越高，所需要的样本容量越大；反之，所需要的样本容量越少。

4）抽样的方法。即选择重复抽样还是不重复抽样。在其他条件保持不变的情况下，不重复抽样比重复抽样误差要小，因此，误差一定时，不重复抽样所需样本量比重复抽样所需样本量要少。

5）具体的抽样方式。在同样条件下，简单随机抽样与分层抽样、整群抽样或系统抽样等具有不同的抽样设计效应。如果我们设定简单随机抽样设计效应的值是1，分层抽样由于抽样效率高于简单随机抽样，其设计效应的值小于1，合适恰当的分层，将使层内样本差异变小，层内差异越小，设计效应小于1的幅度越大。而多阶段抽样由于效率低于简单随机抽样，设计效应的值大于1，所以抽样调查方式的复杂程度也是决定其样本量大小的一个重要因素。

6）总体的大小。一般来说，总体越大，需要的样本量也相对越大。

案例精选

食品抽检

2023年7月24日，广州市市场监管局官网公布2023年第15期食品安全监督抽检信息显示，该局对市内生产经营的10大类食品进行监督抽检，共3 267批次。其中，抽检实物质量不合格样品45批次。其中一款番茄味调味料阿斯巴甜超标。

抽检结果显示，本次抽检有1批次调味品不合格。商标为“Taste for Healthy Life”（规格型号：25kg/桶；生产日期/批号：2022/9/28）的番茄味调味料，阿斯巴甜项目不合格。该批次产品被抽样单位为增城华栋调味品有限公司。阿斯巴甜是一种非碳水化合物类的人造甜味剂，比一般的糖甜约200倍。由于甜度高、热量低，它能大大降低成本，被广泛使用于饮料、甜点、糖果、奶制品等中。《食品安全国家标准 食品添加剂使用标准》（GB 2760—2014）中规定，阿斯巴甜在固体复合调味料中最大使用量为2.0g/kg，而本次检验结果为5.94g/kg，超标近2倍。

另外，本次抽检有22批次食用农产品不合格，8批次餐饮食品（含餐饮具）不合格，3批次肉制品不合格，3批次冷冻饮品不合格，2批次饼干不合格，2批次食用油、油脂及其制品不合格，2批次薯类和膨化食品不合格，1批次糕点不合格，以及1批次乳制品不合格。一款标称“深圳市晨光乳业有限公司”生产或供货的“鲜牛奶”（规格型号：946mL/盒；生产日期/批号：2022/8/14）不合格，该批次产品被抽样单位为华润万家生活超市（广州）有限公司新塘广场分店，不合格项目为菌落总数。

市场监管部门提醒，消费者应当在正规可靠渠道购买所需食品并保存相应购物凭证，要看清外包装上的相关标识，如生产日期、保质期、生产者名称和地址、成分或配料表、食品生产许可证编号等标识是否齐全并符合法律法规的规定。不要购买无厂名、厂址、生产日期和保质期的产品，不要购买超过保质期或变质的产品，不要购买公布的不合格产品。

---

2. 样本容量的计算公式

由于不同的抽样方法存在不同的设计效应，因此，在同样的条件下，样本量的确定方法会因抽样方法选择的不同而存在差异。确定样本量的计算公式可以根据允许误差公式推导而来，下面以简单随机抽样方式为例进行说明。

（1）平均数指标重复的抽样数目的计算公式为：

$$n=\frac{t^2\sigma^2}{\Delta_{\bar{x}}^2}$$

式中：n——样本单位数；

σ^2——总体方差；

t^2——概率度平方；

$\Delta_{\bar{x}}^2$——平均数允许误差平方。

（2）平均数指标不重复的抽样数目的计算公式为：

$$n=\frac{t^2\sigma^2 N}{N\Delta_{\bar{x}}^2+t^2\sigma^2}$$

式中：N——总体单位数；

n——样本单位数；

t^2——概率度平方；

σ^2——总体方差；

$\Delta_{\bar{x}}^2$——平均数允许误差平方。

（3）成数指标重复抽样数目的计算公式为：

$$n=\frac{t^2 p(1-p)}{\Delta_p^2}$$

式中：n——样本单位数；

t^2——概率度平方；

p——成数；

Δ_p^2——成数允许误差平方。

（4）成数指标不重复抽样数目的计算公式为：

$$n=\frac{t^2 Np(1-p)}{N\Delta_p^2+t^2 p(1-p)}$$

式中：t^2——概率度平方；

N——总体单位数；

p——成数；

Δ_p^2——成数允许误差平方；

n——样本单位数。

t 值越小，允许误差范围越小，把握程度越大；反之，把握程度越小。在抽样调查时，每 100 次抽样汇总有 95.45 次得到正负误差不会超过 2，其余 4.55 次则会超过 2，其概率度 t 值为 2，把握程度（即置信度）为 95.45%，它们之间的相互关系如表 4-1 所示（表中都是一些常用的数值，仅供参考）。

表 4-1 概率表

概率度（t）	置信度（$1-\alpha$）	误差值（μ）
1.00	0.6827	1.00
1.50	0.8664	1.50
1.96	0.9500	1.96
2.00	0.9545	2.00
3.00	0.9973	3.00

案例精选

某调料厂样本容量的计算

某调料厂要检验本月生产的 100 000 袋食盐的质量，根据以往记录，这种产品每袋重量的标准差为 25 克。如果要求在 95.45%的置信度下，平均每袋重量的误差不超过 5 克，应该抽查多少袋产品？

阅读题目可以得知，总体单位数 $N=100\ 000$，总体方差 $\sigma^2=25^2=625$，平均数允许误差平方 $\Delta_{\bar{x}}^2=5^2=25$，根据置信度 $1-\alpha=95.45\%$，在重复抽样的条件下，应该抽查的袋数为：

$$n=\frac{t^2\sigma^2}{\Delta_{\bar{x}}^2}=\frac{2^2\times 25^2}{5^2}=100(\text{袋})$$

在不重复抽样的条件下，应该抽查的袋数为：

$$n=\frac{t^2\sigma^2 N}{N\Delta_{\bar{x}}^2+t^2\sigma^2}=\frac{2^2\times 25^2\times 100\ 000}{100\ 000\times 5^2+2^2\times 25^2}=99.9(\text{袋})\approx 100(\text{袋})$$

由计算结果可知，在其他条件相同的情况下，重复抽样所需要的样本容量大于不重复抽样所需要的样本容量。

拓展阅读

抽样调查的历史和使用

任务实施

一、任务背景

某职业技术学院市场营销专业学生调查团队正在开展一项关于职业院校大学生月平均生活消费的项目调查，根据调查目的等方面的要求，设计好了调查问卷。调查团队成员清楚地知道调查对象是在校学生，可是在该校所在城市中，连同本校共计有 13 所职业院校，大学生人数超过 15 万人，如果给每个大学生都发放一份问卷的话，将会耗费过多的人力、物力和财力。很显然，这个项目不允许这么做，那么该怎么办呢？

二、任务目标

学生通过完成本项目任务，掌握抽样调查的特点和程序以及样本数量的确定方法。

三、任务要求

根据任务背景，讨论确定：

（1）该抽样调查的程序；

（2）该抽样调查的目标总体；

（3）该抽样调查的抽样框；

（4）该抽样调查的样本数量。

四、任务步骤

（1）学生自愿分组，每组 6～8 人；

（2）根据背景资料，确定抽样调查程序；

（3）讨论并确定抽样调查的目标总体、抽样框、样本数量；

（4）分析抽样过程中会遇到的困难及解决措施；

（5）小组提交任务结果，并进行汇报。

任务二 实施抽样调查

任务导入

第二次全国残疾人抽样调查

2006 年，经国务院批准，我国进行了第二次全国残疾人抽样调查。由国家统计局、民政部、卫生部和中国残联等 16 个部委、团体组成第二次全国残疾人抽样调查领导小组，负责统一部署。这是 1987 年第一次全国抽样调查后，党和政府为发展残疾人事业、促进残疾人事业与国民经济和社会协调发展而采取的重大举措。样本设计师根据调查目的，采用分层、等距、多阶段抽样的方法，在全国范围内，抽出 743 个县（市、区），设计样本量为260万，约为全国人口的0.2%。

此次调查采用抽样调查的方式来完成，在浙江省抽取25个县（市、区）的100个乡（镇、街道）共200个调查小区，平均每个调查小区抽取470人。此次调查的标准时间是2006年4月1日零时，入户调查时间自2006年4月1日起至2006年5月1日结束。本次调查共组织了25个调查队、425名调查员、205名各科医生、25名统计员及1 850名陪同调查员进行逐户询问、登记、筛选和残疾评定。

任务分析

在市场调查工作中，为了取得某一市场的总体情况，运用全面调查方案可取得全面、完整的统计资料，进而了解市场总体特征。但是在许多情况下，对总体单位进行全面调查是非常困难的，也是根本不可能的，这时只能对部分单位进行调查，再粗略推断总体的总和特征。本任务将对抽样调查的方式进行介绍。

基础知识

一、随机抽样

随机抽样又称为“概率抽样”，是按照一定的程序，遵循随机原则，在总体中抽取一部分样本，通过对样本的研究达到认识总体的过程。这里的随机原则是指保证总体内每个个体被抽取的机会都均等的原则，又称“均等原则”。随机抽样排除了人为抽样的主观随意性，使抽取的样本更具有客观代表性。因此，随机抽样具有抽查结果比较准确、可信度高，抽样误差可以计算、检验、修正等优点。随机抽样技术示意如图4-1所示。

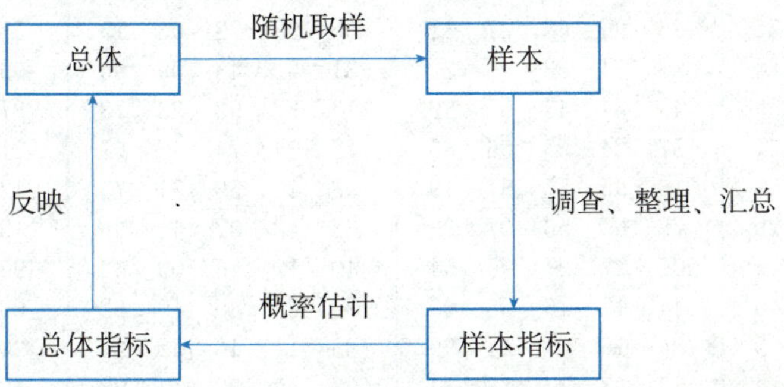

图4-1　随机抽样技术示意图

随机抽样方式多种多样，常见的包括简单随机抽样、系统抽样、分层抽样、分群抽样、多阶段抽样五种。

（一）简单随机抽样

简单随机抽样又称“单纯随机抽样”，是随机抽样方法中最简单的一种，它是对调查总体不进行任何分组、排队，完全凭偶然的机会从中抽取个体组成样本进行调查。这种调查一般适用于调查总体单位数不大、总体中个体差异较小的情况，或者调查对象不明，难以分组、分类的情况。

简单随机抽样的特点是每个样本单位被抽中的概率相等，样本的每个单位完全独立，彼此间没有一定的关联性和排斥性。

简单随机抽样常用的方法有抽签法、随机数表法两种。

1. 抽签法

抽签法又称“抓阄法”，它是将调查总体的每个单位编号，然后采用随机的方法任意抽取号码，直到抽足样本的一种方法。一般先将总体中的 N 个个体编号，再把号码写在号签上，随后将号签放在一个容器中，搅拌均匀后，每次从中抽取一个号签，连续抽取 n 次，就得到一个容量为 n 的样本。

抽签法简单直观，应用非常广泛，但从操作来看，对规模较大的总体，从做签到抽签都不太方便，因此，这种方法一般用于总体规模较小的调查。

2. 随机数表法

随机数表法又称“乱数表法”，是由摇码机逐个摇出或电子计算机自动生成的一组由 0～9 十个自然数中的两个组合而成的数表，表内任何号码都拥有相同的出现机会。表 4－2 为随机数表的部分摘录。

表 4－2 随机数表（乱数表）

03	47	43	73	86	36	96	47	36	61	46	98	63	71	62	33	26	16	80	45
97	74	24	67	62	42	81	14	57	20	42	53	32	37	32	27	07	36	07	51
16	76	62	27	66	56	50	26	71	07	32	90	79	78	53	13	55	38	58	59
12	56	85	99	26	96	96	68	27	31	05	03	72	03	15	57	12	10	14	21
55	59	56	35	64	38	54	82	46	22	31	62	43	09	90	06	18	44	32	53
16	22	77	94	39	49	54	43	54	82	17	37	93	23	78	87	35	20	96	43
84	42	17	53	61	57	24	55	06	88	77	04	74	47	67	21	76	33	50	25
63	01	63	78	59	16	95	55	67	19	98	10	50	71	75	12	86	73	58	07
33	21	12	34	29	78	64	56	07	82	62	42	07	44	38	15	51	00	13	42
57	60	86	32	44	09	47	27	96	54	40	17	46	09	62	90	52	84	77	27
18	18	07	92	46	44	17	16	58	09	79	83	86	19	62	06	76	50	03	10
26	62	38	97	75	84	16	07	44	99	83	11	46	32	24	20	14	85	88	45
23	42	40	64	74	82	97	77	77	81	07	45	32	14	08	32	98	94	07	72
62	36	28	19	95	50	92	26	11	97	00	56	76	31	38	80	22	02	53	53
37	85	94	35	12	83	39	50	08	30	42	34	07	96	88	54	42	06	87	98

从上表可以发现，两个号码为一组，可组成两位数或四位数的号码，也可以组成三位

数或五位数的号码。例如：某居民区有 900 户居民，拟抽取 20 户调查其家庭收入状况，可将居民根据其门牌号编号为 0～900，抽取时可以从任何一行、任何一列、任何一个数开始，并将随机数表数字中的三位数组成一组。假如从随机数表的第二行第一列数组自上而下、自左而右抽取，则顺序取得样本号为：

977　424　676　242　811　457　204　253　323　732

270　736　075　116　766　227　665　650　267　107

由于 977 大于 900，所以舍弃不用，顺序往下继续抽取，直到抽够 20 个样本单位为止。

（二）系统抽样

系统抽样也称为“等距抽样”，是将调查总体中的个体按一定顺序排列起来，然后按照固定顺序和一定间隔来抽取样本单位。系统抽样的步骤如下。

1. 对样本进行排列

将总体中每个个体按顺序排列并加以编号。排列顺序有两种：一是按与调查项目无关的标志排列。例如：在进行居民调查时，可以按住户所在街道的门牌号码排列，然后每间隔相同的若干号码抽取一户进行调查。二是按与调查项目有关的标志排列。例如：在居民调查时，按住户平均月收入排列，然后再进行抽样。

2. 计算抽样距离

在排列的基础上，还要计算抽样距离（间隔），抽样距离等于总体的数量除以样本的数量，计算公式为：

$$抽样距离 = 调查总体(N)/样本数(n)$$

3. 确定起抽号数

根据确定的抽样距离，从第一个抽样距离单位内的单元中采用简单随机抽样方法抽取一个单位作为第一个样本。假如抽样距离为 50，则在前 50 个单元中随机抽取一个单元作为第一个样本，即起抽号数。

4. 抽取所有样本

确定了第一个样本之后，每隔一个抽样距离抽取一个样本，直至抽够样本数。

案例精选

系统抽样调查法

某地区有 120 家零售店，现需采用系统抽样法抽选其中 10 户进行调查。

（1）将总体（120 家零售店）中每一个个体按顺序加以编号，即 001 号至 120 号。

（2）计算抽样距离。已知调查总体 $N=120$，样本数 $n=10$，所以抽样距离 $=N/n=$

120/10＝12。

(3) 确定起抽号数。将 12 张卡片（抽样距离）从 1 至 12 编号，然后从中抽取一张作为起抽号数。假如抽取的是 5 号，则 5 号为起抽号数。

(4) 抽取所有样本。从起抽号开始，按照抽样间隔选择样本，即从 5 号开始每隔 12 号抽选一个，直至抽足 10 个样本为止。

最后所抽的样本编号分别为 5、17、29、41、53、65、77、89、101、113。

系统抽样的优点主要表现在：与简单随机抽样相比，系统抽样省去了一个个抽样的麻烦；在有现成的抽样框时，系统抽样还省去了给抽样框中的抽样单位编号的程序；能使样本均匀分散在调查总体中，不会集中于某些层次，增强了样本的代表性。不足之处则在于：在给总体单位排列时需要有每个单位的详细资料，特别是按照有关标志排列时，往往需要更为详尽、具体的相关资料，这是一项十分复杂和细致的工作；如果总体内各单位之间差异较大或者当抽选间隔和调查对象本身的周期重合时，采用系统抽样获得的样本会影响调查的准确度。例如：某企业做职工出勤率调查，如果抽取的第一个样本是星期五，抽样距离为 7 天，那么，最后全部样本单位都是星期五职工的出勤情况，其调查结果就会产生系统偏差。因为，一般企业职工星期五的出勤率较低，这样对样本调查的结果就不能准确说明调查总体的情况。

（三）分层抽样

分层抽样，也称“类型抽样”，是按照某种特征或某种规则，将总体分为同质、不相互重叠的若干层，然后从不同的层中按照简单随机抽样方法抽取样本单位，而不是在总体中直接抽取样本单位。例如：在调查人口时，可以按照年龄、收入、职业等标志将总体划分为不同的层次或类型，然后按照要求在各个层次中进行简单随机抽样。

1. 分层抽样的特点

(1) 估计精准度高。分层抽样由于“分层”的作用，在较优的条件下可以保证样本的结构与总体的结构比较相似，这样的分层抽样能够提高样本的代表性，从而提高估计的精度和抽样方案的效率。

(2) 组织实施调查方便。分层抽样既可以对总体参数进行估计，也可以对各层的目标量进行估计，抽样的操作、管理比较方便，费用较少，在实际抽样调查中使用非常广泛。但是，分层抽样由于涉及分层问题，因此与简单随机抽样相比，误差分析比较复杂。分层抽样比较适合母体复杂、个体之间差异较大、数量较多的情况。

2. 分层抽样的一般步骤

(1) 确定分层的特征，辨明突出的或重要的分类特征。

(2) 将总体（N）分成若干个互不重叠的部分（可以分别用 N_1、N_2、N_3、$N_4 \cdots N_K$ 表示），每一部分是一个层，每一层也是一个子总体。

(3) 根据一定方式确定各层应抽取的样本量。

(4) 采用简单随机抽样或梯形抽样方法，从各层中抽取相应的样本（可以分别用 n_1、n_2、n_3、$n_4 \cdots n_k$ 表示），这些样本也叫作子样本，子样本之和为总样本。

3. 分层抽样的具体形式

分层抽样的方式一般有等比例抽样和非等比例抽样两种。

(1) 等比例抽样。等比例抽样是指分层以后，按各层占总体的比例分配各层的样本数量，然后用简单随机抽样法抽取各层样本单位的一种方法。每层抽取样本数量计算公式为：

$$n_i = N_i / N \times n$$

式中：n_i——第 i 层应抽取的样本数；

N_i——第 i 层的总体样本数；

N——调查总体的全部单位数；

n——设定的抽样数。

案例精选

分层抽样法

某地共有居民 10 000 户，按经济收入高低进行分类，其中高收入居民为 2 000 户，占总体的 20%；中等收入居民为 6 000 户，占总体的 60%；低收入居民为 2 000 户，占总体的 20%。现在，要从中抽取 100 户进行购买率调查，则各类型应抽取的样本单位数如下：

高收入层要调查的样本单位数＝100×20%＝20（户）

中收入层要调查的样本单位数＝100×60%＝60（户）

低收入层要调查的样本单位数＝100×20%＝20（户）

等比例分层抽样方法简单易行、分配合理、计算方便，适用于各类型之间差异不大的分类抽样调查。如果各类之间差异过大，则不适宜采用等比例分层抽样法确定样本数目，可以考虑采用非等比例分层抽样。

(2) 非等比例抽样。非等比例抽样又称为“分层最佳抽样法”，是指在等比例抽样的基础上，再根据各层样本标准差的大小调整各层样本数的一种抽样方法。这种抽样方法不是按照各层中单位数占总体单位数的比例分配各层样本数，而是根据各层的标准差的大小调整各层样本数目。其计算公式为：

$$n_i = n \times (N_i S_i / \sum N_i S_i)$$

式中：n_i——第 i 层应选的样本单位数；

n——样本单位总数；

N_i——第 i 层的总体单位数；

S_i——第 i 层的标准差（已知数）。

案例精选

非等比例抽样

仍以上述案例所述居民收入与购买力之间关系为例。各层样本标准差：高收入为 300 元，中收入为 200 元，低收入为 100 元。根据公式得出各层应抽取的样本单位数：

高收入层要调查的样本单位数为：

$$100\times\frac{2\ 000\times300}{2\ 000\times300+6\ 000\times200+2\ 000\times100}=30\text{（户）}$$

中收入层要调查的样本单位数为：

$$100\times\frac{6\ 000\times200}{2\ 000\times300+6\ 000\times200+2\ 000\times100}=60\text{（户）}$$

低收入层要调查的样本单位数为：

$$100\times\frac{2\ 000\times100}{2\ 000\times300+6\ 000\times200+2\ 000\times100}=10\text{（户）}$$

在样本量相同的情况下，分层最佳抽样根据各层的差异程度来配置样本，减少了误差，这对于调查单一标志是比较理想的。

分层随机抽样实质上是把科学的分组方法和抽样原理结合起来，前者能划分出性质比较接近的各组，以减少标准值之间的变异程度；后者是按照随机原则，可以保证大数法则的正确运用。因此，分层随机抽样一般比简单随机抽样和系统抽样更加精确，能够通过对较少的样本单位的调查，得到比较准确的推断结果，特别是当总体数目较大、内部结构复杂时，分层随机抽样常常能得到令人满意的结果。

（四）分群抽样

分群抽样又称“整群抽样”，是将调查总体按某种方式划分为若干群，然后以群为抽取对象，随机抽取一部分群，对每个被抽中的群所包含的所有单位进行全面调查。分群抽样多在对总体的构成资料难以全面了解，群内各单位差异大，而群间差异小，需要把研究限制在某个特定地区而节约时间与费用时使用。

1. 分群抽样的特点

（1）组织简单，节省费用。调查对象分布过于分散会给调查带来不便，并使调查费用增加。而分群抽样的样本分布相对集中，调查人员无需大量往来于被访者之间，能够节省时间和费用。如果群是以行政单位划分的，调查时可以得到行政单位的配合，将更有助于调查的实施，可以得到较高质量的原始数据。

(2) 抽样误差较大。这是分群抽样比较突出的缺点。因为分群抽样抽取的样本单位比较集中，一个群内各个单位之间的差异比较小，而不同群之间的差别比较大，群内每个单位所提供的信息价值就有限，因此其抽样误差常常大于简单随机抽样。但是，对于某些结构特殊的总体，分群随机抽样反而有较高的精度，这种特殊结构的总体是指总体中各个群的结构相似。例如，某城市有居委会 1 000 个，每个居委会平均有居民 100 户，现在采用简单随机抽样从 1 000 个居委会中抽取 12 个居委会，共有 1 200 户作为抽样调查样本单位，这种方法就是分群随机抽样。

2. 分群随机抽样与分层随机抽样的区别

分群随机抽样和分层随机抽样虽然都是要将总体分为相互独立的、完整的子集，但是两者之间有着根本的区别：

(1) 分层随机抽样的样本是从每个子集中抽取的，而分群随机抽样只是对部分子集进行调查；

(2) 分层随机抽样是按照调查所关心的特征进行分层，而分群随机抽样往往是按照总体单位自然形成的特征进行分群；

(3) 分层随机抽样要求层间异质、层内同质，而分群随机抽样正好相反，它要求群间同质、群内异质。

(五) 多阶段抽样

在许多情况下，特别是在复杂、大规模的调查中，调查单位一般不是一次性直接抽取到的，而是采用两阶段或多阶段抽取的方法，即先抽大的调查单元，在大单元中抽小单元，再在小单元中抽更小的单元，这种抽样组织方法称为多阶段抽样。

我国城市住户调查采用的就是多阶段抽样，先从全国各城市中抽取若干城市，再在城市中抽街道，然后在街道中抽选居民家庭。多阶段抽样在抽取样本及组织调查时很方便，但在设计抽样调查方案、计算抽样误差和推断总体上比较复杂。

多阶段抽样有以下两个特点：一是对抽样单位的抽选不是一步到位的，至少要两步；二是组织调查比较方便，尤其对于那些基本单位数多且分散的总体，因为编制样本框较为困难或难以直接抽取所需样本，所以可以利用地理区域或行政系统进行多阶段抽样。

二、非随机抽样

非随机抽样又称“非概率抽样”，是指抽样时不遵守随机原则，按照研究人员相关判断或方便原则抽选样本。非随机抽样调查，其调查样本的抽选或是凭借调查人员的主观判断进行，或是完全由调查人员视调查的便利性而随意选取，每个调查样本被选中的概率无法计算出来，甚至不能用概率表示。

在市场调查中，采用非随机抽样通常出于以下几个原因：

（1）总体过于复杂。当对调查的总体不够清楚，或者太复杂，不适于采取随机抽样时，就需要使用非随机抽样方法来抽取样本，例如，对某一突发或偶然事件进行现场调查。

（2）用于快速调查，追求时效性。有时为了快速获得调查结果，提高调查的时效性，往往就会选择非随机抽样。非随机抽样适用于经常性的调查和方便灵活的调查。

（3）总体单位变异较小。当总体各单位间离散程度不大，并且调查人员具有丰富的调查经验时，也会采用非随机抽样。

非随机抽样省时、省力、省钱，抽样过程比较简单，但也有缺点，例如：样本的选取主要取决于调查人员的判断或调查的便利性，受调查者主观影响较大；调查者不知道抽中的单位所具有的代表性程度；无法使用统计方法测算误差范围。

非随机抽样技术主要有四种，即方便抽样、判断抽样、配额抽样和滚雪球抽样。

（一）方便抽样

方便抽样又称为“偶遇抽样”或是“任意抽样”，是指样本的选择完全根据调查人员的方便和意愿来确定。例如，每年中央电视台、中国消费者协会和国家技术监督局组织的“质量万里行”活动，到各地市场了解产品质量，打击假冒伪劣商品，就是在街头、市场上向消费者做现场调查，这时的抽样调查就是方便抽样。

方便抽样最常见的方法是“街头拦截式访问”和“空间抽样法”。“街头拦截式访问”是指在大街上任意寻找某个行人，将其拦截，作为调查对象进行调查。例如，在街头拦截行人询问其对某种商品的看法，请行人填写调查问卷等。“空间抽样法”是对某一聚集的人群，从空间的不同方位进行抽样调查。例如，在商场内向顾客询问对商场服务质量的意见，在超市调查市场物价情况等。

方便抽样的特点主要有以下几个：

（1）简便易行，节约成本。方便抽样实施过程灵活，简便易行，速度较快，可以及时获得所需资料，节约大量时间、费用成本低。在非随机抽样技术中，方便抽样方法使用最为普遍，可用于经常性的市场调查。

（2）样本代表性差，调查误差较大。与随机抽样不同，方便抽样不能保证每个单位具有相同的被抽取机会，而是按照调查人员的主观判断随意抽取调查单位进行调查，所以所抽取的样本很可能仅仅是出自总体中的某一阶层，对总体的代表性较低，所得出的调查结果可能存在很大的系统性偏差。抽样误差较大，结果就不够可靠，应用价值也比较低，所以方便抽样技术一般用于非正式的探索性调查。

（3）总体特性均匀时，调查结果较好。只有在调查总体各单位之间的差异不大、相对同质时，抽取的样本才具有较高的代表性。

方便抽样的基本假设是：被调查总体中任意一个样本都是同质的，随意选择任一样本进行调查，结果都是一样的。但是，样本并非是同质的，很多情况下往往是异质的。所以，现实市场很难符合这种假设，这是造成方便抽样调查偏差较大、结果可信度低、价值资料也低的根本原因。

（二）判断抽样

判断抽样又称“立意抽样”或“目的抽样”，是根据调查人员的主观意愿、经验和知识，从总体中选取典型代表样本作为调查对象的一种抽样方法。它是在对所调查总体中各个个体的一般情况已经有相当了解的基础上，选择出一个或者几个比较具有代表性的典型个体作为样本，进行更深入的调查。这种抽样方法多应用于总体小而内部差异大的情况，以及在总体边界无法确定或因调查人员的时间、人力、物力有限时采用。例如，要对福建省旅游市场状况进行调查，有关部门选择武夷山、泰宁金湖等旅游风景区作为样本调查，这就是判断抽样。

判断抽样具有以下几个比较突出的特点：

（1）抽样简便。判断抽样是根据一个或者几个调查人员的主观判断确定入样名单，因此具有抽样简便的优点，在对调查项目的精确度要求不高的情况下经常被采用。

（2）适合特殊需要，回收率高。判断抽样完全是按照调查人员的需要主观选定样本，所以该方法适合特殊需要，调查回收率高。

（3）判断正确时抽样效果较好。判断抽样在总体的构成单位差异较大而样本规模较小、样本不易分门别类挑选时具有较大的优越性。样本可选择“多数型”或“平均型”的样本作为调查对象，避免“极端化”类型。如果选择样本的专家经验非常丰富，或者调查人员对调查对象的特征了解得比较清楚，判断抽样选取的样本就具有很强的代表性。

（4）抽样主观性强，容易产生较大偏差。这是判断抽样一个比较突出的缺点。由于判断抽样是主观的，其准确性在很大程度上受访问员对调查对象的了解程度、判断水平、专业知识以及相关经验的影响，这种影响甚至是决定性的。判断抽样方法的客观性容易受到人们的质疑。因此，判断抽样要求调查人员经验丰富，对总体有关特性十分熟悉。如果调查人员在选取样本时主观判断出现偏差，则判断抽样容易发生较大的抽样误差。采用判断抽样应该注意的问题：一是选好专家，二是避免挑选极端情况下的样本。

（三）配额抽样

配额抽样又称“定额抽样”，是指调查人员根据调查总体的某些特征或一定标准对总体进行分层，对分层后的各个层次总体进行配额，配额内的样本抽取由调查人员主观判断抽样的一种非随机抽样方法。配额抽样是非随机抽样中比较流行的一种抽样。配额抽样首先将总体中的所有单位按一定的标准分为若干类（组），然后在每一类（组）中用方便抽样或判断抽样方法选取样本单位。配额抽样在分类或分层时所遵循的原则与分层随机抽样相类似，不同之处在于，配额抽样不遵循随机原则，而是主观地确定对象分配比例。

配额抽样的基本假设是分层后调查对象的特征具有同质性。由于其差异不明显，因此不必按照随机抽样原则抽样，而是采用判断抽样。例如，某一年龄段、某一收入水平的消费者对市场需求的反映大致相同，因此，他们的消费行为、偏好、习惯、态度与反映都基本一致，采用配额抽样法抽取的样本可以反映调查总体的特征。

配额抽样法具有简便易行、节约时间和费用、经配额后样本在分层分布较合理的特点。只要调查项目设计合理，分析方法正确，取得的调查结果就是可信的。其缺点也是由非随机性带来的，即容易出现判断上的主观性，由此产生的偏差也无法估计和控制。

配额抽样法按照控制特征的要求不同分为独立控制配额抽样法和相互控制配额抽样法两种。相互控制配额抽样法是非随机抽样中应用最广、最流行的一种方法。

1. 独立控制配额抽样法

独立控制配额抽样法是指只规定几种控制特性以及各控制特性的单独抽样配额，而不规定这几种控制特性之间的各抽样配额的相互关系，即各控制特性的抽样配额是彼此独立的一种非随机抽样方法。

案例精选

独立控制配额抽样法

某城市进行洗衣机消费需求调查，确定样本量400名，按照消费者月平均收入、年龄、性别三个标准分类。其各个标准样本配额比例及配额数如表4－3所示。

表4－3　独立控制配额抽样分配表

月平均收入	人数	年龄	人数	性别	人数
＜3 000元	40	30岁以下	80	男	200
3 000（含）～6 000元	100	30（含）～40岁	120	女	200
6 000（含）～9 000元	140	40（含）～50岁	140		
≥9 000元	120	50岁及以上	60		
合计	400	合计	400	合计	400

从表中可以看出，调查人员对月平均收入、年龄、性别三个分类标准，分别规定了样本数额，而没有规定三者之间的关系。因此，调查人员具体抽样时抽选不同月平均收入段的消费者，并不需要估计年龄和性别标准；同样，在抽取不同年龄段或不同性别的消费者时，也不需要估计其他两个分类标准。

独立控制配额抽样法的优点是简单易行，调查人员的选择余地较大。其缺点是调查人员可能图一时的方便，选择样本时过于偏向某一组别，如果多选取容易获取资料的调查对象，会影响样本的代表性。这个缺点可以通过相互控制配额抽样法来弥补。

2. 相互控制配额抽样法

相互控制配额抽样法又称为“交叉控制配额抽样法”，是指在分层时严格规定各控制特性的抽样比例，而且在配额时严格规定各控制特性每个副子母体之间的相互交叉关系。

案例精选

相互控制配额抽样法

采用相互控制配额抽样法设定某品牌服装的样本配额。假定抽样数为 800 人，其中高、中、低收入的人数比例为 4∶6∶10；18～34 岁、35～44 岁、45～60 岁、60 岁以上四个年龄段的人数比例为 4∶6∶7∶3；男、女性别的人数比例为 1∶1，则相互控制配额抽样法的结果如表 4－4 所示。

表 4－4 相互控制配额抽样表

年龄	高收入		中收入		低收入		合计
	男	女	男	女	男	女	
18～34 岁	16	16	24	24	40	40	160
35～44 岁	24	24	36	36	60	60	240
45～60 岁	28	28	42	42	70	70	280
60 岁以上	12	12	18	18	30	30	120
小计	80	80	120	120	200	200	800
总计	160		240		400		

采用相互控制配额抽样法把母体划分为 24 个副子母体，其中每个副子母体都有严格配额，即对抽样配额的交叉控制。例如，第一行第一列的抽样配额数为 16，表示的是高收入层、年龄段在 18～34 岁之间的男性顾客；第二行第二列的抽样配额数为 24，表示高收入层、年龄段在 35～44 岁之间的女性顾客；以此类推。

相互控制配额抽样法的特点是抽样结果的代表性强。因为它对调查母体的分层与配额都严格规定了各层比例及交叉配额控制。由于对母体的各方面都有考虑，并予以指派，因此该方法克服了独立控制配额抽样法的缺点，提高了样本的代表性，取得的调查结果比较可靠。

（四）滚雪球抽样

滚雪球抽样是非随机抽样的基本方法之一，这种方法是指在对个别符合要求的调查对象进行调查的基础上，根据他们提供的信息，进一步对其他相关人员进行调查，直到满足样本量要求为止。这样，通过上一组调查对象选择下一组调查对象，像滚雪球一样不断继续下去，直到调查结束。虽然第一组调查对象是通过随机抽样选取的，但是最终的样本是非随机样本。

滚雪球抽样的运用前提是总体样本单位之间具有一定的联系，在不甚了解总体的情况下对总体或总体部分单位情况进行把握。因此，滚雪球抽样法的主要目的是分析调查总体中的稀有特征。例如，对单亲家庭、特殊疾病、特殊生活习惯等方面的调查就可以采用滚雪球抽样法。

滚雪球抽样具有以下几个特点：

（1）可以降低调查经费。这种方法用于低发生率或在少见的总体中进行抽样，因为要找到这些少见的个体，代价是很大的。滚雪球抽样是先对随机选择的一些调查对象实施访问，然后再请他们推荐属于研究目标总体特征的调查对象，这样获得样本的成本就可以大大降低。

（2）可以估计十分稀有的人物特征。滚雪球抽样主要是分析调查总体中的稀有特征，如名牌私家车的车主、不愿公开姓名的某俱乐部成员等。

（3）样本代表性较差。尽管最初选择调查对象时采用的是随机抽样，但是最后的样本都是非概率样本，被推荐的调查对象比随机抽取的调查对象将在人口和心理特征等方面更类似于推荐他们的那些人。因此，样本不能很好地代表整个总体。另外，一些调查对象不愿意提供其他人员来接受调查，或者故意漏掉某些个体不提，那么，这种情况下该方法的效果就不好。

滚雪球抽样的基本步骤是：首先，找出少数样本单位；其次，通过这些样本了解更多的样本单位；最后，通过更多的样本单位再去了解更多的样本单位。以此类推，如同滚雪球，使调查结果越来越接近总体。例如：某研究部门在调查某劳务市场中的月嫂问题时，先访问了10名月嫂，然后请她们再提供其他月嫂名单，逐步将调查样本扩大到近百人；通过对这些月嫂的调查，对月嫂的来源地、从事工作的年限、经济收入等情况有了比较全面的了解。

任务实施

一、任务背景

在本项目任务一的基础上完成抽样方案设计。

二、任务目标

通过学习本项目，要求学生掌握抽样方法的选择、抽样方案设计的基本知识，并学会运用。

三、任务要求

根据任务背景，选择合适的抽样方法，并讨论在该项调查中是使用一种抽样方法还是采用多种抽样方法，并根据选择的抽样方法设计详细的抽样实施方案。

四、任务步骤

（1）学生自愿分组，每组 6～8 人；
（2）根据任务背景，小组讨论并确定抽样方法；
（3）根据选定的抽样方法，制定详细的抽样方案；
（4）小组提交抽样方案，并进行汇报。

任务三　推断抽样误差

任务导入

违法药品广告是否蒙骗了你的眼睛

在药品广告中，尤其是一些不正规的药品广告，也学会了“用数据说话”，经常会通过自己的网站或宣传媒介鼓吹自己药品的治愈率有 80%，有效率有 100%等。然而，这些广告可信吗？它们真会用数据说话吗？一些有病乱投医的病人及其家属往往被这些广告词蒙蔽了双眼，轻信了这些没有正规来源的数据，容易上当受骗。我国法律规定：药品、医疗器械广告不得说明治愈率或者有效率。以上行为显然可以通过法律武器进行惩戒。如果不懂广告法的消费者掌握了一些必要的统计学知识，那么这些违法的广告便无法得逞。

且不说该疾病如何规范界定“治愈”“有效”，但就数字本身，我们就应该存在质疑：获得这些数据的样本是什么？样本量有多大？抽样误差有多大？获得这些数据，是否经过了严格抽样和获得了足够的样本量进行临床验证？

没有这些可控的质量保证，简单一个数字能说明什么？将药品给一两个人吃了，很快“治愈”，计算治愈率——100%；或者说一个质量很差的样本估计出治愈率 20%～80%，厂家仅仅告诉你一个上限。试想一下，如果我们知道了数据产生的背景，了解了数据结论的误差，我们还那么容易上当吗？

任务分析

以上案例告诉我们，做市场调查，试图用数据来说明一个事实，为了增加可信度，除了需要一个数据结果，还必须说明数据产生的背景与调查中可能存在的误差。误差是调查结果与客观实际情况之间的偏差。在市场调查中，误差是难免的，无论是全面调查还是非全面调查，都有可能发生误差。因此要对误差加以估计和控制，使得由调查结果推断总体情况的可信度大大提高，从而使误差不至于对正确决策构成重大影响。

基础知识

一、调查误差的形成

有调查就必然存在误差，因为误差不可避免，或大或小。误差产生的原因很多，性质也不相同。一般来说，调查误差主要来自三个方面。

（一）调查设计引起的误差

（1）测量误差，即调查者采用的测量工具所形成的误差。例如：在调查中使用问卷进行调查，由于问卷设计的逻辑性、语言的措辞、问题的顺序等方面的设计不恰当可能引起的偏差，就属于测量误差。

（2）未包括误差，即在调查方案所定义的总体有一部分单位未能包含在抽样框中所引起的误差，也就是说抽样框存在遗漏。样本单位都是从抽样框中抽取出来的，这样会导致一些没有包含在抽样框中的单位没有机会被抽选为样本。如果被遗漏的单位与抽样框中的单位在调查有关的特征中存在差异，就会导致未包括误差。例如：将电话簿作为抽样框，有些电话号码没有被列入电话簿，或有些电话号码已经停机，导致抽样框不能包含所有总体单位，从而难以保证样本的代表性而产生误差。

（3）数据分析误差，即问卷中的原始数据转换成为调查结果时所产生的误差。例如：使用不恰当的统计方法而引起的不正确的调查结果。

（二）调查人员引起的误差

（1）个人误差。在接触调查对象时，由于调查人员的性别、年龄、职业、文化程度等方面存在差异，因此很有可能在不同程度上影响调查结果。

（2）问答记录误差。调查人员如果没有严格按照问卷提问、对问卷不熟悉、没能掌握提问技巧或是没有正确记录调查对象的回答等，都有可能会引起误差。

（3）欺骗误差。它是指调查人员为了省事而伪造部分或者全部答案所造成的误差。例如，调查人员没有询问调查对象某个问题，而是根据自己的判断填写答案等。

（三）调查对象引起的误差

这类误差包括两个方面：一是调查对象由于某些原因不能提供准确的答案而造成的误

差，如对问题不熟悉、理解有误、厌烦等；二是调查对象不愿意说出真实的想法而造成的误差，如避免出现麻烦、提供更被社会接受的答案等。

二、抽样误差的影响因素

样本对总体的代表性越高，抽样误差就越小；反之则越大。抽样误差的大小主要受以下四个因素的影响。

（一）总体各单位之间的差异程度

在其他条件不变的情况下，总体各单位之间差异越大，抽样误差也就越大；总体各单位之间差异越小，抽样误差也就越小。

（二）样本容量

在其他条件不变的情况下，样本容量越大，抽样误差也就越小；样本容量越小，抽样误差也就越大。抽样误差的大小可以通过样本容量大小的调整来控制。

（三）抽样组织形式

不同的抽样组织形式所形成的抽样误差也不同。一般来说，在其他条件相同的情况下，分层抽样、系统抽样比简单随机抽样的抽样误差小，整群抽样比简单随机抽样的抽样误差大。

（四）抽样方法

在其他条件不变的情况下，不重复抽样比重复抽样的抽样误差要小。

三、调查误差的类型

调查误差根据性质的不同可分为抽样误差和非抽样误差两种。

（一）抽样误差

抽样误差是指代表性误差，即样本指标和总体指标的差异。例如：调查某城市消费群体的月平均可支配收入，调查结果为 2 020 元，实际为 2 060 元，那么抽样误差就是 40 元。

抽样误差可以进一步分为偏差和随机抽样误差。

1. 偏差

偏差是指没有严格遵循随机原则而产生的误差。

2. 随机抽样误差

随机抽样误差是指严格遵循了随机原则仍无法避免的误差。它是因为所选择样本不可能完全代表总体而产生，显示了所选样本的真实均值能够准确反映总体均值的程度。这种误差是可以计算和加以控制的。随机抽样误差又可以分为两种：实际误差和平均误差。

（1）实际误差是指一个样本指标和总体指标之间的差异，这种误差是无法得知的。

（2）平均误差则是所有可能出现的样本指标与总体指标离差的平均值，表明所有可能存在误差的平均水平。

（二）非抽样误差

非抽样误差是指设计人员、调查人员和调查对象等方面的原因所产生的理解、登记或计算不同而形成的误差。

和抽样误差相比，非抽样误差的特点表现在以下方面：

（1）不受样本量多少的影响。非抽样误差的产生不是因为抽样的随机性，所以在抽样调查中，它不可能随着样本量的增大而减小，有时甚至会相反。样本量越大，非抽样误差也越大，因为调查中更多的人为因素会增加非抽样误差出现的可能性。

（2）造成估计量存在偏差。抽样调查中，由于非抽样误差的影响，往往造成估计量的偏差。例如：在调查中存在“无回答”，而“无回答”与“有回答”的调查对象在目标变量方面存在偏差，仅仅用回答者的观测数据对总体参数进行推断，会造成有偏估计。

（3）有些非抽样误差难以识别和测定。例如：调查设计人员并没有意识到抽样框是不完整的，因而导致所得到的调查结果包含非抽样误差，而数据分析人员和使用者并没有意识到这方面的问题的存在。另一种情况是，调查人员意识到非抽样误差可能存在，但无法准确判断，无法进行测量。在实践中，后一种情况更为常见，它会给调查工作造成一定的困扰。

此外，产生非抽样误差的渠道很广，有些非抽样误差产生的原因复杂，尤其是调查对象是人的时候，社会因素、经济因素、政治因素等对非抽样误差的影响范围和程度都不容忽视。而且，和抽样误差相比，人们对非抽样误差的研究较浅。因此，从实践角度出发，研究非抽样误差对调查数据质量和估计结果的影响显得极为迫切。

四、抽样误差的测定

抽样误差是不可避免的，但是可以通过计算预先测知。以下给出在几种不同条件下抽样误差的计算公式：

（1）平均数重复抽样误差的计算公式为：

$$\mu_{\bar{x}} = \sqrt{\frac{\sigma^2}{n}}$$

式中：$\mu_{\bar{x}}$——抽样平均误差；

σ^2——总体方差；

n——样本数。

其中，$\sigma^2=\dfrac{\sum(x-\bar{x})^2}{n}$ 或称样本标准差 S，也可用经验估算。

（2）平均数不重复抽样误差的计算公式为：

$$\mu_{\bar{x}}=\sqrt{\frac{\sigma^2}{n}\left(1-\frac{n}{N}\right)}$$

式中：N——目标总体数，其余符号同上；

$\left(1-\dfrac{n}{N}\right)$——修正系数。

案例精选

平均数不重复抽样误差的计算

有一总体，内包含4个消费者。这4个消费者在某一个月购买消费品的金额分别为110元、150元、170元和190元。从这4个人中抽取两人进行调查，计算平均消费额的抽样平均误差。

解：总体平均数：

$$\bar{x}=\frac{\sum x}{N}=\frac{110+150+170+190}{4}=155\,(\text{元})$$

总体方差：

$$\sigma^2=\frac{\sum(x-\bar{x})^2}{N}=\frac{(110-155)^2+(150-155)^2+(170-155)^2+(190-155)^2}{4}$$

$$=\frac{3\,500}{4}=875$$

采用重复抽样：

$$\mu_{\bar{x}}=\sqrt{\frac{\sigma^2}{N}}=\sqrt{\frac{875}{4}}=20.92\,(\text{元})$$

采用不重复抽样，由于 N 很小，所以：

$$\mu_{\bar{x}}=\sqrt{\frac{\sigma^2}{n}\left(1-\frac{n}{N}\right)}=\sqrt{\frac{875}{2}\times\frac{4-2}{4-1}}=17.08\,(\text{元})$$

从上例可以看出，采用不重复抽样的误差较小，其样本的代表性较高。但是，在实践中，N 往往都很大，一般为了计算方便，都采用简便公式计算。

(3) 成数重复抽样误差计算公式为：

$$\mu_P=\sqrt{\frac{P(1-P)}{n}}$$

式中：μ_P——成数抽样误差；

P——成数；

n——样本数。

(4) 成数不重复抽样误差计算公式为：

$$\mu_P=\sqrt{\frac{P(1-P)}{n}\left(1-\frac{n}{N}\right)}$$

案例精选

成数重复抽样误差计算

某地区共有居民家庭 10 000 户，从中选取 200 户普查电脑普及率，结果为 60%，计算抽样平均误差。

解：在重复条件下：

$$\mu_P=\sqrt{\frac{P(1-P)}{n}}=\sqrt{\frac{60\%(1-60\%)}{200}}=3.46\%$$

在不重复抽样条件下：

$$\mu_P=\sqrt{\frac{P(1-P)}{n}\left(1-\frac{n}{N}\right)}$$

$$=\sqrt{\frac{60\%(1-60\%)}{200}\times\left(1-\frac{200}{10\ 000}\right)}$$

$$=3.43\%$$

从上例中可以看出，不重复抽样的抽样平均误差小于重复抽样的抽样平均误差。如果 N 很大，两种计算方法得到的抽样误差就会很小。

五、控制抽样误差的措施

（一）准确选择抽样方法

选择正确的抽样方法，有利于使抽取的样本可以真正代表总体，减少误差。具体实施时应该考虑以下三个方面的因素：

(1) 对抽样误差大小的要求。在相同样本量的条件下，抽样误差大小主要受到总体方差的影响。根据相关调查经验，不同的抽样方式的抽样误差有所不同。在实际调查时，可以根据对调查误差的不同要求和实际条件，选择恰当的抽样调查方式。

（2）调查对象本身的特点。有些现象，事先没有关于总体各单位的全面、详细的资料，就无法采用以有关标志为顺序的等距抽样，而只能采用其他抽样方式。同时，还要考虑对调查对象所了解的程度——对调查对象了解得越周全，就越能采用准确性比较高的调查方式进行调查。

（3）人力、物力、经费和时间等各种调查条件。例如：在调查前考虑到抽出的样本可能比较分散，在各个地区都有，会增加调查往返的时间和费用，就可以采用整群抽样方式，使调查样本相对集中，调查人员行动半径缩小，以节省人力、费用和时间。

（二）正确确定样本数目

一般来说，样本数与抽样误差是反差关系，即样本越大，抽样误差越小，反之亦然。但是，抽样误差又与调查总体中有关特征差异有关。总体中差异越大，在同样样本数的条件下，误差越大；总体中差异越小，在同样的样本数的条件下，误差越小。换句话说，在确保同样的差异误差前提下，如果总体中的差异大，则需要抽取的样本数应该大一些；反之亦然。而且，抽取的样本大小又与调查的成本有关，样本越大，费用越高；反之亦然。所以，确定样本数要综合考虑对抽样误差的允许程度、总体的差异性和经济效益的要求等因素。

（三）加强对抽样调查的组织领导，提高抽样调查工作的质量

要以科学的态度对待抽样，特别是要有专门的人才，或经过严格培训的人员，并严格按照所选用的抽样方法的要求进行操作，确保整个抽样工作科学合理，以减少误差，提高工作质量。

任务实施

一、任务背景

在本项目任务二的基础上完成抽样误差测算。

二、任务目标

通过学习本次任务，要求学生掌握抽样误差的形成、影响因素、测定及控制措施。

三、任务要求

根据任务背景，学习抽样误差相关知识，并能够根据实际问题进行误差判断与控制。

四、任务步骤

（1）学生自愿分组，每组 6～8 人；

（2）针对背景资料，小组讨论是否存在抽样误差以及误差的形成原因；

（3）分析该任务中抽样误差形成的原因；

（4）小组讨论如何进行抽样误差的测定，说明计算方法；

（5）讨论并提出控制抽样误差的具体措施；

（6）以小组为单位提交任务成果，每组选派一名代表进行 PPT 汇报。

学思之窗

陈兆海：中国精度 极致匠心

从事测量工作 28 年，中交一航局第三工程有限公司首席技能专家陈兆海每天都在跟点、线、面打交道，他先后参与了我国首座 30 万吨级矿石码头、首座双层地锚式悬索桥、大连湾海底隧道和光明路延伸工程等标志性工程的测量工作，2021 年被评为大国工匠年度人物。一个个大国工程精准建成的背后，是陈兆海不允许超过厘米级偏差的匠人匠心。

大连湾海底隧道，长 5.1 千米，由 18 节巨型预制沉管拼接而成，隧道单节沉管长 180 米，重量约 6 万吨，相当于一艘航空母舰的排水量。然而，两节沉管对接时的误差却不能超过 10 厘米，这对于工程测量要求极高，每节沉管都要保证一次性安装成功。工程建设测量先行，在变幻莫测的海底世界，这点更为重要。面对浩大的工程，一个测量点的微小偏差，都可能引发连锁反应，导致无法估量的损失。因此身为测量员，陈兆海时刻要求自己，每次读取的数据要做到比仪器更加精准。卡尺对仪器的观测精度只能精确到厘米，毫米这一块数据的读取需要人工自己估计出来。关于怎么把毫米估计得更准确这项基本功，陈兆海练习了十年。在这十年里，陈兆海因为闭眼只会闭左眼，导致左眼要比右眼小一些。

对待测量数据一丝不苟，近乎执拗，让陈兆海成为业界公认的技术大拿。然而在建设我国首座 30 万吨级矿石码头时，他却遭遇了前所未有的挫折。在测量过程中要一点一点累计，但是陈兆海发现数据到后来就不对了，导致必须返工重来。第一次出现这种问题时，他特别自责。由于施工海域海况极为复杂，先进的测量设备频频出现误差，整个工程被迫停滞。陈兆海冥思苦想，最终想起老师傅曾教他的一个传统手工测量法——打水砣。打水砣的难度在于水砣下到水底，触及海底的时候，如果一直停顿的话，砣很容易陷到淤泥里，读取数据就不准确了。在平稳水域，打水砣都是一个高难度的技术活儿，而在水流湍急、情况复杂，又是深达三十米的施工海域，其艰难程度可想而知。为了获取精确数据又防止水砣被海水冲走，陈兆海特意打造了一只40多斤重的水砣，一边把水砣抛入水中，一边跟着小跑，以使测量数据线始终保持角度垂直，“20.85、20.88、20.89……”陈兆海就这样在跑动中抓取只有两三秒的读数时机。为了练就这门功夫，陈兆海吃住在海上，举着40多斤重的铁疙瘩反复练习。2万多平方米的码头，8个月的漫长施工期，陈兆海每天坚持抛提水砣数百次，胳膊累得发麻依旧咬牙坚持，最终将上万个点位的测量精度都成功锁定在厘米级，呵护着又一个宏伟工程在蔚蓝海域徐徐铺展。

点滴见素养：学习陈兆海的大国工匠精神，学习他对职业的热爱、专注、勇于创新，养成爱岗敬业、脚踏实地、精益求精的工作作风。

项目总结

抽样调查简称“抽查”，它是指从市场总体中抽取一部分作为样本，对抽取的样本进行调查，并以样本的调查结果推断市场总体状况的一种调查方法。抽样调查过程包含五个步骤：确定调查总体；编制抽样框，进行个体编号；选择抽样样本；实施调查；测算结果。

抽样技术包括两类：随机抽样和非随机抽样。随机抽样又称为“概率抽样”，是按照一定的程序，遵循随机原则，在总体中抽取一部分样本，通过对样本的研究达到认识总体的过程。非随机抽样又称为“非概率抽样”，是指抽样时不遵守随机原则，而是按照研究人员相关判断或方便原则抽选样本。

抽样误差是指代表性误差，即样本指标和总体指标的差异。抽样误差的影响因素包括总体各单位之间的差异程度、样本容量、抽样组织形式、抽样方法。非抽样误差是指设计人员、调查人员和调查对象等方面的原因所产生的理解、登记或计算不同而形成的误差。

控制抽样误差的措施包括：准确选择抽样方法；正确确定样本数目；加强对抽样调查的组织领导，提高抽样调查工作的质量。

职业技能训练

一、单项选择题

1. 分群随机抽样抽取的对象是（　　）。

A. 总体　　B. 个体　　C. 样本　　D. 群

2. 从总体中抽选出来的所要直接观察的全部单位称为（　　）。

A. 抽样　　B. 样本　　C. 抽样框　　D. 总体单位

3. 调查人员从工作方便的角度出发，在调查对象范围内随意抽选一定数量的样本进行调查，这种抽样方法是（　　）。

A. 方便抽样　　B. 判断抽样　　C. 配额抽样　　D. 滚雪球抽样

二、多项选择题

1. 抽样误差的大小受到（　　）的影响。

A. 总体各单位之间的差异程度　　B. 样本容量

C. 抽样组织形式　　D. 抽样方法

2. 调查误差根据性质的不同分为（　　）。

A. 抽样误差　　B. 非抽样误差　　C. 欺骗误差　　D. 回答误差

3. 影响样本容量的因素不包括（　　）。

A. 预算　　B. 经验

C. 时间　　D. 调查对象的配合程度

三、判断题

1. 重复抽样的误差一定大于不重复抽样的抽样误差。（　　）

2. 随机抽样误差是偶然事件引起的，是可以避免的。（　　）

3. 整群抽样与其他抽样方式最大的差别在于，其抽样单位不是单个的个体，而是成群的个体。（　　）

四、简答题

1. 抽样调查的步骤有哪些?

2. 抽样调查的优缺点有哪些?

3. 影响样本量确定的因素有哪些?

五、案例分析

某公司集团下属有 10 个分公司，每个分公司的人数如表 4-5 所示，现在考察分公司的日常支出费用状况。

表 4-5　分公司人数表

分公司编号	人数
1	100
2	401
3	140
4	240
5	90
6	75

续前表

分公司编号	人数
7	200
8	170
9	150
10	320

阅读材料，回答问题：

（1）选择何种方法抽取样本？

（2）请写出抽取样本的步骤，并将最后入选分公司的编号展示出来。

项目五 市场调查问卷

学习目标

知识目标

1. 了解市场调查问卷的含义
2. 理解市场调查问卷的作用
3. 掌握市场调查问卷的类型和基本结构

技能目标

1. 能够熟练地说出市场调查问卷的基本结构
2. 能够根据调查项目设计调查问卷

素养目标

1. 培养运用系统的思维方法解决实际问题的能力
2. 树立严谨务实、攻克难关的工作作风

任务一 熟悉市场调查问卷

任务导入

某知名杂志的自填式问卷

某知名杂志精心设计了一份自填式问卷，以期获得年龄在15～21岁的女性读者驾驶习惯的信息。

该调查问卷调查了关于驾驶者的执照情况、在过去一周内的驾驶里程、使用汽车的原因、所驾驶的汽车及其获得途径、一辆新车的价格、新车的购买方式、选择一辆新车的最主要的原因、所拥有的新车的制造商、在新车选择中最主要的信息来源、偏爱某种轿车的原因，以及在该杂志上看汽车广告的兴趣程度。该问卷采用了不同的问题形式和量表技术。该问卷被邮寄给杂志消费者固定邮寄组的2 150名成员，共收到了1 143份返还问卷，回复率为53.2%。调查的主要结论有：

（1）在过去一周的平均驾驶距离为123千米；

（2）选择一辆新车最主要的原因有款式、外观、价格及油耗；

（3）在自己拥有轿车的驾驶者中，2/3的人拥有的是合资品牌轿车；1/3的人拥有的是国产品牌轿车。

该杂志利用这一信息从主要的汽车公司那里征求广告，并策划出对读者有吸引力的文章选题。

任务分析

要达到市场调查的目的，需要真实反映市场状况的数据资料，需要对问卷调查的数据进行科学的分析。因此，所收集数据的质量是决定调查成败的关键。问卷设计作为收集资料的主要手段，其重要性不言而喻。案例中通过设计问卷，收集到了15～21岁女性接触媒体习惯、汽车选购、驾驶方面的特征，有助于满足汽车厂商制定营销决策的需要。

基础知识

一、问卷的含义

问卷是根据一定的研究目的，将调查项目转换成一系列的问题，向调查对象了解情况或征询意见的书面表格。问卷是市场调查中不可缺少的工具，合理的问卷有利于全面地收集信息，便于营销人员的研究分析，并为管理者提供必要的信息。

二、问卷的作用

一般来说，问卷的作用主要体现在以下几个方面：

（1）把研究目标转换成特定的问题；

（2）使问题和回答范围标准化，便于调查人员的记录和携带；

（3）通过措辞、问题流程和卷面形象来取得调查对象的合作；

（4）可作为调查资料的原始记录；

（5）加快数据整理和分析过程；

（6）收集调查前对所做命题的假设信息，以验证假设命题是否成立。

三、问卷的主要类型

大多数的市场调查都需要问卷设计，问卷是调查内容的主要载体，问卷的设计质量决定了所收集数据的质量，从而决定了整个调查工作的成败。

按照不同的分类标准，可将调查问卷分成不同的类型。

根据市场调查中使用问卷方法的不同，可将调查问卷分为自填式和访问式两大类。

按照问卷中问题答案的形式，可以将调查问卷分为结构式问卷、开放式问卷和半结构式问卷三种基本类型。

按照调查问卷的用途，可以将调查问卷分为甄别问卷、调查问卷和回访问卷。

（一）自填式问卷和访问式问卷

1. 自填式问卷

自填式问卷是指调查者发给（或邮寄给）调查对象，由调查对象自己填写的问卷。自填式问卷由于可以借助视觉功能，在问题的制作上相对可以更加详尽、全面，因此具有书面性、间接性和标准化的特点，能在比较短的时间内做大面积的调查，适宜于调查有一定文化水平并且总体构成比较单一的调查对象。

自填式问卷按照发送的方式不同又可以划分为邮寄问卷、报刊式问卷和留置问卷。

（1）邮寄问卷是通过邮局由调查单位将事先设计好的问卷直接邮寄给调查对象，调查对象按规定的要求自己填答后，再邮寄回调查单位的一种自填问卷。邮寄式问卷的优点是匿名性较好，缺点是问卷回收率低，一般不超过50%，并且调查过程不易控制，因此可信性和有效性都低。问卷设计的质量对邮寄问卷调查的回复率和质量有着非常重要的影响，所用问卷必须简洁、清楚、方便填写。

（2）报刊式问卷是随着报刊的传递发送问卷，并要求报刊读者对问题如实作答并回寄给报刊编辑部的一种自填问卷。报刊式问卷有稳定的传递渠道、匿名性好、费用低，因此具有很大的适用性，缺点也是回收率不高，样本偏差较大，影响样本对总体的判断。

（3）留置问卷是一种先将问卷留置在调查对象家中，由调查对象根据要求自行填写，几天之后按照约定的时间由访问者取回的自填问卷。留置问卷的回收率一般可以达到70%以上。

2. 访问式问卷

访问式问卷是由访问者按照事先设计好的问卷或问卷提纲向调查对象提问，然后由访问员根据调查对象的回答填写的问卷。访问式问卷的回收率较高，填答的结果也相对可靠，但是成本高、费时长，回收率一般要求在90%以上。一般而言，访问式问卷要求设计简便，最好采用选择题型进行设计。按照访问员接触调查对象的形式，访问式问卷又分为面访问卷、电话访问问卷和网络访问问卷。

（1）面访问卷是由访问者按照事先设计的调查提纲或调查问卷对调查对象当面进行提问，然后再由访问员根据调查对象的口头回答填写问卷。面访问卷的回收率高，也便于设计一些可以深入讨论的问题，但不便于涉及敏感性问题。

（2）电话访问问卷是通过电话中介来对调查对象进行访问调查的问卷类型。这种问卷要求设计简单明了，另外在问卷设计上需要充分考虑通话时间限制、听觉功能的局限性、记忆规律和记录的需要等几个因素。电话访问问卷一般应用于问题相对简单明确，但需要及时得到调查结果的调查项目。

（3）网络访问问卷是在互联网上制作，并通过互联网来进行调查的问卷类型。这种问卷不受时间、空间限制，便于获取大量信息，特别是对敏感性问题而言，更容易获得相对满意的答案。

（二）结构式、开放式和半结构式问卷

1. 结构式问卷

结构式问卷也称为封闭式问卷，这种问卷的答案是研究者在问卷上早已经确定的，由调查对象从中选择答案。结构式问卷的优点是问题答案标准、具体，便于统计；缺点是有时答案可能包括不全。因此，使用结构式调查问卷时，必须把答案考虑全面。

2. 开放式问卷

开放式问卷又称为无结构问卷，这种问卷以问答题型为主，是由问卷设计者提供问题，但是并不设置固定答案，而由调查对象自行构思，从而按照自己的意愿回答问题。

开放式问卷的特点是问卷的设置和安排没有严格的结构形式。但开放式问卷并非完全没有结构，只是结构比较松散或较少。在正规的市场调查中，这种类型的问卷很少作为单独的问卷使用，往往是对在某个问题需要做进一步深入调查时与结构式问卷配合使用，或用在调查项目初级阶段研究者对某些问题尚不清楚的探索性研究中。开放式问卷可以收集到范围比较广的资料，可以比较深入地发现和探究一些特殊问题，探询到特殊群体的意见和观点。开放式问卷的缺点是收集到的资料很难量化和分析。

3. 半结构式问卷

半结构式问卷介乎于结构式问卷和开放式问卷之间，问题的答案既有固定的、标准的，也有让调查对象自由发挥的，汲取了两者的长处。这种问卷在实际调查中运用比较广泛。

（三）甄别问卷、调查问卷和回访问卷

1. 甄别问卷

甄别问卷是为了保证所调查的被访者确实是目标调查对象而专门设计的一组甄别问题

的问卷。甄别问卷一般包括对调查对象个体自然状态变量的甄别、对产品适用性的甄别、对产品使用频率的甄别、对产品评价有特殊影响状态的甄别等多种情况。例如，通过对调查对象个体自然状态的甄别，主要使用的变量包括年龄、性别、收入等，根据研究目的的要求，可以通过甄别问卷将不合格的调查对象事先排除。

需要注意的是，有时候并不单独设计甄别问卷，而是在正式的问卷开始时设置一道甄别题，这样也可以实现事先排除不合格调查对象的目的。例如，某一项调查的目的是调查那些想要购车的顾客在选择车的时候考虑的因素，那么可能要选出未购车者或者在最近两年有购车需求的顾客，可以设计问题：请问您最近两年有购买新车的需求吗？对那些回答“否”的调查对象应该礼貌地表示感谢，然后寻找下一位调查对象。

2. 调查问卷

调查问卷的设计是市场调查最基本的方面，也是研究的主体形式。任何调查，可以没有甄别问卷，也可以没有回访问卷，但是必须有调查问卷。调查问卷是分析的基础。

3. 回访问卷

回访问卷又称为复核问卷，是指为了检查访问员是否按照访问要求进行调查而设计的一种监督形式问卷。设计回访问卷的目的是考核访问员、检验访问工作的质量。

拓展阅读

问卷的基本要求

任务实施

一、任务背景

以前期任务为背景：电脑、手机和平板电脑悄然成为大学生进入校园的流行“三件套”，其中手机更是成为人手一部的必备单品，大学校园中人人都需要手机，市场容量巨大。为此，某品牌手机欲进一步开拓本学院大学生手机市场，提高该品牌手机在本学院市场的占有率。为保证营销活动有效开展，事先需要市场调查部门组织一次关于本学院手机市场情况的市场调查。

二、任务目标

学生通过本次任务的学习，掌握市场调查问卷的类型和作用。

三、任务要求

根据任务背景，小组设计一份“大学生手机市场调查问卷”，并讨论分析市场调查问卷的类型及作用。

四、任务步骤

（1）学生自愿组成小组，每组6～8人；

（2）以小组为单位，认真熟悉背景资料；

（3）针对背景资料，小组内讨论市场调查问卷的特点及作用，确定针对本项目应该设计哪种调查问卷。

任务二 掌握问卷结构与内容

任务导入

房产电话问卷（房主）

电话号码________ 日期________ 时间________

您好，我是在和男主人/女主人讲话吗？（如果不是，请求跟他/她谈话）

我叫________，为一家营销调查公司工作。我们正在进行一项针对当地居民的营销调查项目。这项调查要解决的是房产评估服务问题，您可不可以帮助我们回答几个问题？您的答复将是保密的，并且只用于连同其他人答复进行综合分析。

1. 您清楚可以获得的房产评估服务吗？

________是 ________否

如果回答“是”（追问）：您有什么看法？

如果回答“否”（解释）：在房产评估时，一个房产经纪来到您要买或卖的房子里，评估它的损害程度或存在的问题，比如电、水、房顶、地基、绝缘性，以及很多小的问题。

2. 选择这项服务时，哪个因素对您影响最大？（可以多选）

________房产经纪的推荐　________朋友的推荐　________口头传言

________好的声望　________服务价格　________是否省钱

________评估商资历　________其他

3. 您计划买房时，下列哪一个是您了解房产评估最有效的途径？（可以多选）

________房产经纪　________电视广告　________报纸广告

________名片　________邮寄　________广告/宣传品

________车牌　________房地产杂志　________其他

4. 请评估您对下列房产评估服务的兴趣点。

a. 构造

________很感兴趣　________有点兴趣　________没有兴趣

b. 面积

________很感兴趣　________有点兴趣　________没有兴趣

c. 生活设备

________很感兴趣　________有点兴趣　________没有兴趣

5. 您住在：

6. 您住在当地多久了？

________0～2 年　________3～5 年　________6～12 年

________13～20 年　________超过 20 年　________拒答

7. 现在还有一些关于您的问题。您是：

________单身且没有孩子　________已结婚且没有孩子

________已结婚且孩子在家　________单身且孩子在家

________已结婚且孩子不在家　________单身且孩子不在家

任务分析

从上面的房产问卷调查案例中，我们可以了解到问卷的基本结构。同时，在此问卷调查中，我们可以很清楚地了解到问卷调查需要注意的主要问题：首先，在问题的选择上要符合某种市场调查的目的；要符合市场现象在一定时间、地点、条件下的客观实际表现；要符合调查对象回答问题的能力与愿望。其次，在问题的表述上要具体、简短、通俗、准确，以便于调查对象回答。再次，要合理地安排问题的顺序，问题前后之间注意先后顺序、环环相扣、难易适合；同时还要考虑到调查对象的心理承受能力。最后，在问题及答案的设计中要自始至终坚持互斥性原则和完备性原则，以保证问卷调查的科学性。

基础知识

一、问卷的结构

一般来说，一份问卷通常包括标题、卷首语、指导语、调查项目、结束语、编号等部分。

（一）标题

每份问卷都有一个调查主题，问卷标题就是用来概括说明调查主题的。一般情况下，问卷标题应该能够开宗明义、简明扼要地反映调查主题，把调查对象和调查中心内容和盘托出，使人一目了然，增强调查对象的兴趣和责任感。

（二）卷首语

卷首语是指用于说明问卷调查的目的和意义，以期获得调查对象的重视和支持的话语。卷首语可以单独成页，也可以放在卷首和调查问题一起。大量实践调查证明，几乎所有拒绝接受调查的人都是在一开始接触的几秒内就表示不愿意参加。因此，问卷的开头部分尤其重要。

卷首语的作用主要体现在三个方面：一是表示礼貌和尊重他人的态度；二是通过介绍和说明，使对方形成一定的心理准备，以便于取得对方的配合；三是通过介绍和说明，取得对方的信任，使其愿意表达真实想法。通过卷首语，应该达到取得调查对象的信任、消除调查对象的疑虑、吸引调查对象合作的兴趣和愿望的效果。

案例精选

洗发水市场调查问卷卷首语

尊敬的顾客：

您好！

我是×××学校的学生，在做一个关于洗发水的市场调研，目的在于了解消费者对洗发水的使用要求、购买习惯和影响购买行为的因素等。希望您能参与完成此次的问卷，填写下面的信息，并在符合的项目上打“√”，您所提供的信息我们将严格保密。谢谢您的合作！

（三）指导语

指导语就是告诉调查对象如何正确地填写问卷，或是提示调查人员如何正确完成问卷调查工作的语句。它主要用于消除问卷中不清楚、不明白、有疑问的地方，帮助调查对象顺利地完成问卷。

成功的指导语应该注意以下问题：

（1）尽量要求调查对象在标注答案时使用圆圈，尽可能避免打钩，这样可以使调查对象的注意力比较集中，有利于保证标记的准确。

（2）指导语应该尽量选择与问题不一样的字体，建议使用黑体。

（3）为了有效地指导调查对象填答问卷，也可以在说明词中列举一个例子，示例填答问卷的方法。对于文化水平不高或初次接触问卷调查的调查对象来说，这样的效果会更好一些。

（4）指导语写作还要注意简单、明确、便于理解。

案例精选

填答说明

例 1. 请先选择符合您家庭情况或您个人看法的部分，然后在旁边的括号内画“○”，并在横线上填写有关内容。

例 2. 如果填写问卷答案中的“其他”项，请在后面的横线上填写相应内容。

例 3. 如果问卷答案中没有符合您家庭情况或您个人看法的内容，请在该题旁边的空白处填写您家庭的具体情况或您个人的具体看法。

例 4. 希望您对问卷中每个问题都做出回答，不要遗漏。

（四）调查项目

调查项目是调查问卷的主体部分，也是核心内容，它是指需要调查的具体项目和问题。如何确定好调查项目和命题是调查问卷设计的关键，也决定了调查的成功与否。

（五）结束语

为了表达对调查对象合作的谢意，研究人员应该在问卷的末端写上再次感谢的话语。结束语要言简意赅，很多情况下只需要一句话即可。例如：问卷调查到此结束，衷心感谢您的大力支持。

（六）编号

每份调查问卷必须进行编号，其目的在于方便统计和复核工作，特别是在数据分析过程中可能会发现某份问卷数据存在异常情况，这时就可以根据编号重新翻阅问卷原始资料，以确认相关内容。编号的位置一般放在卷首语之前，同时编排调查人员代号或姓名、访问时间等访问作业记载信息。在某些情况下，编号也可以放在结束语之后。

二、问卷的内容

问卷的内容主要包括各类问题及问题的回答方式，这是调查问卷的主体，也是问卷设计的主要内容。

调查内容主要包括以下几个方面：

（1）调查对象的行为。包括对调查对象个人行为进行了解或通过调查对象了解他人的行为。

（2）调查对象的态度。这类问题是要研究调查对象对特定问题的感受、认识和观点，如对某项产品或服务的满意度。在实际工作中，处理态度性的问题比较麻烦，因为调查对象可能从未面临或思考过调查者所询问的问题，而且一个人的态度也很容易受到本身情绪及外在环境因素的影响。

（3）调查对象基本分类资料。这类资料通常在访问最后才收集，但有时会因需要先确定调查对象是否符合抽样调查所要求的条件，而必须在访问一开始就收集。这部分通常包括调查对象的性别、年龄、受教育程度、职业、婚姻状况、收入、居住地区、党籍、宗教信仰等。

拓展阅读

对于航空公司某调查问卷的编码实例

任务实施

一、任务背景

在项目五任务一的基础上完成该任务。

二、任务目标

学生通过完成本项目任务，能够了解市场调查问卷的内容和结构，并且明白其中每一部分的含义。

三、任务要求

针对任务背景，对“大学生手机市场调查问卷”进行问卷结构和内容的讨论分析和设计。

四、任务步骤

（1）学生自愿组成小组，每组 6～8 人；
（2）以小组为单位，认真讨论市场调查问卷的结构内容；
（3）依据调查问卷的框架，分工完成对市场调查问卷各部分内容的初步设计；
（4）小组提交初步设计的调查问卷；
（5）小组 PPT 进行问卷初稿汇报。

任务三 设计问卷

任务导入

某调查问卷的问题

平均来说，你每个月打几次车？如果你的汽车是分期购买的，一共分多少期？你是否有向银行抵押借款、购买股票？除了你的工作收入外，还有其他收入吗？

如此提问，能够得到被调查者的真实答案吗？

任务分析

隐私的问题，或有违一般社会道德的行为态度、有碍声誉的问题，很难通过一般性的直接提问就能获得想要的答案。这些问题如何能从调查对象那里得到真实的回答，这将取决于问题设计的好坏。因此问卷设计只有遵循一定的程序，掌握相应的技巧，才能得到理想的效果。

基础知识

一、设计问卷的程序

问卷设计的程序一般包括十个步骤：确定所需信息、确定问卷的类型、确定问题的内容、确定问题的类型、确定问题的措辞、确定问题的顺序、问卷的排版和布局、问卷的测试、问卷的评价、问卷的定稿。

（一）确定所需信息

确定所需信息是问卷设计的前提工作。调查者必须在问卷设计之前就把握所有达到研究目的和验证研究假设所需要的信息，并决定所有用于分析使用这些信息的方法，比如频率分布、统计检验等，并按这些分析方法所要求的形式来收集资料、把握信息。

（二）确定问卷的类型

问卷形式包括多种，调查的时候到底使用哪一类型的问卷，主要取决于以下几个方面的因素。

1. 信息获取的可行性

所需要的信息需要通过恰当的问卷来获得。如果选择的问卷类型不恰当，会引起很多不良后果，增加调查误差。例如：某调查者既希望设计的问卷内容详细而全面，又想避免增加调查费用，选用了电话访问式问卷来进行，结果适得其反，很难取得调查所需信息。这是因为问卷过于复杂正是电话访问式问卷的大忌。显然，如果调查所需信息与问卷类型不匹配，调查结果就不会令人满意。

2. 调查对象

在什么地点、什么时间调查什么样的人，调查对象的职业、分布情况、可接触性以及他们配合调查的意愿等，都会影响问卷类型的选择。

3. 调查费用和调查时间

尽管调查人员希望与一些大公司的销售经理做深度的访谈，但往往受到预算或者调查时间的限制，而不得不采用电话访问等费用比较低的调查方式。因此调查费用和所需时间也会影响选择的问卷类型。

（三）确定问题的内容

为了使设计的每一个问题都获得有用的信息，应注意以下几个方面。

1. 问句内容要准确反映所要表达的含义

例如：客户需要了解消费者对某种产品价格和服务质量是否满意的信息，在设计问卷时，询问消费者："您对这种产品的价格和它的服务质量是否满意?"该问题中实际包含两个问题，分别是关于价格和服务质量两方面的问题。结果是"对价格满意对服务质量不满意"，或"对服务质量满意对价格不满意"，或"对服务质量和价格都不满意"的消费者都有可能回答"不满意"，这样，客户就无法了解到消费者有关的准确信息。所以，应该将该问题分为两个问题来设计："您对该产品的价格满意吗?""您对该产品的服务质量满意吗?"

2. 要注意探究问题的内容的可行性和可靠性

有些问题的内容虽然问卷设计者很想知道，但是对于调查对象而言可能要求过高。调查对象可能难以回忆起来或者这些内容超出调查对象回答问题的能力，这样会造成资料缺失太多，数据可信度下降。因此，必须严格把关，排除不可行或不可靠的问题。

3. 问卷中的问题数量要恰当

事实证明，过长的问卷会使调查对象兴趣下降，无关或者重复的问题会引起调查对象反感、注意力分散，从而加大调查误差。

（四）确定问题的类型

问题内容的反映形式就是问题的类型。一般而言，在市场调查中，有两种主要的问题类型：开放式问题和封闭式问题。

（五）确定问题的措辞

措辞就是把问题的内容和结构转化为通俗易懂的语言和句子。措辞不当，调查对象可能会拒绝或者错误回答问题，从而造成调查结果出现误差，影响数据的质量。因此，在问题的措辞上应该注意措辞的使用。

（六）确定问题的顺序

问卷中的问题应遵循一定的排列次序，问题的排列次序会影响调查对象的兴趣、情绪，进而影响其合作积极性。所以一份好的问卷应对问题的排列做出精心的设计。

一般而言，问卷的开头部分应安排比较容易的问题，这样可以给调查对象一种轻松、愉快的感觉，以便于他们继续答下去。中间部分最好安排一些核心问题，即调查者需要掌握的资料，这一部分是问卷的核心部分，应该妥善安排。结尾部分可以安排一些背景资料，如职业、年龄、收入等。个人背景资料虽然也属事实性问题，也十分容易回答，但有些问题，诸如收入、年龄等同样属于敏感性问题，因此一般安排在末尾部分。当然在不涉及敏感性问题的情况下也可将背景资料安排在开头部分。

还有一点就是注意问题的逻辑顺序，有逻辑顺序的问题一定要按逻辑顺序排列，即使打破上述规则。这实际上就是一个灵活机动的原则。

（七）问卷的排版和布局

1. 版面整洁

问卷版面避免使用过多的颜色、字体和不必要的插图等，要使调查对象感觉这是一次科学严谨的调查活动。但在一些带有娱乐性质的调查中，如出于新闻性的宣传目的而进行的调查，也可以设计成较活泼的版面，以使调查对象感到轻松有趣。

2. 整齐美观

问卷应该使用较大的字体和间距，避免为了节约纸张而将字体和间距过分缩小，因为这样一方面会引起调查对象的不悦，另一方面也可能造成调查者和调查对象阅读上的错误。

3. 纸张精美

在可能的情况下，应当使用较好的纸张。如果调查对象感到调查者过于节俭，必然会怀疑自己所提供的信息的价值，认为调查者不重视自己的信息，不愿意在搜集资料方面付出一些成本。

4. 充足空间

在需要填写文字的地方，应该留出足够的空间，方便书写。同一个问题应当在同一个页面上，尤其是应当避免将答案和问题印在不同的页面上。

（八）问卷的测试

问卷的初稿设计工作完毕之后，不要急于投入使用，特别是对于一些大规模的问卷调查。最好的办法是先组织问卷的测试，如果发现问题，再及时修改。测试通常选择 20～100 人，样本数不宜太多，也不要太少。如果第一次测试后有很大的改动，可以考虑是否有必要组织第二次测试。

（九）问卷的评价

问卷的评价实际上是对问卷的设计质量进行一次总体性评估。对问卷进行评价的方法有很多，包括专家评价、上级评价、调查对象评价和自我评价。

（1）专家评价一般侧重于技术性方面，比如说对问卷设计的整体结构、问题的表述、问卷的版式风格等方面进行评价。

（2）上级评价侧重于政治性方面，比如说从政治方向方面、舆论导向方面、可能对群众造成的影响等方面进行评价。

（3）调查对象评价可以采取两种方式：一种是在调查工作完成以后再组织一些调查对象进行事后性评价；另一种是调查工作与评价工作同步进行，即在调查问卷的结束语部分安排几个反馈性题目，如：“您觉得这份调查表设计得如何？”

（4）自我评价是设计者对自己的问卷设计成果的一种肯定或反思。

（十）问卷的定稿

当问卷的测试工作完成，确定没有必要再进一步修改后，可以考虑定稿，具体涉及制表、打印、印刷三个环节。问卷定稿后就可以交付打印，正式投入使用了。

二、设计问卷的技巧

（一）问卷的题型

按照提问方式的不同，可以将问卷的题型分为直接性问题、间接性问题和假设性问题三种。

按照问卷设计中问题答案的形式，可以将问题分为开放式问题、封闭式问题和半封闭式问题。按照问题本身的性质进行划分，可以将问题分为事实性问题、行为性问题、动机性问题、态度性问题。

1. 直接性问题、间接性问题和假设性问题

（1）直接性问题。直接性问题是指在调查问卷中能够通过提问方式得到答案的问题。直接性问题通常给受访者一个明确的范围，所问及的问题一般是个人基本情况或意见。如“您的年龄”“您的职业”“您最喜欢在什么场所购买衬衫”等，这些都可以获得明确的答案。这种提问对于统计分析比较方便，但遇到一些相对敏感的问题时，采用这种提问方式，可能无法得到所需要的真实答案。

（2）间接性问题。间接性问题是指那些不适宜直接回答，而采用间接的提问方式得到所需答案的问题，通常是指那些调查对象因对所需回答的问题产生顾虑，不敢或者不愿意真实地表达意见的问题。

例如：当直接询问“您认为个人所得税起征标准是否应该得到调整”时，大多数人会回答“是”或“否”，但是实际情况则表明许多人对个人所得税起征标准有着不同的看法，因此可以改成下面的间接提问方式：

A：有人认为个人所得税的起征标准应该调整。

B：另一部分人认为现行的个人所得税起征标准仍然比较合适。

您更赞同哪种说法？

对A种看法的意见：①完全同意；②有所保留的同意；③不同意。

对B种看法的意见：①完全同意；②有所保留的同意；③不同意。

（3）假设性问题。假设性问题是指通过假设某一情景或现象存在而向调查对象提出问题。这类问题可以用来了解消费者潜在的动机、态度和选择。例如：“如果您是一位即将

毕业的大学生，您会选择在北京找工作吗？”

2. 开放式问题、封闭式问题和半封闭式问题

（1）开放式问题。开放式问题是一种只提问题，不给出答案选项，由调查对象根据自身实际情况自由作答的问题类型。开放式问题一般提问比较简单，要求调查对象自由发挥。这种题型在深度访问和探索性调查中比较常见。例如：“请问您对学校食堂服务方面还有哪些意见和建议？”

（2）封闭式问题。封闭式问题是指已经设计了各种可能的答案，调查对象只能从中选择一个或者几个现成答案的提问方式。封闭式问题答案标准化，调查方便、快捷，答案比较规范，易于进行定量分析。如果从利于数据统计的角度出发，问卷调查多采用这种题型。

（3）半封闭式问题。半封闭式问题也称为半开放式问题，是指在同一个问题中，可以将开放式和封闭式问题结合起来，组成一半开放、一半封闭的问题。例如：“您认为学校影响就业的因素主要有哪些？”考虑到问题的答案非常多，无法一一列出，可以将答案设计为半封闭题：

A. 学校的形象和声誉

B. 学校提供的就业指导

C. 学校通过各方面为学生提供就业信息

D. 学校教育质量和教学水平

E. 学校教师数量和质量

F. 学校管理工作

G. 其他________

3. 事实性问题、行为性问题、动机性问题、态度性问题

（1）事实性问题。事实性问题又称为分类性问题，是要求调查对象回答一些有关事实性的问题。事实性问题一般情况下都比较好回答，调查对象按照自己的实际情况回答问题即可。例如：“您在过去一年中是否使用过某品牌化妆品？”

（2）行为性问题。行为性问题是对回答者的行为特征进行调查。例如：“您是否经常参加学校的文体活动？”访问员可以根据行为发生的结果进行交叉分类统计，了解行为发生的人口学特征。

（3）动机性问题。动机性问题是为了了解调查对象行为的原因或动机而设计的问题。例如：“您为什么在/不在食堂用餐？”在设计动机性问题时，应注意人们的行为可以是有意识动机，也可以是半意识动机或无意识动机产生的。对于前者，有时会因为种种原因不愿真实回答；对于后两者，因回答者对自己的动机不十分清楚，也会造成回答的困难。在分析这一类问题的调查结果时，需要综合考虑这些因素。

（4）态度性问题。态度性问题是对调查对象的态度、评价、意见等设计的问题。例

如："您是否喜欢海尔电视机?"在问卷调查中，调查对象是否愿意表达他真正的态度固然要考虑，而如何从答案中衡量态度的强弱，显然也是一个需要克服的问题，因而态度性问题的设计远比事实性问题困难。

（二）问卷设计中的询问技巧

1. 避免使用过于笼统的提问

如果问题的本来目的是获得某种资料，但由于问题过于笼统或一般化，可能会使调查对象所提供的资料并没有多大意义。例如：在关于某酒店客户满意度调查中，询问"您对本酒店是否感到满意?"，调查对象可能会对问题不知所措，难以回答。这就要求在问卷设计中，尽量避免笼统的提问，必要时要将问题具体细化。例如：在关于酒店客户满意度调查中，由于所需资料涉及价格、环境、服务等内容，应该分别询问、避免混淆。"您对本酒店的房价是否满意?""您对本酒店的环境是否满意?""您对本酒店的服务是否满意?"

2. 避免使用模棱两可的提问

有时候提问措辞的含糊不清会直接影响数据信息的质量。例如："您早餐经常吃鸡蛋吗?"每个人对"经常"的含义的理解都是不同的，这种不确切的措辞在调查问卷中应该尽量避免或者减少使用。可以将问题改为："您每周在早餐中吃几次鸡蛋?"这样根据调查对象的回答，在研究报告中由研究人员将居民早餐吃鸡蛋的数量状况定为经常或较少，而不应该由调查对象来判断。

3. 概念的界定要明确

对于年龄、家庭人口、经济收入等调查项目，通常会产生歧义。例如，年龄有虚岁、周岁之分，收入仅仅是指工资还是包括奖金、补贴、其他收入。如果调查人员没有明确的界定，调查结果也很容易出现误差。

4. 避免诱导性提问

问卷访问过程中，访问员本身应该处于一个公正的立场，如果提出的问题不是中立的，而是暗示出调查者的观点和见解，使调查对象的回答跟着这种倾向回答，这种提问就具有诱导性倾向。例如："目前大多数学生认为，在招聘中应届毕业生因为缺乏实际工作经验而遭到歧视，你认为呢?"这种问题就具有明显的诱导性倾向。具有诱导性倾向的提问会导致两个不良后果：一是调查对象不假思索就同意所诱导问题中暗示的结论，掩盖了原来真实的想法；二是由于诱导性提问大多是引用权威或者大多数人的意见，调查对象考虑到这个结论既然已经是普遍的看法，就很容易产生心理上的顺向反应。

5. 避免使用否定形式的提问

否定式问题采用否定句式，对调查对象的回答同样具有一定的诱导作用。例如："你并不认为在行人和机动车发生交通事故时应该增加机动车一方的责任吧？”这个问题相当于询问：“在行人和机动车发生交通事故时不应该增加机动车一方的责任，您是这样认为的吗？”这种否定式提问形式在问卷设计中也应该尽量避免。

6. 避免直接提问敏感性问题

在一般的市场调查中应该尽量避免直接询问敏感性问题，如果有些问题一定要问，也不能只顾自己对信息的需要而穷追不舍，应考虑调查对象的自尊心，必要的时候采用合理的办法降低问题的敏感度，削弱调查对象的抵触心理。例如：关于个人收入，可以列出收入段：0～999 元/月，1 000～1 999 元/月，2 000～2 999 元/月，3 000～3 999 元/月，4 000～4 999 元/月，5 000 元以上，由调查对象挑选。具有相对敏感性问题的询问，可以采用间接询问或假设询问的方式进行，例如：“假设您的年薪在 20 万元左右，您会考虑买这款车吗？”

7. 避免直接提问难以回忆的问题

提问要考虑时间性，时间过久的问题容易使人遗忘，给调查结果的准确性带来很大问题。例如：“请问在过去一年中您使用了几瓶洗发水？”这种问题会使调查对象难以会意和计算，即使提供了答案，也是非常不准确的。这种情况应该尽量采取缩小范围的方式，调查对象才可能更容易给出准确答案。

8. 避免将多项内容放在一个题干中提问

有时候，对于联系很紧密的两个问题或多个问题，调查对象对它们的看法可能并不一致。将多项内容放在一个题干中进行询问，会给调查对象带来问卷设计存在问题的看法，从而答卷时敷衍了事。例如：“您公司是否足够重视员工和客户？”调查对象可能认为公司只重视员工或者只重视客户，从而无法回答。防止此类问题出现的办法就是分离题干中的问题，一次只问一个要点。

9. 避免使用晦涩难懂的专业语言进行询问

如果问卷是面向普通大众，问卷中使用的语言一定要尽量通俗易懂，符合人们交谈的习惯，避免书面化和文人腔调。例如，某会计师事务所为了提高服务质量，扩大知名度，就本所人员在企业的执业情况派调查人员在客户处进行了调查，其中一个问题是：“您对本所人员的外勤业务是否满意？”这里涉及一个专业名词——“外勤业务”，客户很可能因为不了解专业名词而放弃接受访问。这种情况下，如果在问卷中需要使用到专业名词，必须将简单的解释写入问卷中，由调查人员事先解释。

10. 使用必要的卡片

有时，一些封闭式问题答案本身的顺序会对调查对象产生提示作用，位于前面的选项占优势，使调查对象容易先入为主。因此需要准备集中不同的卡片提示表，以便交互向调查对象提示，在不同的访问中合理变化顺序，保证回答尽量客观、真实。例如：

您通常使用什么品牌的洗发水？（限选三项并排序）

提示卡片1：①飘柔②海飞丝③潘婷④伊卡璐⑤施华蔻⑥沙宣⑦清扬⑧其他________

提示卡片2：①沙宣②施华蔻③伊卡璐④潘婷⑤海飞丝⑥清扬⑦飘柔⑧其他________

提示卡片3：①清扬②伊卡璐③海飞丝④潘婷⑤沙宣⑥施华蔻⑦飘柔⑧其他________

提示卡片4：①潘婷②沙宣③飘柔④清扬⑤施华蔻⑥伊卡璐⑦海飞丝⑧其他________

另外，需要注意的是，如果选项不是很多，如仅有三四个，那么问题选择项的提示卡片应尽量给出全部可能的回答。

（三）封闭式问题答案的设计技巧

1. 二项选择法

二项选择法又称是否法或真伪法，是指提出的问题仅有两种答案可以选择。如“是”或“否”，“有”或“无”等，即回答项目分为两个，回答者选择其一。这两种答案是对立的、排斥的，被访者的回答非此即彼，不能有更多的选择。例如：“您使用的是华为手机吗？”答案只能是“是”或“否”。二项选择法适用于互相排斥的两项择一式问题及较为简单的事实性问题。

二项选择法的优点在于：一是当态度与意见不明确时，可以求得明确的判断，并在短暂的时间内求得回答；二是使中立意见者偏向一方，便于统计处理，分析也比较容易。缺点则在于不能表示意见程度的差别，回答没有进一步阐明理由的机会，难以反映调查对象意见在程度上的差别，了解的情况也不够深入。

2. 多项选择法

多项选择法是指对所提出的问题事先预备好两个以上的答案，调查对象可任选其中的一项或几项。例如：

（多选）您喜欢下列哪一种品牌的牙膏？（　　）

A. 高露洁　B. 竹盐　C. 佳洁士　D. 云南白药　E. 中华　F. 舒适达　G. 其他______

由于所设答案不一定能表达出调查对象所有的看法或想法，因此在问题的最后通常可以设立“其他”项目，设计为半封闭式题型，以便让调查对象充分表达自己的看法。

多项选择法的主要优点是答案有一定的范围，也比较便于统计处理，比二项选择法的强制选择有所缓和。但采用这种方法时，设计者要考虑以下三种情况：一是要考虑到全部可能出现的结果，以及答案可能出现的重复和遗漏；二是要注意选择答案的排列顺序，有些调查对象常常喜欢选择第一个答案，从而使调查结果发生偏差；三是要注意选择数量的控制，答案较多，会使调查对象无从选择，或产生厌烦。一般这种多项选择答案应控制在8个以内，当样本量有限时，多项选择易使结果分散，缺乏说服力。

3. 顺位法

顺位法是指列出若干项目，由调查对象按重要性决定先后顺序的市场问卷调查方法。顺位方法主要有两种：一种是对全部答案排序；另一种是只对其中的某些答案排序。究竟采用何种方法，应由调查者来决定。具体排列顺序，则由调查对象根据自己所喜欢的事物和认识事物的程度等进行排序。例如：

您选购手机时主要考虑的因素是（请将所给答案按照重要性排列顺序并填写在框内）

价格便宜□　外形美观□　品牌□　维修方便□　内存大□

照相功能强大□　其他□（请写出理由）________

顺位法便于调查对象对其意见、动机、感觉等做衡量和比较性的表达，也便于对调查结果加以统计。但调查项目不宜过多，过多则容易分散，很难顺位，同时所询问的排列顺序也可能对调查对象产生某种暗示影响。

4. 比较法

比较法是采用对比的提问方式，要求调查对象做出肯定回答的方法。比较法其实相当于二项选择法，只是一般需要列表将多个比较放在一起进行。例如：

请比较下列不同品牌的洗衣粉，哪种更好用？（在各项你认为更好用的品牌后面的方格中画“√”）

碧浪□　汰渍□

汰渍□　奥妙□

奥妙□　超能□

雕牌□　立白□

立白□　白猫□

白猫□　碧浪□

比较法适用于对质量和效用等问题做出评价。应用比较法要考虑调查对象对所要回答问题中的商品品牌等项目是否相当熟悉，否则会导致空项发生。

（四）开放式问题答案的设计技巧

针对开放式问题，按照提问方式的不同，可以分为直接询问和间接询问。直接询问一般要求调查对象进行自由回答，而间接询问一般使用投射测试技术。

1. 直接询问

直接询问是指提问的时候直截了当地提出问题，回答者可以自由发表意见，没有拟订好的答案。例如：“您觉得这款食品的包装的优缺点有哪些？”直接询问的优点是涉及面广、灵活性大，回答者可以充分发表意见，可以为调查者搜集到某些意料之外的资料，并且可以缩短访问员和调查对象之间的距离，迅速营造出调查气氛。但直接询问的开放题由于没有任何的约束，反而使调查对象感觉难度较大。由于缺乏心理准备，调查对象往往放弃回答或答非所问。

2. 间接询问

在市场调查、广告测试、商品命名等商业活动中，经常要了解消费者内心的真实动机或者潜在的欲望。根据心理学分析，人们会把自己不愉快的经验、无法满足的冲动和欲望，或难以解决的冲突和焦虑等压抑下来，使之成为潜意识的一部分。这时如果直接询问，调查对象常常会有意或者无意地错误理解、错误解释或错误引导调查者。这时可以采用间接询问的方式，其中最常用的是投射技术。而在投射研究中，研究人员会要求调查对象对别人的行为进行解释，而不是让他们描述自己的行为。调查对象在解释别人行为的时候，间接地投射出了自己的动机、态度和倾向。

市场调查中应用较多的投射测验技术主要有联想法投射测验、构造法投射测验、完成法投射测验、表露法投射测验等。

三、设计问卷应注意的问题

（一）问题定义不准确

对于每个调查对象而言，一个问题应该只有一种解释。定义不清的问题会产生很多歧义，使调查对象无所适从。因此，明确问卷中的问题极其重要，在具体实施的时候应该注意以下几个问题。

1. 采取六要素明确法

采取六要素明确法，即在问题中明确何人、何时、何地、做什么、为什么做、如何做六要素。问题的含糊往往是由对某个容易产生歧义的要素缺乏限定或限定不清引起的。因此在设计问题或检查问题时，可以参照这六要素进行。

2. 避免用词含糊不清

避免使用含糊的形容词、副词，特别是在描述时间、数量、频率、价格等情况的时候。像“有时、经常、很少、很多、相当多、几乎”这样的词，不同的人有不同的理解。因此这些词应该用定量描述代替，以做到统一标准。

3. 避免问题中含有隐藏的选择和选择后果

避免问题中含有隐藏的选择和选择后果，使隐藏的选择和后果明晰化。无论是两项式问题还是多项式问题，都是在几个备选选项中做出选择，因此必须使调查对象清楚所有的备选选项及其后果，否则调查人员不能全面地搜集信息。同样，问题中有新的后果也应该尽量明晰，以便使调查对象进行合理的选择。例如：“您喜欢喝纯净水吗（纯净水中缺乏人体所需的微量元素）？”这个问题中有无括号内的内容会使调查结果大为不同。

（二）问题形式不妥当

1. 避免问题中包含过多的计算

问题的设计应着眼于取得最基本的信息，计算应在数据处理阶段通过计算机程序进行，这样可以减轻调查对象的负担。

2. 避免调查对象单纯依靠记忆回答问题

在当今信息泛滥的时代，遗忘和记忆的差错易导致调查对象无法提供全面和准确的资料。例如：很多人都不能回答“昨天晚上您看了哪个牌子的洗发水广告”这个问题，但是如果提供可供选择的选项，调查对象回答问题就容易并准确多了。因此这类问题应采用选择式，而非填空式。

3. 避免直接提问窘迫性问题

窘迫性问题是指调查对象不愿在调查者面前作答的某些问题，如私人问题、不为一般社会道德所接纳的行为和态度或有碍声誉的问题。这类问题直接提问往往会遭到拒绝，因此应采用非直接、联想式提问的方式。

4. 避免出现诱导性倾向

在有外界压力存在的情况下，调查对象提供的是符合压力施加方偏好的答案，而不是自己真正的想法。因此，提问时应该创造调查对象自由回答的气氛，避免诱导性倾向。

（三）问题顺序不正确

在进行问题顺序安排时应该注意以下几点。

1. 基本信息置前，分类信息居中，鉴别类信息置后

调查信息主要包括三类：第一类是基本信息，是实现研究目标所必要的信息，如对产品、价格、分销、促销信息的调查；第二类是分类资料，即将调查对象按照年龄、性别、职业等予以分组归类的资料；第三类是鉴别性信息，如调查对象的姓名、住址等。一般来说，应该将最主要的问题（基本信息）置于最前面，然后列举后两类问题，只要前面的问题得到回答，那么后面的问题即使调查对象不愿回答或因事终止也没有什么关系了。

2. 先易后难

容易、直观、清楚的问题置前，困难、复杂、敏感、窘迫的问题置后。随着调查的进行，以及调查者与调查对象交流的深入，调查对象可能降低或消除原有的戒备心理，愿意回答一些复杂的、敏感的问题，从而使调查获得尽可能多的信息。

3. 总括性问题应先于特定性问题

总括性问题是指对某个事物总体特征的提问。特定性问题是指对事物某个要素或某个方面的提问。总括性问题应该置于特定性问题的前面，否则特定性问题在前会影响对总括性问题的回答。

（四）问题取舍不合理

1. 应该围绕调查主题设计问题

按照调查主题组织问题，每个问题都应该有益于调查信息的取得。首先要明确调查的

主题是什么，这是整个调查的主题，也是调查问卷设计的灵魂和核心。应绝对避免为节省调查费用而附带调查主题之外的问题。

2. 设计问题时考虑到调查气氛

为了使调查气氛不至于过于严肃、呆板，可以设置一些表面上与调查主题无关，但实质上有益于调查的问题。当问卷的调查主题较为敏感的时候，这点尤其重要。

3. 注意“过滤性”问题的设计

为节省调查时间，保证调查对象符合标准，可以在问卷开始设置一个“过滤性”问题，检查调查对象的合格性。

（五）问卷排版装订不雅观

问卷的排版应该注意以下几点：

（1）应避免为节省用纸而挤压卷面空间。如多项选择题的选项应该采用竖排形式。竖排虽然占用一定的空间，但能够使卷面简洁明快、一目了然，便于阅读和理解。

（2）同一个问题应该排在同一页，避免翻页对照的麻烦和漏题的现象。

（3）问卷的问题按照信息的性质可以分为几个部分，每个部分中间以标题分隔，这样可以使整个问卷更为清楚，也便于后期的数据整理与统计。

（4）调查问卷用纸尽量精良。超过一定的页数，应装订成小册子，配上封皮，而不应仅仅钉在一起。这样既可以利用纸的双面进行排版，节省用纸，还便于携带和保存，更可使问卷显得庄重、专业，使调查对象以更认真的态度对待调查。

拓展阅读

最知名的
投射测验

任务实施

一、任务背景

在项目五任务二的基础上完成本次任务。

二、任务目标

学生通过完成本项目任务，掌握市场调查问卷的撰写技巧及应注意的问题。

三、任务要求

对已经完成的“大学生手机市场调查问卷”的初稿，再从写作技巧和应该注意的问题方面进行评价，并提出修改建议。

四、任务步骤

（1）学生自愿组成小组，每组 6～8 人；
（2）以小组为单位，互换已经完成的市场调查问卷，并对其进行评价；
（3）逐条列出调查问卷中存在的问题，并给出相应的修改建议；
（4）根据修改建议完善小组问卷，并完成问卷终稿设计；
（5）提交问卷终稿；
（6）小组以 PPT 汇报最终设计的调查问卷。

学思之窗

“刮腻子”刮成世界冠军

马宏达出生于 2000 年，就读于浙江建设技师学院，参加抹灰与隔墙系统项目训练已有 5 年多。在 2022 年举办的第 46 届世界技能大赛特别赛的抹灰与隔墙系统项目中，他凭借扎实过硬的技术夺得金牌。

抹灰，俗称“刮大白”“刮腻子”。马宏达这样介绍他刮出世界冠军的诀窍：首先抹灰的手腕用力要均匀，刮板方向一直都是倾斜着的角度，这样在刮完一遍后可以将多余的腻子“一铲尽收”；同时还需注意刮的方向，要求左右横刮，避免上下竖刮；最重要的是对自己刮完的墙体标准精益求精，观感、触感都要达到极致。

为了追求作品的零误差，马宏达在长达 5 年的训练时间里，苦练完成了近 180 个作品，训练隔墙时所使用的轻钢龙骨接起来能达到约 22 千米，所使用的 12 毫米厚的石膏板倘若全部摞起来能有 48 米，相当于 16 层楼的高度。现在，他成了抹灰与隔墙系统项目的教练，希望把自己的技能和心气儿传递给更多学生，培养学生拥有一颗匠心，带着匠人的精神融入行业，促进整个行业的发展。

点滴见素养：学习马宏达不怕困难、刻苦努力、勇往直前的精神，树立行业自信，培养精益求精、勤学苦练的工作作风。

项目总结

问卷是根据一定的研究目的，将调查项目转换成一系列的问题，向调查对象了解情况或征询意见的书面表格。按照不同的分类标准，可将调查问卷分成不同的类型。根据市场调查中使用问卷方法的不同，可将调查问卷分为自填式和访问式两大类；按照问卷中问题答案的形式，可以将调查问卷分为结构式、开放式和半结构式三种基本类型；按照调查问卷的用途，可以将问卷分为甄别问卷、调查问卷和回访问卷。

一般来说，一份问卷通常包括标题、卷首语、指导语、调查项目、结束语、编号等部分。调查内容主要包括调查对象的行为、调查对象的态度、调查对象基本分类资料。

问卷设计的程序一般包括十个步骤：确定所需信息、确定问卷的类型、确定问题的内容、确定问题的类型、确定问题的措辞、确定问题的顺序、问卷的排版和布局、问卷的测试、问卷的评价、问卷的定稿。

问卷设计中经常出现的问题有问题定义不准确、问题形式不妥当、问题顺序不正确、问题取舍不合理、问卷排版装订不雅观。

职业技能训练

一、单项选择题

1. 自填式问卷是指向调查对象进行询问，由调查对象自己填写答案的问卷，这种问卷适合于（ ）时使用。

A. 面谈调查　　B. 邮寄调查　　C. 网络调查　　D. 电话调查

2. 你是否使用过华为手机？

A. 是　　B. 否

以上问题属于（ ）。

A. 开放式问题　　B. 多项式选择问题

C. 二项选择问题　　D. 比较式问题

3. 在下列部分中，（ ）不是问卷开头的组成部分。

A. 问候语　　B. 填表说明　　C. 问卷编号　　D. 引言

二、多项选择题

1. 以下不属于封闭式问题优点的是（ ）。

A. 答案标准化　　B. 能够得到充分的答案

C. 可以在答案选项过多时选用　　D. 针对复杂问题建议使用

2. 按照问卷设计中问题答案的形式，问题可以分为（　　）。

A. 封闭式问题　　　　B. 开放式问题

C. 二项选择式问题　　　　D. 半封闭式问题

3. 问卷的评价方法包括（　　）。

A. 专家评价　　　　B. 上级评价

C. 调查对象评价　　　　D. 自我评价

三、判断题

1. 问卷中的一些词汇，如“经常”“往往”“很多”等已经成为人们有较大的共识的词语，可以在问卷设计时经常使用。（　　）

2. 在问卷设计时，为了得到正确答案，可以设置一些引导性问题，帮助调查对象理解并作答。（　　）

四、简答题

1. 简述问卷的基本结构。

2. 问卷中问题的排序应该注意什么？

五、案例分析题

读者基本情况调查问卷

我们期待您填写调查问卷，您的回答将被严格保密并进入读者数据库。届时，您可在邮购图书时得到优惠（不但可以免邮费，还可以享受书价九折优惠）。您对所购书籍有任何意见，请另附一并寄给我们，十分感谢！

请您在选中答案的括号内打“√”或将您的答案填在横线上。

1. 姓名________

2. 性别（　　）

A. 男　　　　B. 女

3. 年龄：________岁

4. 您所在单位的行业（　　）

A. 制造业　　B. 咨询业　　C. 金融业　　D. 服务业

E. 商业　　F. 机关　　G. 教育　　H. 其他

5. 您的职位是（　　）

A. 总经理　　B. 营销总监　　C. 部门经理　　D. 职员

E. 教师　　F. 公职人员　　G. 学生　　H. 其他

6. 您单位的（成）员工数为（　　）

A. 100 人以下　　B. 100～500 人　　C. 501～1 000 人　　D. 1 001～5 000 人

E. 5 000 人以上

7. 您的收入：________元/月

8. 您的文化程度（　　）

A. 高中　　B. 大专　　C. 本科　　D. 硕士

E. 博士　　F. 其他

阅读材料，回答问题：

1. 问卷中问题的排序有无不当之处？

2. 问卷中问题的措辞有无不当之处？怎么改正？

项目六　市场调查资料

学习目标

知识目标

1. 了解市场调查资料整理的含义、意义和原则
2. 掌握市场调查资料整理的一般程序
3. 掌握市场调查资料整理的基本方法
4. 了解在市场营销工作中如何正确使用市场调查资料分析方法

技能目标

1. 能够对市场调查资料进行整理
2. 能够对调查资料进行编码与汇总与分析
3. 能够将调查资料整理与分析的结果通过统计表和统计图进行展示

素养目标

1. 通过数据资料的整理与分析的学习，培养逻辑思维能力与数据处理与分析能力
2. 培养团队合作、不断进取的精神，树立脚踏实地、吃苦耐劳的工作作风

任务一　掌握市场调查资料整理的含义、意义和原则

任务导入

远景企业管理咨询公司数据资料的处理

2022 年 10 月 15 日的秋季房交会上，在小组长刘庆波、李剑和陈熙的带领下，远景

企业管理咨询公司的 11 名调查人员进入房交会现场，进行了为期 3 天的实地调查，共采集到问卷 672 份。看着一大堆问卷资料堆在资料室里面，刘庆波感觉任重道远，想到自己毕业以来，每天都过得很充实，的的确确感觉到自己成长了不少，很庆幸的是自己大学学到的很多知识都得到了运用。但同时工作中也出现了一些问题和不足之处，比如出现了很多细节错误等。接下来的数据资料处理就是一项烦琐复杂的事情，必须得保持高度注意，否则又会出现错误。

2022 年 10 月 19 日，王总在项目经理张晓东的带领下，对资料室的调查问卷资料进行了简单的抽验，对调查执行工作给予了较高评价。他反复叮嘱张晓东：“接下来数据处理非常重要，不能出现一点儿错误，这些数据是我们给客户提交调查报告的信息源，每一份问卷信息都必须得到正确和有效的利用。”之后，张晓东召集刘庆波等人开了一个短会，对调查数据处理工作进行了部署，要求 15 天之内完成数据整理任务。

任务分析

市场调查活动结束，回收的数据资料还处于“毛坯”阶段，要想使其成为成品，尚需对其进行加工整理，进而揭示出这些数据的本来面目，为进一步的分析研究做准备，从而最终为调查者的决策提供有力的依据。这就是市场调查资料整理工作。

基础知识

一、调查资料整理的含义

资料的整理是指对通过各种方法收集到的资料加以整理、分析及统计运算，把庞大的、复杂的、零散的资料集中简化，使之变成易于理解和解释的形式。简言之，资料整理就是通过一系列的操作将收集到的一手或二手资料转变成数据结果，以便于研究者了解、揭示其中的含义。在调查实践中，调查者整理的资料多为问卷资料。

二、调查资料整理的意义

（一）调查资料整理是市场调查与预测中十分必要的环节

市场调查与预测的根本目的是获取足够的市场信息，为正确的市场营销决策提供依据。从市场调查与预测的过程可知，在市场信息搜集与市场信息的使用之间，必然有一个信息的加工整理环节。这是因为运用各种方法、通过各种途径搜集到的各类信息资源，尤其是各种一手资料，大都处于无序的状态，很难直接运用。即使是二手资料，也难以直接运用，必须经过必要的加工整理。对市场信息的加工整理，可以使搜集到的信息资料统一化、系统化、实用化，从而方便使用。可以说，任何搜集的信息资料都必须经过一定的整理与分析。

（二）调查资料整理有利于提高信息资料的价值

未经整理的信息资料由于比较杂乱、分散，因此使用价值有限。资料整理是一个去粗取精、去伪存真、由此及彼、由表及里、综合提高的过程，它能大大提高市场信息的浓缩度、清晰度和准确性，从而大大提高信息资料的价值。

（三）调查资料整理可以产生新的信息

在信息资料的整理过程中，调查人员的智力劳动和创造性思维与已有的信息资料发生交合作用，从而有可能产生一些新的信息资料。这些资料可用于推测和估计市场的未来状态。

（四）调查资料整理有利于发现工作中的不足

在市场调查与预测工作的各个阶段、各个具体环节中都会出现计划不周或出现偏差等问题。例如：对市场调查与预测问题的定义可能并不十分全面；对市场调查与预测的设计可能忽视了某些工作；信息资料的搜集可能存在遗漏或者搜集方法的欠缺等。这些问题有可能在实施过程中通过检查、监督、总结等活动被发现，并加以纠正。

案例精选

杜邦公司的“市场瞭望哨”

杜邦公司创办于1802年，是世界上著名的大企业之一。经过200多年的发展，杜邦公司今天所经营的产品包括：化纤、医药、石油、汽车制造、煤矿开采、工业化学制品、油漆、炸药、印刷设备。近年来，杜邦公司又涉足电子行业，其销售产品达1 800种之多，多年的研究开发经费达10亿美元以上，研究出1 000种以上的新奇化合物——相当于每天有2～3件新产品问世，而且每个月至少从新开发的众多产品中选出一种产品使之商业化。

杜邦公司兴盛200多年的一个重要原因就是围绕市场开发产品，并且在世界上最早设立了“市场瞭望哨”——经济研究室。成立于1935年的杜邦公司经济研究室，由受过专门培训的经济学家组成，以研究全国性和世界性的经济发展现状、结构特点及发展趋势为重点，注重调查、分析、预测与本公司产品有关的经济、政治、科技、文化等市场动向。

除了给总公司领导及有关业务部门做专题报告及口头报告、解答问题外，经济研究室每月还整理出版两份刊物。一份发给公司的主要供应厂家和客户，报道有关信息和资料；另一份是内部发行，根据内部经营全貌分析存在的问题，提出解决措施，研究短期和长期的战略规划、市场需求量以及同竞争对手之间的比较性资料。另外，经济研究室每季度还会整理出版一期《经济展望》供公司领导机构和各部门经理在进行经营决策时参考。

正是由于重视对调查资料的整理、分析和利用，因此杜邦公司 200 多年兴盛不衰。

三、调查资料整理的原则

（一）真实性原则

市场调查资料的整理首先要保持原始数据的真实性，绝对禁止弄虚作假或主观杜撰。真实性是整理调查资料的基本要求。

（二）目的性原则

市场调查资料的整理要服从于市场调查的目的要求，要根据市场调查需要解决的问题，有针对性地加工开发出综合性数据。

（三）核查性原则

为确保数据处理质量，市场调查资料整理应注意事前、事中和事后都必须对数据质量进行核查，以求发现问题、查找差错、确保数据的准确性和可靠性，为进一步的分析研究提供高质量的数据。

（四）系统化原则

市场调查资料的整理，不能停留在调查问卷或调查表数据的简单加工汇总上，应实行多方向、多层次的加工开发，使加工开发的数据具有序列化，能最大限度地满足分析研究的需要。

（五）时效性原则

市场调查资料的整理是数据处理的过程，需耗费一定的时间，如果不提高加工整理的效率，数据的时效性就会受到影响。因此，应利用计算机自动汇总技术、数据库技术等对数据进行及时加工处理，及时传输和反馈。

拓展阅读

资料整理的人员要求

任务实施

一、任务背景

互联网的明天会怎样？谷歌前 CEO 埃里克·施密特曾说：如果我们能够明确知道你是一个真实的人，而不是一条狗、一个假冒别人的人或垃圾邮件发送者，互联网会变得更美好。这也是 Facebook 前营销总监兰迪·扎克伯格的观点——她曾断言：网络匿名必须终结。

在我国，有许多被称作“网络水军”的人，即有偿在线发帖和评论（主要出于营销目的）的一群人。研究发现，这些人正在降低互联网信息的质量。对于商家而言，付费发帖是影响产品公众口碑的一种方式。如果一家公司雇用了足够多的在线用户，那么它就可以创建热点话题以获得关注。如此一来，这些由一群付费发帖者发布的文章或评论就很有可能获得普通用户的关注，进而影响他们的决定。

据中国国家互联网信息办公室的消息称，截至 2022 年 12 月，中国网民规模达 10.67 亿人。中国 5G 基站总数达 231 万个，中国移动网络的终端连接总数已达 35.28 亿户，移动物联网连接数达 18.45 亿户，万物互联基础不断夯实。线上的国际边界消失，充满了市场营销机会，全世界的顾客将聚集在公司的网站上。面对浩如烟海的互联网信息，该如何有效整理利用，显然是个严峻的问题。

二、任务目标

学生通过完成本项目任务，认识市场调查资料整理的含义、意义和原则。

三、任务要求

根据任务背景，讨论分析市场调查资料整理的含义、意义和原则。

四、任务步骤

（1）学生自愿组成小组，每组 6～8 人；

（2）以小组为单位，认真研读背景资料；

（3）针对背景资料，小组内讨论市场调查资料整理的含义、意义和原则，并思考该如何有效整理利用互联网信息。

任务二 熟悉市场调查资料整理的程序和内容

任务导入

某调查项目小组的困惑

某校的一个调查项目小组，在该校的万名在校大学生群体中，随机发放大学生消费问题调查问卷500份，对大学生的月消费水平、支出类别及金额、生活资金及来源、社会兼职及目的、家庭收入、自我评价等问题进行问卷访谈；之后对问卷进行了回收。回收的资料中也有照片、录像等资料。这些资料堆放在电脑里和办公桌上，让人看了眼花缭乱、焦头烂额。面对这种场面，该团队的成员陷入了沉思：下一步该采取什么方法将这些信息资料整理得井井有条、便于分析呢？

任务分析

在完成了问卷的回收工作后，要进行数据资料的确认，即问卷登记与审核，这是保证市场调查工作质量的关键。经过审核的问卷或调查表的数据需要进行分类和汇总，使数据系统化、综合化和条理化，得出能够反映所研究现象总体数量特征的综合资料，并用数据表的形式反映出来。

基础知识

一、调查资料整理的程序

（一）设计方案

市场调查资料整理方案一般包括整理的目的与要求、资料审核、整理的内容与方式、汇总办法、整理时间、人员安排、数据管理等方面的一些设计和规定。

（二）问卷登记与审核

问卷登记与审核是将市场调查问卷或调查表进行登记分类，并在此基础上，对数据资料进行审核，确保完备性、完整性和填答的准确性，以便发现问题从而进行纠正、补充或删除，防止有问题的问卷或调查表进入整理的流程。

（三）资料分组

分组是根据研究的需要，按一定的标志或标准将总体各单位区分为若干组（类）的一种数据加工处理方法，用以划分市场现象的不同类型，揭示总体的内部结构和分布特征，显示市场现象之间的依存关系。市场调查资料分类的标准有属性、数量、时间、空间、关联性等，利用这些分类标准可以对问卷或者调查表数据进行多方向、多层次的加工开发和交叉开发。

（四）统计汇总

统计汇总是在分组处理的基础上，利用手工汇总或计算机汇总技术求出各种分组的各组单位数、总体单位数、各组指标、总体综合指标等。其中手工汇总技术主要有过录法、折叠法、卡片法、问卷分类汇总法等。计算机汇总一般包括编码、数据录入、缺省值处理等工作程序，它具有速度快、精度高和便于储存数据等特点，特别适合于大批量的数据处理。

（五）数据列示

市场调查资料整理的最终结果需要借助一定的形式表现出来，以供调查者和用户阅读、使用和分析研究。数据列示的形式主要有统计表、统计图、数据库、数据报告等。

二、问卷的登记和审核

随着实地调查工作的展开，项目管理控制部门应开始考虑安排调查问卷的回收工作。调查问卷的回收要由项目组专人负责，应加强责任制，保证问卷的完整与安全。市场调查问卷回收之后，为了避免信息损失以及评价访问员的工作成绩，要先对资料进行登记分类，并在此基础上，对数据资料进行审核，以免不合格、有差错的或无效的问卷或调查表进入分类汇总作业流程。

（一）回收并登记调查问卷

1. 各调查点完成的问卷分别编号存放

如果是一个大型项目，可能涉及多个调查点，根据调查计划，随时会有不同的调查人员交回不同的问卷。问卷回收部门工作人员一定要细心、妥善地将各种问卷及时进行编号，分门别类地存放或移交给研究部门。

2. 填写问卷登记表

为了加强对回收问卷的管理，一般事先需要专门设计登记表格，具体内容有：调查地区和编号，调查员姓名及编号；调查实施的时间，问卷交付的日期；问卷编号；实发问卷数、上交问卷数、未答或拒答问卷数、丢失问卷数；等等。

3. 做好标记

回收的问卷应分别按照调查人员和不同地区（或单位）放置，醒目标明编号或注明调查人员、地区、单位，以方便整理和查找。

（二）审核调查问卷

1. 审核的内容

资料审核主要是对市场调查活动的真实性，受访者条件，调查过程是否符合标准，收回的问卷或调查表的齐备性、完整性、准确性、时效性和真伪性进行分类汇总前的审核，如表 6－1 所示。

表 6－1　问卷审核的内容

审核内容	审核要求
齐备性	审核问卷或调查表的份数是否齐全，是否达到了调查方案设计的样本量的要求。
完整性	审核问卷或调查表填答的项目是否完整。不完整的问卷或调查表一般有三种情形：（1）大面积无回答或者相当多的问题无回答，应作废卷处理；（2）个别问题无回答应视为有效问卷，所留空白以后补救，或直接归入“暂未决定”“其他答案”中；（3）相当多的问卷对同一问题无回答，仍作为有效问卷，对此项提问可作删除处理。
准确性	审核问卷或调查表中的项目是否存在填答错误。填答错误一般有三种情形：（1）逻辑性错误。明显不符合事实，前后不一致，可用电话核实更正，无法核实的，按“不详值”对待。（2）答非所问的答案。一旦发现应通过电话询问纠正，或者按“不详值”对待。（3）无兴趣回答的错误。一般是调查对象对回答的问题不感兴趣。如果仅属个别问卷，应彻底抛弃；如果有一定数目，且集中出现，应把这些问卷作为一个独立的子样本看待，在资料分析时给予适当的注意。
时效性	对调查问卷或调查表的访问时间、有关数据的时间属性进行检查，以评价调查数据是否符合时效性的要求。若延迟访问对调查结果没有什么影响，则问卷仍然是合格的；若延迟访问影响了数据的时间属性，则应视为无效问卷，将其废弃。
真伪性	对调查表或问卷的真实性进行检验，评价访问员是否存在伪造问卷或调查表的行为。一般采用抽样复检的方法进行核实。

2. 审核的方法

较大规模的市场调查项目回收的问卷或调查表往往是大量的，需要聘用审核员进行集中审核。审核的作业方式应该是在问卷或调查表分配给审核员的基础上，实行一卷或一表从头审到尾。审核的主要方法有三种：

（1）经验判断。经验判断就是根据已有经验，判断数据的真实性、准确性。例如：如果调查对象的年龄填为 132 岁，根据经验判断，年龄填写肯定有误。

（2）逻辑检查。逻辑检查就是根据调查项目之间的内在联系和实际情况，对数据进行逻辑判断，看是否有不合情理或者前后矛盾的情况。例如：某调查对象的年龄填写为 14 岁，而婚姻状况却填“已婚”，其中必有一项是错误的。又如：某调查对象前面说“不知道”某洗发水，后面却说“每天都在使用”，显然前后矛盾。

（3）计算审核。计算审核就是对数据资料的计算技术和有关指标之间的相互关系进行审查，主要看各数字在计算方法和计算结果上有无错误。常用的计算检查方法有加总法、对比法、平衡法等。例如：在家庭的收支结构检查中，家庭总收入远小于总支出与储蓄之和，这种情况肯定是有错误的。

3. 处置有问题的问卷

对于检查出来的无法令人满意的问卷，常用的处理方法为退回实地重新调查、视为缺失数据和放弃不用。

案例精选

问卷中这个问题该如何处理

在一次家电产品市场调查中，一位调查对象在某一问题中回答说没有用过长虹的产品，但在回答另一个问题时却提出关于使用长虹产品的诸多建议。显然该调查对象的回答前后矛盾。对于这种情况，审核人员应决定是再向调查对象询问，还是将该份问卷作为无效问卷剔除。

三、调查资料的分组

（一）市场调查资料分组的意义

（1）通过分组，可以对各种市场现象的类型在本质上进行区分，可以识别各种类型的本质特征，掌握其发展变化的规律。

（2）可以用来分析、研究市场现象之间的依存关系以及因果关系，便于企业通过一些促销手段来改变目标人群的观点、态度，从而改变其行为。

（3）通过分组能反映事物内部结构及比例关系，从而为企业寻找目标市场提供基础数据。科学的分组方法一方面可以明显地表明各组中频（次）数的分布情况，从而使研究者对调查对象的结构情况有一个大体的了解；另一方面还可以使许多普通分组显示不出来的结论明显化，从而为企业寻找目标市场提供基础数据。

（二）市场调查资料分组的操作

1. 选择恰当的分组标志

分组标志就是对市场调查资料分组的依据和标准，划分各组界限就是在分组标志变异范围内划定各个相邻组之间的性质界限和数量界限。总体内各总体单位有很多标志，究竟选择哪个标志作为分组标志，要根据调查研究的目的和总体本身的特点决定。

案例精选

某城镇家庭收入状况的两种分组标志

某机构要调查某城镇家庭的收入状况，需要选择分组标志，现提供两种不同的分组标志，如表 6-2 和表 6-3 所示。

表 6-2　第一种分组标志的选择方法

每户月收入（元）	户数（户）
800 及以下	110
800～1 200（含）	450
1 200～1 600（含）	395
1 600 以上	245
合计	1 200

表 6-3　第二种分组标志的选择方法

每户人均月收入（元）	户数（户）
800 及以下	110
800～1 200（含）	450
1 200～1 600（含）	395
1 600 以上	245
合计	1 200

第一种分组标志是按每户月收入划分的，第二种分组标志是按每户平均每人的月收入划分的。两种分组标志的选择方法不同，可能出现不同的结果，哪种更能反映家庭收入水平的本质特征呢？

第一种分组标志的选择方法，只能看出每户的收入，但每户的家庭成员数量是不同的，也许 800 元以下这组有的家庭人口数只有 1 人，而 1 600 元以上这组有的家庭人口数有6人，那么平均到每人的收入约为267元，故这种方法不能反映事物的本质特征，而第二种按每户平均每人收入的分组方法就合理多了。

2. 确定分组界限

这是指根据分组标志设定组与组之间划分的界限。对于品质标志分组而言，性别、职业等分组界限就比较明确。数量标志分组则需确定组数、组距、组限、组中值等。

（三）市场调查资料分组的方法

根据分组时采用标志的多少，可以分为简单分组和复合分组。简单分组是对所研究的现象只采用一个标志进行单一分组；复合分组是对所研究的现象采用两个或两个以上的标志进行连续分组。

需要注意的是，如果采用标志太多，会使所分组数成倍增加，导致各组单位数过少，反而达不到分组的目的。因此，不宜采用过多标志进行分组。在封闭型问卷中，每个调查问题都是分组的标准，问题下的备选答案都是分组后的组别或类别。因为调查问题及备选答案都是在调查设计阶段事先设计好的，所以这一过程又称事前分组处理。调查资料收集工作结束后，问卷的数量和质量得到确认，调查者只需把每个问题下的备选答案的填答次数统计起来，就可得到一系列的简单分组的结果。

四、调查资料的编码、录入与缺失处理

（一）资料编码

编码是把原始资料转化为符号或数字的资料标准化过程。问卷设计者在编写题目时，给予每一个变量和可能答案一个符号或数字代码，称为事前编码；如问题已经作答，为每个变量和可能答案分配一个符号或数字代码，则称为事后编码。编码要与分组相适应，它具有唯一性、完备性。通过编码，不但可以使资料简单方便地输入计算机中，更重要的是，通过合理编码，使得不同信息易于分别、理解、计算，对于统计计算和结果解释工作会产生较大影响。

1. 封闭式问题编码

一般来说，标准化的封闭式问卷资料的编码过程比较简单，常用事前编码，可节省时间。

案例精选

封闭式问题编码实例

您家里是否有汽车？1——有　2——没有（18）

在这个问题中，代码“1”代表“有”，代码“2”代表“没有”，括号中的数字表示

这个答案记录在编码表中的第 18 栏。

以上是单选题，在“1”和“2”两个选项中只能选择一个答案。如果是多选题，编码处理方式是将每个选项设为二分变量，即对于每个选项给予“0”“1”两个编码，选中的标“1”，未被选中的则标“0”。

2. 开放式问题编码

开放式问卷资料或讨论、记录资料的编码过程比较复杂，常用事后编码，可涵盖所有作答情况。主要工作包括以下内容：

（1）列出答案。编码人员首先应尽可能地列出每个开放式问题的答案。当总体数量较小时，所有答案都应该列出。在大型调查活动中，也需列出一定数量样本的答案。

案例精选

开放式问题回答实例

问题：你为什么喜欢喝 A 品牌的酸奶？

1. 它口味比较好
2. 它具有最好的口味
3. 我喜欢它的口味
4. 我不喜欢其他品牌的口味
5. 它便宜
6. 任何时候它都在打折
7. 它不会让我胃不舒服
8. 其他牌子我一喝就不舒服
9. 我总是选择这个牌子
10. 我喝了很多年了
11. 我同学都喝
12. 我和同学一起常买这个品牌
13. 父母常买来喝
14. 没想过
15. 不知道
16. 没有特别的原因

（2）合并答案。根据开放式问题答案的性质，编码人员可以将相近类型的答案进行合并处理。合并时，需考虑分组标志的意义，以及对数据分析的影响。某调查项目开放式问题“为何选择某品牌手机”的答案合并处理如表 6-4 所示。

表 6-4　为何选择某品牌手机的答案

问卷答案	合并答案
1. 质量好 4. 耐用 7. 科技含量高	质量好
3. 名牌 6. 大家都买这个牌子 9. 许多人推荐	名牌
……	……

（3）设置编码。答案合并处理后，分别赋予每一个类别答案一个数字编号，如表 6-5 所示。

表 6-5　开放式问题答案的合并与编码

答案描述	表 6-4 合并答案	编码
质量好	1、4、7	5
名牌	3、6、9	9
……	……	……

（4）其他情况。这包括非问卷题目的有关问题，如进行地区划分时，将北京定为“1”，上海定为“2”。对于开放性问题，按收集信息的内容，用“X1”“X2”“X3”来表示。

3. 编制编码手册

当所有问题答案编码都规定清楚之后，编码人员要编写一本编码手册，说明各英文字母、数字的意义。编码手册具备下列功能：（1）录入人员可根据编码手册说明来录入数据；（2）研究人员或电脑程序员根据编码手册拟统计分析程序；（3）研究者阅读统计分析结果，不清楚各种代码的意义时，可以从编码手册中查询。例如：空调消费者调查问卷所用的编码手册如表 6-6 所示。

表 6-6　编码手册

变量代码	变量含义	题号	变量名称	是否跳答	数据说明
1	长虹的知名度	Q1	Q1－1	否	1＝选中，2＝未选中
2	海尔的知名度	Q1	Q1－2	否	1＝选中，2＝未选中
…	……				
10	其他品牌知名度	Q2	Q1－10	否	1＝选中，2＝未选中
11	最常用品牌知名度	Q2	Q2－1	否	1＝长虹，2＝海尔，…，11＝其他，99＝漏答
12	次常用品牌知名度	Q2	Q2－2	否	同上

续前表

变量代码	变量含义	题号	变量名称	是否跳答	数据说明
13	第三常用品牌知名度	Q2	Q2－3	否	同上
…	……				
30	长虹价格合理排序	Q10	Q10－1a	是	1＝最合理，…，6＝最不合理
31	海尔价格合理排序	Q10	Q10－1b	是	1＝最合理，…，6＝最不合理
…	……				

表 6－6 中，变量是指问卷中所调查的问题或项目；变量代码序号是给各变量的一个新的数码，表示各变量在数据库中的输入顺序；变量含义是指问卷中问题意思的概括；题号是指变量属于问卷中的第几题；变量名称是变量的代号，便于计算机识别与统计操作；是否跳答是指该问题或项目是否是跳答答案；数据说明是对各数码代表受访者的某种反应的说明。

案例精选

编码表的编制过程

A 公司调查某部门 20 名职工的性别、年龄、月收入以及年终业绩考核成绩的数据如表 6－7 所示。

表 6－7　公司年终考核表

职工编号	性别	年龄	月收入	考核成绩	职工编号	性别	年龄	月收入	考核成绩
00001	女	25	2 000	良	00011	男	32	3 000	良
00002	男	37	3 000	中	00012	男	29	2 600	中
00003	女	42	3 200	良	00013	男	42	3 400	良
00004	男	26	2 000	中	00014	女	27	2 400	及格
00005	男	28	2 200	良	00015	男	53	3 600	中
00006	男	30	2 800	中	00016	女	34	2 600	良
00007	男	38	3 200	良	00017	男	35	3 000	良
00008	女	55	4 000	中	00018	男	34	3 600	优
00009	男	46	3 400	优	00019	男	37	3 000	良
00010	女	27	2 200	良	00020	男	40	3 200	良

如果想用计算机处理这套资料，就必须把表中所载资料转换成数码符号形式的数据。为此，可以制定这样一套规则：

职工编号——按原数码形式；

性别——“男”用“1”表示，“女”用“2”表示；

年龄——按原数码形式；

月收入——按原数码形式；

考核成绩——“优”用“1”表示，“良”用“2”表示，“中”用“3”表示，“及格”用“4”表示，“不及格”用“5”表示。

再按这套规则将表载资料转换成数码符号，列入表 6－8 之中。

表 6－8　公司年终考核表编码表

职工编号	性别	年龄	月收入	考核成绩	职工编号	性别	年龄	月收入	考核成绩
00001	2	25	2 000	2	00011	1	32	3 000	2
00002	1	37	3 000	3	00012	1	29	2 600	3
00003	2	42	3 200	2	00013	1	42	3 400	2
00004	1	26	2 000	3	00014	2	27	2 400	4
00005	1	28	2 200	2	00015	1	53	3 600	3
00006	1	30	2 800	3	00016	2	34	2 600	2
00007	1	38	3 200	2	00017	1	35	3 000	2
00008	2	55	4 000	3	00018	1	34	3 600	1
00009	1	46	3 400	1	00019	1	37	3 000	2
00010	2	27	2 200	2	00020	1	40	3 200	2

资料来源：覃常员，彭娟．市场调查与预测［M］．5 版．大连：大连理工大学出版社，2014.

4. 编码的方法

（1）顺序编码法。顺序编码法又称系列编码法，只用一个标准对信息资料进行分类，并按一定的顺序用连续数字或字母进行。

案例精选

顺序编码

一项调查家庭年收入的项目把不同收入家庭分为五个档次。顺序编码时可用 1～5 分别代表从低到高 5 个档次：小于等于 8 000 元，8 001～15 000 元，15 001～24 000 元，24 001～35 000 元，大于 35 000 元。

这种编码方式短而简单，易于管理，但不适于进行分组处理。

（2）分组编码法。分组编码法又称区间编码法，是根据调查对象的特点和信息资料分类及其处理的要求，把具有一定位数的代码单元分成若干组（或区间），每个组（或区间）的数字均代表一定的意义。所有项目都有着同样的数码个数。

案例精选

大学城电脑周边产品市场需求的调查问卷

您好！感谢您在百忙之中抽出时间阅读本问卷并做出回答。为了了解大学城周边电脑产品的市场需求状况，我们特设此问卷。对您的积极配合，我们将表示衷心的感谢！

1. 您是否有电脑？（　　）

A. 有　　B. 没有

2. 您是否重视电脑的清洁？（　　）

A. 非常重视　　B. 重视　　C. 一般　　D. 不重视

3. 您是否知道键盘胶清理剂的作用？（　　）

A. 知道　　B. 不知道　　C. 没听说过

4. 您的电脑大概多久会清洁一次？（　　）

A. 1 个月　　B. 2～4 个月　　C. 半年或者一年　　D. 从未清洁过

5. 您的键盘膜、鼠标垫等产品多久更换一次？（　　）

A. 1 个月左右　　B. 半年以内

C. 一到两年左右　　D. 从未更换，除非坏了

6. 您认为电脑上的灰尘对健康的影响大吗？（　　）

A. 非常大　　B. 一般　　C. 影响很小　　D. 不知道

7. 如果购买电脑清洁用品，您会选择哪种渠道？（　　）

A. 从网上购买　　B. 从实体店买　　C. 从夜市上买　　D. 上门推销

8. 您对电脑周边产品能接受的价格范围？（　　）

A. 10 元以下　　B. 20 元以下　　C. 20～50 元　　D. 50 元以上

9. 对于电脑的周边产品，您认为还需要哪些产品？（　　）（多选）

A. 散热器　　B. 小夜灯　　C. 清洁用品　　D. U 盘或读卡器

10. 您是否认同体验式销售？（　　）（如上门推销的同时免费体验）

A. 完全认同　　B. 无所谓　　C. 不认同

通过对问卷的编码后，得到编码如表 6-9 所示。

表 6-9　大学城电脑周边产品市场需求的调查问卷编码表

变量序号	变量含义	对应题号	变量名称	是否跳答	数据说明
1	问卷的 ID 号		ID		0001～1 000，问卷的编号
2	是否有电脑	1	Q1	否	1=有，0=没有
3	是否重视电脑的清洁	2	Q2	否	1=非常重视，2=重视，3=一般，4=不重视
4	是否知道键盘胶清理剂的作用	3	Q3	否	1=知道，2=不知道，3=没听说过

续前表

变量序号	变量含义	对应题号	变量名称	是否跳答	数据说明
5	电脑清洁频率	4	Q4	否	1=1个月，2=2～4个月，3=半年或者一年，4=从未清洁过
6	键盘膜、鼠标垫等产品更换频率	5	Q5	否	1=1个月左右，2=半年以内，3=一到两年左右，4=从未更换，除非坏了
7	电脑上的灰尘对健康的影响	6	Q6	否	1=非常大，2=一般，3=影响很小，4=不知道
8	电脑清洁用品购买渠道	7	Q7	否	1=从网上购买，2=从实体店买，3=从夜市上买，4=上门推销
9	价格范围	8	Q8	否	1=10元以下，2=20元以下，3=20～50元，4=50元以上
10	周边产品需求——散热器	9	Q9－1	否	1=选中，0=未选中
11	周边产品需求——小夜灯	9	Q9－2	否	1=选中，0=未选中
12	周边产品需求——清洁产品	9	Q9－3	否	1=选中，0=未选中
13	周边产品需求——U盘或读卡器	9	Q9－4	否	1=选中，0=未选中
14	体验式销售认同度	10	Q10	否	1=完全认同，2=无所谓，3=不认同

（二）资料录入

数据的录入形式有两种，一种是以单独数据文件的形式录入和存在，另一种是直接录入专门的统计分析软件（如SPSS）中。数据录入前，一般应对所有的问卷进行编码，以便按照问卷编码顺序进行每份问卷数据的录入。数据录入一般是由数据录入员根据编码规则（编码手册）将数据从调查问卷上直接录入计算机软件系统中，系统会自动进行记录和存储。录入过程中，为了避免发生差错，应随时进行错误检查，如利用软件自动识别错误。也可以在全部调查问卷的数据录入完毕后，运用事先设计的计算机逻辑错误检查程序进行检查，以防止录入的逻辑错误的产生。当逻辑检查确认数据录入无逻辑错误后，则可利用设定的计算机汇总与制表程序自动生成各种分组类，为分析研究准备综合化的数据。

（三）缺失处理

缺失数据也称缺失值。数据录入中，若遇到数据缺失，应先分析数据缺失的原因，如果有个别问题未作答，或是调查员没有记录造成的，可采用以下方法纠正。

1. 找一个中间变量代替

如用该变量的中间值或量表的中间值（1～5 分，可选 3）代替。如果是性别变量，可将第一个缺失值用男性数值代替，第二个缺失值用女性数值代替，并依次交替代替。

2. 用一个逻辑答案代替

如收入缺失，可依据职业情况和个人能力推断。如性别缺失，可依据调查对象笔迹来推断。

3. 删除处理

一种是把整个样本资料全部删除，这适合样本数众多的情况；另一种是在进行缺失样本统计时，将该样本删除，这适合该变量不重要的情况。

拓展阅读

二手资料整理

任务实施

一、任务背景

以项目五任务三为背景，完成本任务实施内容。

二、任务目标

学生通过完成本项目任务，认识市场调查资料审核和分组工作，熟悉市场调查资料审核的内容和方法，掌握市场调查资料分组的方法和技巧。

三、任务要求

每组使用项目五任务三中已经设计的“大学生手机市场的调查问卷”，进行实地调查，然后将调查所得资料进行审核和分组，尝试总结出自己的调查结论。

四、任务步骤

（1）学生自愿组成小组，每组 6～8 人；

（2）以小组为单位，设计调查问卷；

（3）按随机原则选择 50～100 名同学作为调查对象进行实地调查；

（4）对回收的问卷进行审核，剔除不合格问卷；

（5）选择恰当的分组标志进行资料分组；

（6）总结调查结论，讨论市场调查资料分组的合理性与科学性，以及对于解释市场调查目的的意义。

（7）制作 PPT 进行展示，由其他同学提问，教师点评。

任务三 分析市场调查资料

任务导入

如何处理这 2 000 份问卷

2022 年，某大学针对学生在学代会上提出的“改善餐厅质量，提高膳食营养”意见，专门聘请一家市场调查公司，组织了一次针对学校餐厅满意度的市场调查，以找出目前食堂存在的问题，并有针对性地改进。市场调查公司针对本次调查，随机发放“××学校餐厅服务客户满意度调查问卷”2 000 份。之后，他们对问卷进行了回收。面对这些回收的问卷，这个项目小组应该怎样处理相关数据，并进行简单的数据分析呢？

任务分析

调查资料分析是市场信息处理的重要内容，是指对市场调查过程中收集到的各种原始数据进行适当的处理，使其显示一定的含义，进而反映不同数据之间的联系，并通过分析得出某些结论。在市场调查活动中，大量事实证明，仅有收集到的数据资料而无正确的分析技术，是不能正确了解和认识市场的。

基础知识

一、制表分析

（一）交叉列表分析

交叉列表分析是同时将两个或两个以上具有有限类目数和确定值的变量，按照一定顺序对应排列在一张表中，从中分析变量之间的相互关系，得出科学结论的技术。交叉列表中的变量之间必须交叉对应，从而使交叉列表中每个结点的值反映不同变量的某一特征，如表 6-10 所示。

表 6-10　XY 公司商品销售统计

销售增长	商品特点			行总计
	日用品	耐用消费品	食品	
速度慢	45	24	50	119
速度快	52	63	23	138
总计	97	87	73	257

从表中很容易分析出各类目的明细数量及其对应总数，简明直观。

交叉列表分析技术在市场调查中被广泛使用，是因为其结果很容易被那些非专业的使用者接受并理解；同时，通过交叉列表分析技术，可以使调查得到的数据资料中复杂的事物变得清晰、有条理。

（二）交叉列表分析法的种类

1. 单变量列表

单变量列表也就是只有一个变量对收集的数据产生控制。例如：某高职院校 2023 级电子商务专业一班学生人数如表 6-11 所示。

表 6-11　2023 级电子商务专业一班学生　　单位：人

性别		合计
男	女	
25	23	48

单变量列表由于其所表达内容过于简单，因此使用不是很普遍。

2. 双变量交叉列表

双变量交叉列表分析法是最基本的交叉列表分析法，每个单元格中的数字都同时受到两个变量的约束，故反映的信息更多，如表 6-12 所示。

表 6-12　2023 级市场营销专业一班学生　　单位：人

性别	宿舍							合计
	103	104	105	106	212	213	214	
男	8	8	7	2				25
女					8	7	8	23
总计	8	8	7	2	8	7	8	48

3. 三变量交叉列表

在实际工作中，双变量交叉列表技术对于某些信息不能准确分析，这时就需要加入第三个变量，成为三变量交叉列表。该列表可以较详细地反映数据原有两个变量之间的联系，如表 6－13、表 6－14 所示。

表 6－13 汽车购买者收入与购买汽车档次的关系

汽车购买档次	收入状况	
	较高收入	普通工薪
高（%）	70	35
低（%）	30	65
总计（%）	100	100
调查对象人数	300	500

表 6－14 汽车购买者收入、性别与购买汽车档次的关系

汽车购买档次	收入状况			
	男性		女性	
	较高收入	普通工薪	较高收入	普通工薪
高（%）	85	25	40	50
低（%）	15	75	60	50
总计（%）	100	100	100	100
调查对象人数	200	300	100	200

说明：由于引入第三个变量——性别，因而原有结论更加准确。

案例精选

关于时装购买和婚姻状态之间的关系分析

以某项调查时装购买和婚姻状态之间关系的市场调查项目为例。变量“时装购买情况”分为高档和低档两种状态。变量“婚姻状态”也分为两种状态：“已婚”和“未婚”。对 1 000 个消费者样本的调查资料以三变量交叉列表分析得到的结果如表 6－15 所示。

表 6－15 婚姻状态、性别与时装购买状况的关系

时装购买状况	男性		女性	
	已婚	未婚	已婚	未婚
高档	35%	40%	25%	60%
低档	65%	60%	75%	40%
总计	100%	100%	100%	100%
调查对象人数	400	120	300	180

表 6-15 显示，60%的未婚女性属于高档时装购买者，只有 25%的已婚女性会购买高档时装；就男性而言，40%的未婚者和 35%的已婚者属于高档时装购买者，两者的比例较接近。

二、制图分析

统计图是用各种图形表现统计资料的一种形式。它是以统计资料为依据，借助于线、形、事物的形象和地图等形式，显示社会经济现象的数量，表现出规模、水平、构成、相互关系、发展变化趋势分布状况。与统计资料的另外两种形式——统计表和文字报告比起来，它的显著优点是：简明具体、形象生动、通俗易懂，易给人以明确而深刻的印象。

图形广泛应用于市场调查资料整理分析、市场调查报告中，并以其形象、直观、富有美感和吸引人的特点受到了特别的重视。通常，只要有可能，就应尽量用图形来帮助理解报告的结果。一张精心设计的图形可能抵得上千余字的说明，可以起到宣传或统计分析作用。

（一）常用制图分析

常见的统计图有条形图、饼形图、圆环图、动态图、依存关系图、散点图等。当然，统计图只是描述和揭示统计数据特征的有效方法之一，它并不能代替统计分析。

1. 条形图

条形图是以若干等宽的平行长条或圆柱的长短来表示品质属性数列中各组频数或频率大小的图形。通常以横轴代表不同的组别，纵轴代表各组的频数或频率，有时亦可用纵轴代表各组，横轴代表频数或频率。条形图示例如图 6-1 所示。

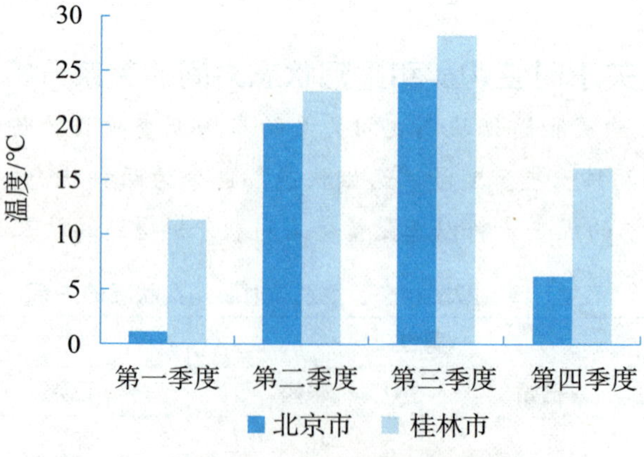

图 6-1　某年北京市、桂林市各季度平均气温

2. 饼形图

饼形图用于反映总体中各部分与总体的结构关系。饼形图只适用于单选问题，整张饼形图总计表示100%，每一部分的面积就表示了某个变量对应取值的百分数，即比重。饼形图可以是平面的，也可以是立体的，最好将每一部分的说明尽可能直接记在饼形图中。当然，利用颜色的不同表示各自部分也是好的方法。饼形图能够很好地将部分与总体之间的关系表现出来。饼形图示例如图6-2所示。

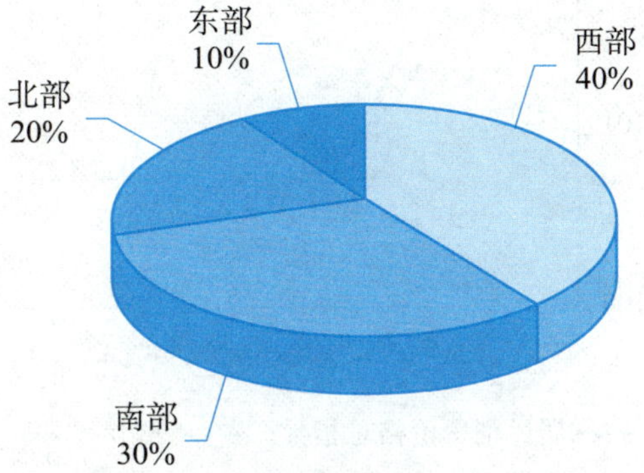

图6-2　某公司产品在广东省的市场分布

3. 环形图

环形图是将总体或样本中的每一部分数据用环形中的一段表示。环形图亦可同时绘制多个总体或样本的数据系列。每一个总体或样本的数据系列为一个环。环形图示例如图6-3所示。

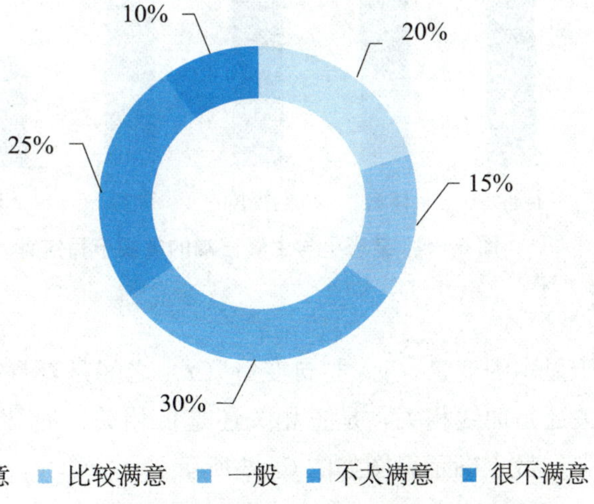

图6-3　消费者对某品牌热水器售后服务满意度评价

4. 动态图

动态图用于描述与时间相关的事物随时间的变化而变化的状况，其主要构成要素是直角坐标的纵轴和横轴，主要用条形图、立体图和线图表示。动态图示例如图6-4所示。

5. 依存关系图

依存关系图主要用于描述两项事物之间的依存变化关系。依存关系图示例如图6-5所示。

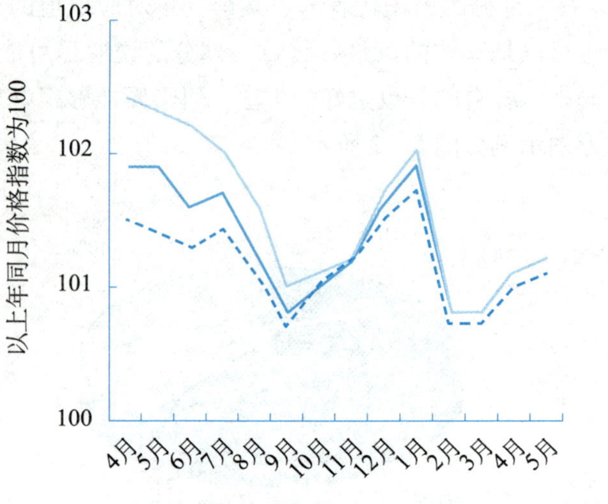

图 6-4　某年全国居民消费价格指数

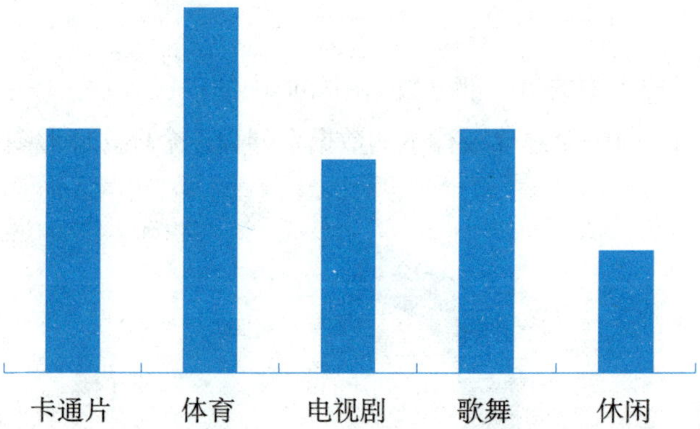

图 6-5　某班小学生最喜欢的电视节目统计

6. 散点图

散点图主要用于显示因变量（y）与自变量（x）之间是否具有相关关系，以及相关关系的形式是直线相关还是曲线相关，是正相关还是负相关。通常以横轴代表自变量（x），纵轴代表因变量（y）。散点图示意图如图 6-6 所示。

（二）制图规则

1. 统计图构成

统计图构成主要包括：(1) 图号、图题；(2) 图目，即在纵轴的侧面和横轴的下面所标注的表明不同类别、地点、时间等的文字或数字，说明纵轴、横轴所代表的事项及单位；(3) 图线；(4) 图尺，即尺度线（网络线）或点、尺度数及尺度单位；(5) 图形；(6) 图注，即说明图例、资料来源等。

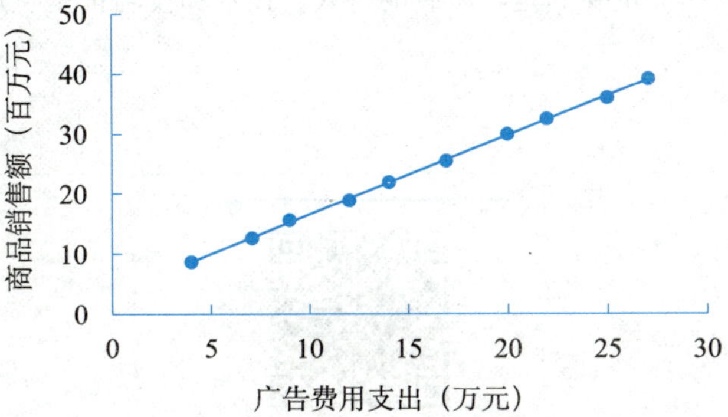

图 6-6 某公司广告费用支出与商品销售额之间的关系

2. 制图规则

（1）图题要说明资料所属的内容、地点和时间；

（2）尺度线与基线垂直，尺度的设置应能包括资料中最大的数值，尺度点之间的距离应相等，各相等距离必须表示相同数值，尺度点过多时，可间隔写；

（3）项目较多时最好按大小顺序排列，以使结果一目了然；

（4）数据和作图用的笔墨之间的比例要恰当，避免过多或过少的标注、斜线、竖线、横线等，既要清楚又要简明；

（5）度量单位的选择要恰当，使得图形的表现均衡，使所有的差异都是可视的和可解释的；

（6）作图时最好既使用颜色区别，又使用文字说明，以便在进行必要的复制时仍能清晰如初；

（7）颜色和纹理的选择不是随机的，要有一定的逻辑性，例如，真正重要的部分应该用突出的颜色或更粗的线条、放大的符号来表示；

（8）图形的安排要符合人们的阅读习惯；

（9）一般应该说明数据的来源。

（三）制图技巧

1. 提高版面的清晰度

多使用整数，或尽可能减少小数点的位数；在图表上使用刻度尺，尽量减少在图形上的数字标注；可用符号来代替部分文字，如用“%”代替“百分数”；压缩文字，精练语言；尽量减少注释。

2. 颜色的运用

在选择颜色时，一般倾向于使用简单的颜色，或对比明显的颜色，如黑色、灰色、蓝色、绿色，而突出强调时可用红色、黄色或白色。使用颜色时除考虑其美观、装饰性外，还应有针对性和寓意。最重要的是，所有的特效、技术和技巧都是从属地位，应以服务内容为中心展开设计。

拓展阅读

什么是统计表

任务实施

一、任务背景

在项目六任务二中已完成资料审核和分组，请在此基础上完成资料整理与分析。

二、任务目标

通过本任务，学生学会并掌握资料的整理和分析。

三、任务要求

对任务二中回收的问卷进行全面整理并以制表或制图的方式进行简单的分析。

四、任务步骤

（1）学生自愿组成小组，每组 6～8 人；
（2）以小组为单位，对问卷进行编码和录入，完善此问卷编码表；
（3）通过制表或制图的方式对调查情况进行分析；
（4）小组提交资料整理与分析的结果；
（5）小组以 PPT 形式进行汇报和展示。

学思之窗

扬帆出海，中国品牌闪耀国际舞台

随着中国品牌竞争力、美誉度与日俱增，一批中国品牌在深耕国内市场的同时走向世界，成为国际市场上闪耀的“中国名片”。

数据显示，2023年一季度，我国外贸出口“新三样”（电动载人汽车、锂电池、太阳能电池）表现亮眼，一季度合计出口增长66.9%，同比增量超过1 000亿元，拉高了出口增速2个百分点。特别是新能源汽车出口增速领先。一季度，电动载人汽车出口647.5亿元，增长了122.3%，占中国汽车出口的比重提升了5.1个百分点，达到43.9%。

从过去输出“中国成本”“中国规模”，转向输出“中国技术”“中国质量”，中国品牌正逐渐迈向全球产业链中高端。“新三样”这类高技术、高附加值、引领绿色转型的产品成为出口新增长点，正是中国出口质的提升的缩影。

不仅“走出去”，中国品牌也在不断“走上去”，收获更多国际影响力和话语权。

点滴见素养：通过案例中的数据分析了解中国品牌的发展势头，中国品牌正在迈向全球的高端市场，树立品牌自信，激发爱国热情。

项目总结

市场调查活动中，市场调查资料的整理和分析是一个非常重要的环节，也是一项比较复杂的工作。这项工作的基本原理是通过对收集到的原始数据的整理，使其在一定程度上显现出一定的含义，并通过分析、探究，在揭示不同数据间关系的基础上，得出某些市场研究结论或推断。

市场调查资料的整理和分析应遵循一定原则，在既定程序的基础上，选择适当方法，围绕确定内容制订整理分析方案，认真加以组织实施，才能得出比较客观的调查结论。

职业技能训练

一、单项选择题

1. 资料的（　　）是对问卷进行细致的检查，发现资料中是否出现具体的错误或疏漏，以保证资料的正确性和完整性的过程。

A. 分组与编码　　B. 审核　　C. 整理　　D. 编辑

2. 对于超过调查规定时间收回的问卷、不属于调查范围的人员填写的问卷、前后答案没有变化的问卷等问题较多的资料应予以（　　）。

A. 补救　　B. 作为无效问卷处理

C. 重新调查　　D. 同等对待

二、多项选择题

1. 以下属于访谈员失职的行为是（　　）。

A. 擅自变更，未按原计划进行访问

B. 改动了调查问卷上的一些答案

C. 由于未找到调查对象，访谈员自行填制问卷

D. 访谈员未依据调查对象的心理活动过程进行访谈

2. 调查资料整理应该遵循的原则为（　　）。

A. 适用性原则　　B. 时效性原则　　C. 精确性原则　　D. 系统性原则

3. 调查资料分析的原则应该是（　　）。

A. 针对性　　B. 客观性　　C. 完整性　　D. 变动性

三、判断题

1. 资料的整理是指将经过编码的资料输入并储存在计算机中，以便于计算机分析的过程。（　　）

2. 市场调查资料的审核与鉴别还应该审核或检查访问员。（　　）

3. 市场调查资料的分析就是将资料进行简单处理，把资料表面显示的内容表达出来，以服务于调查结论。（　　）

四、简答题

1. 简述市场调查资料整理和分析的程序。

2. 如何对调查问卷进行审核？

3. 为什么要审核访谈员？举例说明。

五、案例分析题

关于消费者空调购买行为的调查

某家电经销商为了了解消费者的空调购买行为，从某市城镇居民家庭中抽取了 1 000 户进行问卷调查，并从市统计局搜集了有关的数据。资料整理如下：

（1）近 10 年城镇居民可支配收入、空调拥有量等数据资料如表 6－16 所示。

表 6－16　近 10 年城镇居民可支配收入、空调拥有量数据表

可支配收入/（元/人）	1 592	1 783	2 168	2 817	3 886	4 705	5 052	5 209	5 435	5 818
消费性支出（元/人）	1 294	1 446	1 732	2 194	3 138	3 886	4 098	4 137	4 482	4 800
耐用品支出（元/人）	88	105	128	168	245	269	332	352	394	486
空调拥有量/（台/百户）	108.1	110.8	114.2	117.1	119.5	121.0	122.8	125.1	128.1	132.32

（2）去年年末不同收入家庭空调拥有量（台/百户）如表 6－17 所示。

表 6－17　去年年末不同收入家庭空调拥有量

	最低收入	低收入	中等偏下	中等收入	中等偏上	高收入	最高收入
拥有量	88.46	116.35	119.32	123.32	140.12	145.32	151.32

(3) 调查的1 000户居民家庭中，计划近3年内购买空调的户数分别为53户、89户、28户（1 000户中有868户拥有空调1 316台，132户没有空调）。

(4) 计划购买空调的200户家庭关注空调服务、质量、促销、价格、其他要素的分别为28户、144户、4户、20户、4户。

(5) 计划购买空调的200户，准备购买单冷机的23户，冷暖两用的170户，到时再决定的7户；准备购买窗式机的39户，柜机的43户，壁挂机的118户。

(6) 计划购买空调的200户，空调信息来源的渠道分别为：报纸杂志90户，电视广告87户，销售现场8户，朋友同事告知6户，销售人员促销3户，户外广告4户，网络广告2户。

(7) 计划购买空调的200户，考虑购买空调地点分别为：专卖店77户，大型电器商场94户，综合性商场82户，家电连锁店56户，厂家直销店48户（有同时选择多个地点的情形）。

(8) 计划购买空调的200户，考虑购买时间选择分别为：夏季86户，冬季60户，厂家促销期42户，春季和秋季12户。

(9) 计划购买空调的200户，空调功率选择分别为：1匹以下7户，1匹41户，1.5匹48户，2匹35户，2.5匹12户，3匹及以上的23户，到时视情况而定的34户。

(10) 计划购买空调的200户，空调价位选择分别为：2 000元以下的12户，2 000（含）～3 000元的56户，3 000（含）～4 000元的45户，4 000（含）～5 000元的36户，5 000元（含）以上的30户，到购买时再定的21户。

阅读材料，回答以下问题：

1. 你认为上述调查数据处理有哪些缺陷？实际工作中应怎样弥补这些缺陷？
2. 根据这些数据，你认为可制作哪些形式的统计表和统计图？
3. 若再次做同类调查，你能设计出更加完善的调查问卷和数据整理方案吗？

项目七 市场定性预测

学习目标

知识目标

1. 了解市场预测的基本概念和程序
2. 掌握市场预测的种类
3. 掌握市场预测的内容
4. 掌握市场定性预测的具体方法

技能目标

1. 能够选择合适的定性预测方法进行市场预测
2. 能够运用专家意见法、集合意见法、德尔菲法进行市场预测

素养目标

1. 通过收集我国有关人民生活水平数据资料，认识数据发展变化规律，培养大数据思维
2. 通过预测方法学习，培养逻辑思维能力，树立实事求是的工作态度

任务一 认识市场预测

任务导入

太原市汽车用品市场定性分析

一、市场分析

太原市汽车用品市场有以下几个特点。

(1) 市内零散商铺较多，经营商户愿意集中式经营。

（2）商铺硬件条件、交通组织较差，大部分需要改造后才能使用，期望有专业的市场出现。

（3）合同期限较短，投入存在风险，而且租金涨幅较大。

（4）部分品牌商想进入太原市场，但没有合适位置，无较高档次汽车集散地。

（5）汽车行业每年发展较快，汽车用品相应需求增大。

（6）太原市目前没有完整的集汽配、装饰、改装、服务于一体的大型专业市场。

（7）汽配店所需面积一般商铺难以达到要求，商铺难以集中，产品过于单调。

二、市场经营商户类型分析

（1）第一类是全方面经营，各种产品和服务都比较全的商家。这类商家大多经营规模较大，店内的工作人员在素质和服务态度上都显示出极高的水平。在严格的经营管理体系下，这些店在市场上也拥有较大的竞争力。

（2）第二类是经营汽车装饰类产品的商家。这类商家大多以座套、座垫、脚垫、挂件、香水等中低端产品为主要经营方向，有的甚至只经营挂件、香水等小物件，在降低经营成本的同时走薄利多销路线。这些商家在经济实力和技术实力上大多处于弱势地位，所以寻找的是适合自己的发展道路。

（3）第三类是以技术为基础走中高端产品路线的商家。这类商家主要经营电子类产品，虽然这一类商家在市场上以小比例存在，但其所经营的产品极大地带动了整个市场、整个行业的发展。

三、市场需求、消费者购买分析

从销售情况来看，企业均认为低档汽车配件更新频率比较快，而像高档汽车因为有品牌与质量的双重保障，所以零配件的使用损耗率就比较低。顾客在选择汽配产品时，对原厂或者汽配厂都比较理智。但是对于顾客为何选择经销商售出的配件的原因时，经销商所销售的产品质量是顾客选择的主要原因。经销商在出售的产品档次中，中档次的居多，低档次其次，高档次的较少。中档次的性价比由于比较高，是顾客首选的产品。低档次的在质量上比较让人担心。而高档次的汽配产品由于价格原因只有少部分人愿意选购。经销商在售出配件时都会帮顾客安装好。只有少部分顾客会选择自己安装。因为所调查企业多为私人企业，所以在售后服务方面，只有少数企业会对顾客回访，这部分企业也是新经销商，为了企业效益与日后发展，在售后上做了努力。

任务分析

预测是针对某一目前还不明确的事物，根据其过去和现在的已知情况，估计和推测未来可能出现的趋势。这种估计和推测，应该是在正确的理论指导下，通过广泛调查取得一手资料或二手资料，再运用定性分析和定量分析的方法，对市场今后的发展变化做出质的描述和量的估计。

基础知识

一、市场预测的基本概念

（一）市场预测的含义

市场预测是在对影响市场供求变化的诸因素进行调查研究的基础上，运用科学的方法，对未来市场商品供应和需求的发展趋势及有关的各种因素的变化进行分析、估计和判断。预测的目的在于最大限度地减少不确定性对预测对象的影响，为科学决策提供依据。

预测是为了提高管理的科学水平，减少决策的盲目性。我们需要通过预测来把握经济发展或者未来市场变化的有关动态，减少未来的不确定性，降低决策可能遇到的风险，使决策目标得以顺利实现。

（二）市场预测的特点

1. 预测对象具有不确定性

市场预测是研究市场不确定性事件的，如果未知的未来的市场具有确定性，那就用不着预测了。由于市场存在不确定性，为了趋利避害，决定行动的取舍，增强生产经营的预见性和主动性，因此企业有必要开展市场预测。

2. 市场预测具有目的性

市场预测是为生产经营决策或市场营销决策服务的。决策应是以科学的预测结果作为基础的，并通过分析比较，选取最优方案。因此，预测是决策的先导，是决策科学化的前提，没有准确、科学的预测，要取得决策的成功是不可能的。因此，市场预测应从决策的需要出发，有目的地进行有关市场问题的预测。

3. 市场预测具有科学性

市场预测绝不是毫无根据的随心所欲的臆测，它是依据收集的大量历史资料和现实资料，运用科学的预测方法，通过分析研究，在探求事物演变的过程、特点、趋势和规律的基础上有效地预测未来的发展变化。因此，市场预测是一门科学，也是一门艺术。

4. 市场预测具有综合性

市场预测不是简单的估计和推测，它要求运用多种定性分析和定量分析的方法，对大量的预测资料进行综合分析，在把握市场运行趋势和规律的基础上，对市场未来的变化做出综合性的推断，并对预测结果进行多方面的评价和论证，确保预测结果的准确性和科学性。

5. 预测误差具有不可避免性

市场未来的发展变化总是具有某种程度的不确定性，未来的发展趋向怎样，规模、水平、结构、速度会发生什么样的变动，往往是不确定的，预先难以完全肯定，更难十分精确地给出定量描述。因此，市场预测的结果与未来的实际很难完全吻合，总是存在一定的误差。

二、市场预测的资料来源

（一）市场资料的来源

1. 直接市场资料

直接市场资料，是指由市场预测者自己采用各种市场调查方式方法，对市场信息进行搜集、整理、分析的结果，即通过市场调查取得的市场资料。在搜集、整理、分析直接市场资料的市场调查中，通常是采取各种专门调查方式组织调查，如典型调查、重点调查、抽样调查等方式。搜集市场资料的方法也多种多样，常用的有问卷调查法、观察法、访问法等。

直接市场资料的直接性主要表现在两方面：一方面是指资料是通过市场调查直接取得的，而不是对二手资料的搜集；另一方面是指通过市场调查所取得的市场资料，在内容上是直接反映市场现象的资料，而不是间接反映市场和与市场有联系的某些社会经济现象的资料。

2. 间接市场资料

间接市场资料，是指从由别人所组织的各种调查搜集和积累起来的材料中，摘取出的市场或与市场有紧密联系的社会经济现象的有关资料。间接市场资料的出处很多，如常见的定期发布的经济公报、情况简报、报纸杂志、经济年鉴、统计年鉴等，都是间接市场资料的重要来源。

间接市场的资料的间接性一般表现在两方面：一方面指资料是间接取得的材料，而不是通过市场调查直接取得的；另一方面指资料的内容主要是与市场紧密联系的各种影响因素的材料，而不一定是直接反映市场现象的资料。

（二）直接资料和间接资料的特点

1. 直接资料的特点

直接资料是由预测者自己组织市场调查取得的，因此直接资料的适用性强、可信度高。但取得直接资料需要较多的费用，有些资料又是企业无法组织调查取得的，直接资料在反映市场及其影响因素的广度上具有一定的局限性。

2. 间接资料的特点

节省费用，对有些企业无法组织的调查，可依靠国家或社会有关调查机构组织的调查取得资料。但间接资料的适用性没有直接资料强，往往需要对资料进行再整理，对间接资料的可信程度也一定要进行考查。

三、市场预测的种类

一般来说，市场预测大致可以按以下标准分类。

（一）按市场预测时间的长短分类

按市场预测时间的长短分类，市场预测可以分为短期市场预测、近期市场预测、中期市场预测、长期市场预测。

1. 短期市场预测

短期市场预测，一般是以周、旬为预测的时间单位，根据市场变化的观察期资料，结合市场当前和未来变化的实际情况，对市场未来一个季度内的发展变化情况做出估计。短期市场预测的结果可以用来编制月份或季度的各种生产或营销计划。短期市场预测结果一般必须做到及时、准确，对市场的各种变化要有敏感的反应，使商品生产和营销企业能够及时地了解市场的发展变化，以便适当安排商品生产数量和组织市场营销。

2. 近期市场预测

近期市场预测一般是以月为时间单位，根据对市场变化的实际观察得出的资料，结合当前市场变化的情况，对市场未来一年内的发展变化情况做出预测，通常是对年度的市场情况做出预测。近期市场预测的结果可以用来编制生产企业购进原材料计划及生产计划，编制营销企业组织货源和销售计划等。它是企业编制各种年度计划的重要依据之一。

3. 中期市场预测

中期市场预测一般是指三五年内的市场预测。中期市场预测的结果可以为生产和营销企业编制三五年的经济发展计划提供重要依据。同时，中期市场预测还经常用于长期影响市场的各种因素的预测，如对影响市场的经济、技术、政治、社会等重要因素的预测，用来分析研究市场未来的发展趋势，研究市场发展变化的规律。

4. 长期市场预测

长期市场预测一般是指 5 年以上的市场预测，是为制定社会和国民经济发展的长期规划而专门进行的市场预测。长期市场预测主要是对市场未来的发展变化趋势，为社会和国民经济按客观规律健康地发展，为统筹安排国民经济长期的生产、分配、交换、消费提供重要依据。

（二）按市场预测的空间范围分类

1. 宏观市场预测

宏观市场预测是统观整体市场需求的发展变化及趋势，其内容涉及国民经济全局的市场预测，其空间范围往往是全国性市场预测。宏观市场预测以安排国民经济综合平衡中各种合理的比例关系、合理配置各种资源等为主要目的，为国民经济宏观决策提供必要的、可靠的依据。

2. 中观市场预测

中观市场预测是涉及国民经济各行业的市场预测，从空间范围来看，是以省、自治区、直辖市或经济区为总体的市场预测。如预测国民经济中某一行业可向市场提供的产品总量、某类产品数量或某种商品的数量，与其需求量对比分析，研究供给与需求之间是否适应；预测某省、自治区、直辖市的购买力总量的发展变化情况；等等。

3. 微观市场预测

微观市场预测一般是指企业所进行的市场预测，从空间范围上看，表现为当地市场或企业产品所涉及地区市场的预测。微观市场预测的范围比较小，其预测的过程及内容可以比较具体、细致。它可以具体地预测市场商品需求的数量、品种、规格、质量等，为企业根据市场变化合理安排生产和营销活动提供准确、具体的市场信息。

（三）按市场预测的商品内容分类

1. 单项商品市场预测

单项商品市场预测是指对某种具体商品生产或需求数量的预测，比如对这种商品中具体规格、牌号、质量的生产量或需求量进行预测。单项商品市场预测的特点在于预测内容的具体化，有极强的针对性。

2. 分类别商品市场预测

分类别商品市场预测是按商品类别预测其需求量或生产量等。如对食品类商品、日用品类商品、文娱用品类商品、医疗保健类商品、衣着类商品、通信类商品等做生产量或需求量的预测。

分类别商品市场预测，主要是为了分析研究商品需求的结构，以合理地组织各类商品生产和营销活动。除了按产品本身的类别分别进行市场预测外，还可按商品消费对象不同分类进行市场预测。因为不同的消费者对商品的消费数量和结构是不同的，即使是对同一商品，不同的消费者也会对其规格、牌号、品种、花色有不同的要求。例如，可按年龄、性别分类进行市场需求的预测，如儿童商品市场预测、女性商品市场预测、中老年人商品市场预测等；也可按地区分类进行市场需求预测，如城镇市场预测、乡村市场预测等；还可按消费者的职业等进行分类做市场预测。

3. 商品总量预测

商品总量预测是指对生产总量或消费需求总量所做的市场预测。它常常表现为一定时间、地点、条件下的购买力总量预测，国内生产总值预测等。商品总量预测可为从宏观和中观层面研究市场供求平衡提供重要的依据。不同商品内容的市场预测是相互联系的，只是具体化程度不同，在实践中各有用途。

（四）按市场预测的方法分类

1. 定性市场预测

定性市场预测，是应用定性预测法所进行的市场预测。这类市场预测是依据预测者对市场有关情况的了解和分析，结合对市场未来发展变化的估计，由预测者根据实践经验和主观判断做出的市场预测。它既可以对市场未来的供给量和需求量进行预测，也可以对市场未来发展变化的特点趋势等做出判断预测。

2. 定量市场预测

定量市场预测，是指根据定量预测方法进行的市场预测。定量市场预测根据所定数量的不同可分为时间序列预测法和相关回归预测法。定量市场预测的特点，是以大量的历史观察值为主要依据，建立适当的数学模型，然后以数学模型为预测模型，推断或估计市场未来的供给量和需求量。

四、市场预测的程序

完整的预测工作一般包含以下几个步骤：

（一）确定预测目标

由于预测的目标、对象、期限、精度、成本和技术力量等不同，因此预测所采用的方法、资料数据收集也有所不同。明确预测的具体目标，是为了抓住重点，避免盲目性，提高预测工作的效率。例如：预测某种商品的需求量，就是一个具体的预测目标。确定了这个目标之后，才能为搜集市场商情资料，选择预测方案、配备技术力量和预算所需费用指明方向。

（二）搜集资料

资料是预测的依据，有了充分的资料，才能为市场预测提供可靠的数据。搜集有关资料是进行市场预测重要的基础工作，如果某些预测方法所需的资料无法搜集或搜集的成本过高，即便有理想的预测方法也无法应用。广泛收集影响预测对象的一切资料，注意资料的真实性和可靠性，剔除偶然性因素造成的不正常情况，是定量预测模型的基础条件。

（三）选择预测方法与建立预测模型

市场预测方法很多，但并不是每个预测方法都适合所有被预测的问题。预测方法选用是否得当，将直接影响预测的精确性和可靠性。根据预测的目的、费用、时间、设备和人员等条件选择合适的方法，是预测成功的关键。对同一个预测目标，一般应同时采用两种以上的预测方法，以此比较和鉴别预测结果的可信度。定量预测模型应该在满足预测要求的前提下，尽量简单、方便和实用。

（四）分析预测误差

预测是估计和推测，很难与实际情况百分之百吻合。预测模型又是简化了的数学模型，不可能包罗影响预测对象的所有因素，出现误差是不可避免的。产生误差的原因，一种可能是收集的资料有遗漏、篡改或预测方法有缺陷；另一种可能是工作中的处理方法失当，工作人员的偏好影响等。因此，每次预测实施后，要利用数学模型计算的理论预测值，与过去同期实际观察值相比较，计算出预测误差，估计其可信度。同时，还要分析各种数学模型所产生误差的大小，以便对各种预测模型做出改进或取舍。

（五）编写预测报告

预测报告是对预测工作的总结，也是向使用者做出的汇报。预测结果出来之后，要及时编写预测报告。报告的内容，除了应列出预测结果外，一般还应包括资料的搜集与处理过程、选用的预测模型及对预测模型的检验、对预测结果的评价（包括修正预测结果的理由和方法），以及其他需要说明的问题等。预测报告的表述，应尽可能利用统计图表及数据，做到形象直观、准确可靠。

五、市场预测的内容

（一）市场需求预测

市场需求预测的内容，主要包括以下几个方面：

1. 市场商品需求总量预测

商品需求总量是市场上有货币支付能力的商品需要量，包括人们的生活消费需求和生产消费需求。有支付能力的货币总量构成了社会商品购买力，包括现实购买力和潜在购买力两部分。影响购买力总量变化的因素主要有货币收入、银行储蓄、手持现金、流动购买力和非商品性支出等。

2. 市场需求构成预测

市场需求构成，可分为消费品需求构成和生产资料需求构成两大类，这里主要是指消费品需求构成。消费品需求构成受消费品购买力水平的制约。一般来说，购买力水平越低，投向生活必需品的货币量相对越大，其表现为购买力首先投向吃的方面；购买力水平越高，投向其他方面（如穿、用、住、行等）的货币量就会越大。另外，消费者的习俗、消费心理及商品价格等，也对消费品需求构成有很大的影响。

3. 消费者购买行为的预测

它主要是指通过对消费者购买的动机、方式和心理等方面的调查分析，预测商品需求的趋向。其中的关键是调查消费者的购买决策，即由谁来买、买什么、为什么买、如何买、何时买、多长时间买一次、家庭和社会对其购买心理有什么影响等。

（二）市场资源预测

市场资源预测的内容主要包括工业产品预测、农副产品预测和进口产品预测。

1. 工业产品预测

它主要指设备与工艺变化的预测，企业开发新产品的数量、质量、成本、价格、包装、商标及其消费对象的预测，国际、国内市场的类似产品、相关产品或替代产品的发展动向预测，工业产品所需原材料的品种、规格、性能、数量、来源和运输方式等的预测，工业产品的成本预测和价格预测。

2. 农副产品预测

它主要指农副产品的生产量、商品率、上市季节等情况的预测。农副产品的生产量并不完全等于农副产品的商品量。农副产品的商品，是剔除了农民自己留用的、商业部门或消费者个人不能及时收购的那部分农副产品。因此，预测农副产品时，不能简单地把农副产品产量等同于农副产品的商品量。此外，农副产品资源还与气候变化、政府的经济政策密切相关。对农副产品资源的预测需要特别注意这些情况。

3. 进口产品预测

进口产品包括原材料、设备和工艺、专有技术，以及直接进口的各种产成品、半成品、零部件等。除了要预测这些进口产品的数量、质量、规格、型号和价格外，还要预测来源国的政治、经济等情况和外国厂商的规模、实力、经营策略及其市场占有率等。

（三）市场营销组合预测

1. 产品预测

现代产品，不仅指产品的物质实体，还包含产品的商标、包装及安装、维修、咨询等方面。产品组合是由产品线的不同宽度、深度和关联度所决定的生产策略。现代企业既要提高专业化程度，组织大批量生产，强化产品线的深度；又要实行多样化经营，适应市场变化的需要，扩大产品线的宽度。前者可以更加广泛地满足各种需要，甚至特殊的消费需要，有利于占领更多的细分市场。后者有利于挖掘企业潜力，分散投资风险，不断占领新的市场。加强产品线的关联性，则可以增强企业的竞争地位，提高产品的市场占有率。开展产品组合预测，有利于企业制定正确的产品组合策略，提高企业在行业中的优势。

2. 价格预测

价格是市场营销活动最重要的内容。每个企业都需要了解竞争企业或竞争产品的价格，而且还必须注意到不同价格水平会导致不同的需求量。因此，需要对竞争产品的成本和价格进行预测。企业的产品价格确定后，应当及时地调查价格是否偏高或偏低，是否对消费者与经营者都有利；与竞争对手相比，是否具有优势或主动性。有条件的企业，还应当进行产品需求曲线的预测。当产品需求曲线呈非弹性的时候，提高产品价格可以增加企业收入。如果产品需求曲线有弹性，降低价格则可以增加企业收入。企业掌握这些情况，对产品价格的及时调整很有帮助。

3. 销售渠道预测

销售渠道即商品流通渠道，是企业产品实现其价值的重要环节。它包括合理制定分销路线，选择与配置中间商，有效地安排运输与储存，适时地向用户提供适用的商品。如果企业销售渠道的数量多，商品流通的路线就广，市场占有率就高。消费品的销售渠道，可以在代理、批发和零售等中间商中选择一个或几个层次；生产资料的销售渠道一般不需要零售中间商。生产者选择销售渠道时，应对自身的条件、产品的情况和所处的市场进行综合分析，如企业的资本、商誉、服务和管理能力等，产品的单价高低、体积大小、易毁或易腐、通用或专用等，市场上同类商品的多少、潜在顾客的数量、购买者的习惯等。

4. 促销方式预测

促销方式是企业通过一定的方法或手段向消费者传递信息，从而促进消费者对产品或企业的了解，并影响消费者的购买行为。市场营销的实践表明，客户接受一种产品的前提，首先是接受消费这一产品的观念。通过多种媒介传递信息，说服客户，就能创造使用这种产品的社会氛围。促销方式主要有广告、人员推销、销售促进和公共关系四种具体形式。各种形式都有自身的特性，相互之间又存在一定的替代性。营销部门在大多数情况下都必须配合使用。企业开展促销方式的预测，就是要估计不同产品最适合的信息传递途径，推测顾客在不同促销方式下消费观念的变化，测算企业在各种促销组合下的经济效益。

拓展阅读

三种不同时间的
各种市场预测

任务实施

一、任务背景

某市春花童装厂近几年生产销售连年稳定增长。谁料该厂李厂长这几天却在为产品推销、资金搁死大伤脑筋。原来，年初该厂设计了一批童装新品种，有男童的香槟衫、迎春衫，女童的飞燕衫、如意衫，等等。新品种借鉴成人服装的镶、拼、滚、切等工艺，在色彩和式样上体现了儿童服装的特点——活泼、雅致、漂亮。由于工艺比原来复杂，成本较高，价格比普通童装高出了80%以上，比如一件香槟衫的售价在160元左右。为了摸清这批新产品的市场吸引力如何，在春节前夕，厂里与百货商店联合举办了"新颖童装迎春展销"，小批量投放市场后销售十分成功，柜台边顾客拥挤、购买踊跃、赞誉声一片。许多商家主动上门订货。连续几天亲临柜台观察消费者反应的李厂长看在眼里，喜在心上，不由得想到：为了能把孩子打扮得漂漂亮亮的，谁不舍得花些钱？只要货色好，价格高些看来没问题。于是他决定趁热打铁，尽快组织批量生产，及时抢占市场。

为了确定计划生产量，以便安排以后的月份生产，李厂长根据过去以来的月销售统计数，运用加权移动平均法，计算出以后月份预测数。考虑到这次展销会的热销场面，他决定生产能力的70%安排新品种生产，30%为老品种。2月的产品很快就被订购完了。然而，现在已是4月初了，3月的产品还没有落实销路。询问了几家老客商，他们反映有难处，原以为新品种童装十分好销，谁知2月订购的那批货，卖了一个多月还未卖出1/3，他们现在既没有能力也不愿意继续订购这类童装了。对市场上出现的近180°的需求变化，李厂长感到十分纳闷。他弄不明白，这些新品种都经过试销，自己也亲自参加市场调查和预测，为什么会事与愿违呢？

二、任务目标

学生通过完成本项目任务，掌握市场预测的内容、种类及具体程序。

三、任务要求

根据任务背景，讨论分析市场预测的种类、方法及具体程序。

四、任务步骤

（1）学生按照自愿原则，组成若干小组，每组6~8人；
（2）以小组为单位，认真熟悉背景资料、相关数据等信息；

（3）针对背景资料，小组内讨论分析市场预测的种类、方法及具体程序，针对本资料，商讨如何解决李厂长的疑惑；

（4）小组提交任务结果，并用 PPT 进行汇报。

任务二　选择定性预测方法

任务导入

某罐头材料厂的市场预测

有一年春天刚结束，某罐头材料厂与往年一样，加足马力，大量生产做易拉罐的特制铝皮。这一年雨季特别长，已经是 7 月了，天气不但没有放晴的迹象，反而连续不断地下起了暴雨。这时，厂长果断地做出决策，下令将特制铝皮的生产量减少 2/3。原来，厂长根据气象信息，预测这一年的夏天热的时间会很短，气温不会太高，易拉罐的销量将会大大减少，其特制铝皮将会大幅降价。后来果然不出所料，该厂减少了损失。第二年初夏，雨季仍然很长，但厂长从有关报道中看到气象专家对过去夏季气候预测，知道这一年夏季会异常热，于是下令大量生产。果然，这一年 7 月中旬到 8 月中旬的持续高温，使清凉饮料销量猛增，易拉罐特制铝皮成了紧俏货，价格上涨了两倍，该厂获得了可观的效益。

任务分析

通过以上案例可知，企业必须对瞬息万变的市场进行不断预测，才能做出准确的决策，从而获利。定性预测是市场预测中较常见和易操作的预测方法，在市场预测中具有广泛的应用，特别是在市场预测对象的影响因素难以分清主次，或者其主要因素难以用数学表达式模拟的情况下。定性预测的具体形式有很多，本任务中主要介绍几种常用的定性预测方法。

基础知识

一、定性预测的概念

依靠预测者的专门知识和经验，来分析判断事物未来发展的趋势，称为定性预测。它要求在充分利用已知信息的基础上，发挥预测者的主观判断力。定性预测适合预测那些模糊的、无法计量的社会经济现象，并通常由预测者集体来进行。集体预测是定性预测的重要内容，能集中多数人的智慧，克服个人的主观片面性。

二、个人经验判断预测法

（一）个人经验判断预测法的含义

个人经验判断预测法是用规定程序对专家个人的意见进行调查的方法。这种方法是依靠个别专家的专业知识和特殊才能来进行判断预测的。其优点是能利用专家个人的创造能力，不受外界影响，简单易行，费用也不多。但是，依靠个人的判断，容易受专家的知识面、知识深度、占有资料是否充分以及对预测问题有无兴趣影响，难免带有片面性。专家的个人意见往往容易忽略或贬低相邻部门或相邻学科的研究成果，专家之间的当面讨论又可能产生不和谐。因此，这种方法最好与其他方法结合使用，让被调查的专家之间不发生直接联系，并给时间让专家反复修改个人的见解，从而取得较好的效果。

（二）个人经验判断预测法的种类

1. 相关推断法

相关推断法是根据因果性原理，从已知的相关经济现象和经济指标去推断预测目标的未来发展趋向。如农村用电的普及和收入的提高与农村电视机的销量相关。在调查到农村通电的户数和收入的增加率时，就可以推断出农村电视机的销售量增加额。儿童玩具的需要量增加，可从儿童人数和购买力的提高去推断。

运用相关推断法，应先根据理论分析和实践经验，找出影响预测目标的主要因素；再根据因果性原理，进行具体的推断。

2. 对比类推法

对比类推法是依据类比性原理，从已知的相类似经济事件去推断预测目标的将来发展趋向。例如：需要预测今后一段时间全国照相机市场需求状况，只需选取若干大、中、小城市及一些有代表性的农村地区进行调查分析，以类推全国总需求的情况，这是一种应用较广泛的局部总体类推法。除此之外，对比类推法还有产品类推法（根据产品的相似性类推）、地区类推法（根据地区的相似性类推）、行业类推法（根据行业的相似性类推）等。

在应用对比类推法时，应注意相似事物之间的差异。因为相似不等于相等，所以在进行类推时，根据相似事物的差异往往要做一定的修正，才能提高类推预测法的精度。

3. 产品生命周期预测法

产品生命周期预测法是依据产品生命周期的长短和不同阶段的特点，进行市场预测的方法。产品生命周期是指产品从开始投放市场，到被市场淘汰的全过程，可以说没有一种产品是永久存在的，只是产品存在的生命周期长短不同。由于产品处于生命周期的不同阶段，各有其不同的特点，只有了解这些不同生命周期阶段的特点，企业才能有针对性地制定相应的市场营销策略。

产品生命周期包括以下四个阶段：

（1）投入期——产销量少，成本高，利润低，售价高；

（2）成长期——产销量增加，成本降低，利润上升，竞争加剧；

（3）成熟期——产销量大而稳定，成本低，利润高，竞争激烈；

（4）衰退期——产销量下降，成本有所上升，利润明显下降，竞争随着竞争者减少而淡化。

产品生命周期预测法是市场预测活动中最常用的一种方法，是企业进行产品开发和销售时对市场方面进行预测的重要手段。

4. 逻辑判断预测法

经验通常会随着人们的实践活动的增加而增长，但并不是所有人都能拥有预测目标相应的经验，即使有这种经验，也不一定能很好地利用这种经验，从而做出准确的预测。人们只有经过科学的逻辑思维之后，才能把以往的经验综合起来，做出判断和预测。常用的逻辑思维主要是归纳法和演绎法，以及分析法和综合法。归纳是由个别到一般的思维方法，演绎则是由一般到个别的思维方法。根据归纳对象的不同特点，可以将归纳方法分为完全归纳法和不完全归纳法。

（三）个人经验判断预测法的特点

1. 定性的主观推断

个人经验预测法是定性直观判断预测法中的一种，其对事物未来发展状况的预测完全凭预测者主观判断能力，而不借用或很少借用数学模型。这就使得预测结果带有浓重的个人主观色彩。

2. 预测结果取决于预测者的知识经验

正因为个人经验判断预测法是一种主观判断的预测方法，所以预测结果的取得与预测者的判断推测能力有极大关系，而预测者的判断推测能力又取决于预测者对事物的认识能力、分析能力、逻辑推理水平、工作经验等，甚至与气质、性格等人的基本素质也很有关联。不同的预测者，由于知识经验不同，其预测结果差异较大，因此要取得较佳的预测结果，就要重视和尊重经验丰富、知识水平较高的专家的推测。

3. 预测过程简便

个人经验判断预测法是以预测者的个人判断推测为主的，由于预测者对所需要预测的目标及相关情况掌握比较透彻，无须专门去进行调查摸底，同时其分析判断也主要是依靠自己的思维，而不是数学模型等，因此其预测过程较其他方法简便，其预测所需时间也相对较短。

鉴于个人经验判断预测法有上述三个方面的特点，故它仅仅适用于近期或短期的市场预测，尤其适用于那些亟须对市场某一方面情况做出大致估计的预测分析。

三、集体经验判断预测法

（一）集体经验判断预测法的含义

集体经验判断预测法是利用集体的经验、智慧，通过思考分析、判断综合，对事物未来的发展变化趋势做出估计和判断的一种方法。企业集体经验判断法，相对于个人经验判断法有十分明显的优点，它利用了集体的经验和智慧，避免了个人掌握的信息量有限和看问题片面的缺点。

这种方法是在个人经验判断预测法的基础上，通过会议进行集体的分析判断，将专家个人的见解综合起来，以寻求较为一致的结论的预测方法。这种方法参加的人数多，所拥有的信息量远远大于个人拥有的信息量，因而能凝集众多专家的智慧，避免个人判断法的不足，在一些重大问题的预测方面较为可行、可信。但是，集体判断的参与人员也可能受到感情、个性、时间及利益等因素的影响，不能充分或真实地表明自己的判断。

（二）集体经验判断预测法的种类

1. 意见交换法

意见交换法是指参加预测的人员，通过座谈讨论，相互交换意见，当场提出个人主观的估计预测值，或者之后提出个人主观的估计预测值，然后由预测主持者集中各方面的意见，综合形成一种或几种预测结果。

2. 意见汇总法

意见汇总法是指在对某事物进行预测时，由企业内部所属各个部门分别进行预测，然后把各部门的预测意见加以汇总，形成集体的预测意见的一种判断预测法。

3. 消费者意向调查法

消费者意向调查法是指调查消费者或用户在未来某个时间内购买某种商品意向的基础上，对商品需求量或销售量做出量的推断的方法。这种方法可以集中消费者或用户购买商品的决策经验，反映他们未来对商品的需求状况。

4. 意见测验法

意见测验法是指向企业外部的有关人员（如消费者或用户）征求意见，加以综合分析做出预测推断的一种方法。这种方法经常采用的有消费者或用户现场投票法、发调查表征求意见法、商品试销或试用征求意见法。

（三）集体经验判断预测法的步骤

第一步，由若干个熟悉预测对象的人员组成一个预测小组，并向小组人员提出预测目标和预测的期限要求，并尽可能地向他们提供有关资料。

第二步，小组人员根据预测要求，凭借个人经验和分析判断能力提出各自的预测方案。同时每个人说明其分析理由，并允许大家在经过充分讨论后，重新调整其预测方案，力求在方案中有质的分析，也有量的分析，有充分的定性描述，也有较准确的定量分析；另外，还要在方案中确定三个重点：

（1）确定未来市场的可能状况。

（2）确定各种可能状态出现的概率（主观概率）。

（3）确定每种状态下市场销售可能达到的水平（状态值）。

第三步，预测组织者计算有关人员的预测方案的方案期望值，即各项主观概率与状态值乘积之和。

第四步，将参与预测的有关人员分类，并赋予不同的权数。由于预测参加者对市场了解的程度以及经验等因素不同，因此他们每个人的预测结果对最终预测结果的影响也不同。要对每个人员分别给予不同的权数表示这种差异，最后采用加权平均法获得最终结果。若给每个预测者以相同的权数，表示各预测者的预测结果的重要性相同，则最后结果可直接采用算术平均法获得。

第五步，确定最终预测值。

四、专家预测法

（一）专家预测法的含义

专家预测法，是根据市场预测的目的和要求，由预测组织者向有关专家提供与市场预测有关的资料，并收集、汇总专家对未来市场所做的判断预测值的方法。专家预测法的一个突出特点就在于参加预测的人员必须是与预测问题有关的专家。专家在这里一般指具有专业知识、精通业务、在某些方面积累了丰富经验、富有创造性和分析判断能力的人（无论有无名望）。

（二）专家预测法的具体形式

1. 专家会议法

专家会议法是指邀请或召集有关专家，将其在会议上发表的意见加以综合，对某种市场现象的未来情况做出预测的方法。

应用专家会议法进行预测，要注意以下几个方面的问题：

(1) 会议之前，预测组织者要向有关专家提供预测对象的资料。虽然各方面专家都是对预测问题有较深入的了解的人员，但有时各种专家所了解的只是自己所从事的那一面，对于全面情况或近期的情况还需进一步了解。

(2) 预测组织者在邀请专家时，应围绕预测所要研究的问题全面邀请专家，既要包括专家和学者，也应包括实际部门干部。如若对某种新产品投放市场后的需求量进行预测，则应邀请产品的设计生产专家、组织产品销售的专家及产品的消费者等。各位被邀请的专家，要在会议前准备好发言提纲，会上充分发表意见，并对于不同意见加以讨论。

(3) 会议人数多少，要根据实际需要和会议主持者的能力而定。一般会议参加人不宜过多，以能够解决预测问题为标准。预测组织者要有虚心求教的态度，在会议上以听取意见为主，一般不发表意见，以免造成条条框框，影响与会者发表真实意见。

专家会议法的优点是：专家通过会议形式发表意见，可以达到集思广益、互相补充的目的；专家会议法在费用、时间方面都比较节省；这种方法的应用灵活方便。

专家会议法的缺点是：由于会议人数有限，有时会使预测意见缺少代表性及全面性；会议上权威性专家的意见有时会左右会场，多数人的意见有可能使少数人的意见受到压制；专家会议法的预测结果极易受预测组织者和调查对象双方心理状态的影响；会议上的气氛很容易影响各位专家发表自己的意见，预测组织者的个人倾向也会影响预测值的准确性。

2. 头脑风暴法

(1) 头脑风暴法的定义及其特征。

头脑风暴法是根据预测目的的要求，组织各类专家相互交流意见，无拘无束地畅谈自己的想法，敞开思想发表自己的意见，在头脑中进行智力碰撞，产生新的思想火花，使预测观点不断集中和深化，从而提炼出符合实际预测方案的一种方法。

采用头脑风暴法进行预测，其开会的方法与普通会议的根本区别在于：

1) 不批评别人的意见；

2) 提倡自由奔放的思考；

3) 提出的方案越多越好；

4) 提倡在别人方案的基础上进行改进或与之结合。

(2) 头脑风暴法的类型。

1) 直接头脑风暴法。直接头脑风暴法就是通过对预测问题的共同讨论，直接鼓励专家进行创造性思维活动，提出专家集体预测结果的方法。在组织时，禁止评估已提出的设想，限制每一位专家的发言时间，允许一个人多次发言。会议在后续阶段将所有设想集中起来进行评价。

为了提供一个创造性的思维环境，必须选择决定参加预测会议小组的最佳人数和会议进行的时间。小组规模一般以 10～15 人为宜，会议时间为 30～90 分钟。

其中，参加成员按如下原则选取：

第一，如果参加者相互认识，要从同一职称和级别的人员中选取，领导人员不应参加，否则对下属人员会产生一定压力。

第二，如果参加者相互不认识，要从不同职称和级别的人员中选取。此时，无论哪个成员的职称、级别如何，都应同等看待，并给每个成员一个编号，以便以后可按编号同参加者联系。

参加者中，专家的专业与所预测的问题是否相同或相近，不是能否参加的必要条件。头脑风暴法甚至鼓励一些与预测问题无关或关系不大的其他领域的学识渊博的专家参加，以便更能激发专家的纵向和横向思维的创造。

预测的组织者要对预测的问题做如下说明：

第一，问题产生的原因，原因的分析和可能的结果。最好把结果加以夸张描述，以便使参加者感到矛盾必须解决。

第二，分析解决这类问题的经验及现存途径。

第三，以中心问题和子问题为核心，形成需要解决问题的层次结构体系。问题的内部结构应简单，以利于发挥头脑风暴的效果。

所有头脑风暴参加者都应具有发达的联想思维能力。在运用头脑风暴法进行预测时，应尽可能提供一个有助于把注意力高度集中于所论问题的创造性环境。某个人提出的设想，可能是其他发言人已经思考过的设想。所以，头脑风暴法产生的结果，应当认为是全体专家共同创造的成果。最有价值的一些设想，往往是在从前提出的设想基础上发展起来的，或者是对两个或几个设想综合的结果。

2）质疑头脑风暴法。质疑头脑风暴法，就是一种同时召开两个会议的集体产生设想的方法。第一个会议完全按照直接头脑风暴法的方式，第二个会议对第一个会议的设想进行质疑，实际上是对直接头脑风暴法提出的已系统化的设想进一步质疑，这也是头脑风暴法对设想现实化进行评估的一个专门程序。

质疑头脑风暴法进行的第一阶段是参加者对预测问题所提出的设想提出质疑，进行全面评论，评论的重点是研究阻碍设想实现的问题。在质疑过程中，还可能会产生一些新的可行的设想。质疑头脑风暴法的第二阶段，是就每一组或其中每一个设想，编制成意见一览表和可行设想一览表。质疑头脑风暴法的第三阶段，是对质疑过程中提出的评价意见进行处理，以便形成一个对解决所预测问题现实可行的最终设想一览表。意见处理与设想质疑一样重要。质疑过程要一直进行到没有问题可以质疑为止。至此，总的预测结果也就产生了。

与直接头脑风暴法相比，质疑头脑风暴法的重点既放在会议提出的预测设想上，又放在对设想转化为现实的可行性质疑上。这可以避免直接头脑风暴法中重设想、不重实践的纯思维创造的做法，从而可以保证预测结果的可靠性，维护决策的可行性与正确性。因而，这一方法的实用价值更大。

3）其他头脑风暴法。除直接头脑风暴法和质疑头脑风暴法以外，还有一些头脑风暴法在市场预测中也经常使用：

第一，有控制的产生设想的方法。这种方法是利用定向智力活动作用于产生设想的过程。在企业市场预测中，常常用于市场开拓和新产品开发的预测方面。

第二，鼓励观察的方法。其目的是在一定的限制条件下，就所预测的问题寻找合理的方案。在企业市场预测中，该方法常用于现有产品销路的扩大、销售方式和销售渠道的改善等方面。

第三，对等创造方法。往往是针对竞争对手的状况，寻找一个可行的对策方案。在市场预测中，企业常常运用此法来对付竞争对手，根据对方采取市场营销策略的不同而相应改变自己的策略，以使自己在激烈的市场竞争中立于不败之地。

（3）头脑风暴法的作用及局限性。

实践证明，头脑风暴法可以通过对人的思维进行创造性组合，排除折中性的方案，可以对所预测的问题通过设想、质疑找到符合客观实际的结果，并为决策提供一组切实可行的方案，因而在企业市场预测中得以推广和应用。世界上许多著名的公司，如美国的洛克希德·马丁公司、可口可乐公司、国际商用机器公司（IBM）等都积极应用头脑风暴法开展预测。近年来，我国也有不少企业开始运用头脑风暴法，并取得了良好的效益。

五、德尔菲法

德尔菲法是根据有专门知识的人的直接经验，对研究的问题进行判断、预测的一种方法，是专家调查法的一种。它是美国兰德公司于 1946 年首先用于预测领域的。德尔菲法具有反馈性、匿名性和统计性特点。选择合适的专家是德尔菲法的关键环节。

德尔菲法在对专家意见进行调查时，采用“背靠背”的形式，这就克服了在专家会议法中经常发生的、各专家可能做不到充分发表意见、权威人物的个人意见往往左右其他人的意见等情况。这种方法的前提是：在某种预测对象所属领域中具有丰富知识的专家能够提出令人信服的预测值；多个专家的知识结合在一起至少不比一个人差。

（一）德尔菲法的优缺点

1. 德尔菲法的优点

（1）可以加快预测速度和节约预测费用；

（2）可以获得各种不同但有价值的观点和意见；

（3）适用于长期预测和对新产品的预测，在历史资料不足或不可测因素较多时尤为适用。

2. 德尔菲法的缺点

（1）对于分地区的顾客群或产品的预测可能不可靠；

（2）责任比较分散；

（3）专家的意见有时可能不完整或不切合实际。

（二）德尔菲法的实施步骤

（1）确定预测题目，选定专家小组。确定预测题目即明确预测的目的和对象，选定专家小组则是决定向谁做有关的调查。这两点是有机地联系在一起的，即被选定的专家，必须是对确定的预测对象具有丰富知识的人，既包括理论方面的专家，也包括具有丰富实际工作经验的专家，这样组成的专家小组，才能对预测对象提出可信的预测值。专家人数一般为 10～20 人。

（2）制定征询表，准备有关材料。预测组织者要将预测对象的调查项目，按次序排列绘制成征询表，准备向有关专家发送。同时还应将填写要求和说明一并设计好，使各专家能够按统一要求做出预测值。

制定意见征询表时应当注意以下几个要点：征询的问题要简单明确，使人容易回答；问题数量不宜过多；问题的回答要尽量接近专家熟悉的领域，以便充分利用专家的经验；意见征询表中还要提供较详细的背景材料，供专家进行判断时参考。

（3）采用匿名方式进行多轮函询。

第一轮：预测组织者将预测课题、征询表和背景材料邮寄给每位专家，要求专家一一作答，提出个人的初步预测结果。

第二轮：预测组织者将第一轮汇总整理的意见、预测组的要求和补充的背景材料反馈给各位专家，进行第二轮征询意见。

各位专家在接到第二轮资料后，可以了解其他专家的意见，并由此做出新的预测判断。他既可以修改自己原有的意见，也可以仍然坚持第一轮的意见，并将第二轮预测意见按期寄给预测组织者。

第三轮：预测组织者将第二轮汇总整理的意见、补充材料和预测组的要求反馈给各位专家进行第三轮征询意见。要求每位专家根据收到的资料再发表第三轮的预测意见，各位专家将第三轮意见（修改的或不修改的）再次按期寄回。这样，经过几次反馈后，各位专家对预测问题的意见会逐步趋于一致。

（4）运用统计分析方法对专家最后一轮预测意见加以处理，做出最后的预测结论。

用德尔菲法征询专家意见一般要求在三轮以上，只有经过多次的征询，专家们的看法才能更加成熟，并使预测意见趋于集中。预测组织者可以用统计分析方法处理专家们的预测数据，得出最终预测值，一般采用平均数法和中位数法。

1）平均数法，就是用专家所有预测值的平均数作为综合的预测值。公式为：

$$y=\frac{\sum_{i=1}^{n} x_i}{n}$$

式中，x_i为各位专家的预测值；n为专家人数。

2）中位数法，就是用所有预测值的中位数作为最终的预测值。中位数的位置：$\frac{n+1}{2}$。具体做法是：将最后一轮专家的预测值从小到大排列，碰到重复的数值舍去，那么中位数所处的位置（第 $\frac{n+1}{2}$ 位）的数据，就是中位数。

案例精选

某企业德尔菲法预测案例

某企业市场环境发生了变化，对产品明年家电产品的销售量难以确定，因而聘请10位专家，用德尔菲法进行预测。具体数据如表7-1所示。

表7-1　某企业德尔菲法专家预测数据表

单位：万台

轮次	专家编号									
	1	2	3	4	5	6	7	8	9	10
第一轮	70	80	75	52	75	45	50	60	54	63
第二轮	70	75	73	55	65	47	54	65	60	63
第三轮	70	73	70	62	72	55	58	68	63	65

从表7-1中不难看出，在发表第二轮预测意见时，大部分专家都修改了自己的第一轮预测意见，只有编号为1和编号为10的专家坚持自己第一轮的预测意见。专家们发表第三轮预测意见也是如此。经过三轮征询后，专家们预测值的差距在逐步缩小，在第一轮征询中，专家的最大预测值80万台与最小预测值45万台相差35万台；第二轮征询中，专家最大预测值75万台与最小预测值47万台相差28万台；第三轮征询中，专家最大预测值73万台与最小预测值55万台仅相差18万台。

若用平均数法确定最终预测值：

$$y=\frac{\sum_{i=1}^{n} x_i}{D}=\frac{70+73+70+62+72+55+58+68+63+65}{10}=65.6(\text{万台})$$

即预测家电产品明年销售量为65.6万台。

若用中位数法确定最终预测值：

首先，将表7-1中专家的第三轮预测值，按其数值从小到大排列：

55，58，62，63，65，68，70，72，73（有两个70，舍去1个）。

其次，确定中位数所在的位置：

$$\frac{n+1}{2}=\frac{9+1}{2}=5$$

那么，第 5 个数据为中位数。

即预测家电产品明年的销售量为 65 万台。

任务实施

一、任务背景

大学毕业生的就业率和平均工资一直备受关注，请利用德尔菲法对 2024 年本专业毕业生首次就业率和首分平均工资进行预测。

二、任务目标

学生通过完成本项目任务，掌握市场定性预测的相关方法，能够用德尔菲法进行预测。

三、任务要求

以本班同学组成几个小组，每组 9 人，每个学生在各自的小组中分别代表 9 位专家，由组长组织运用德尔菲法对 2024 年本专业毕业生首次就业率和首份平均工资进行预测。

四、任务步骤

（1）学生按照自愿原则，组成若干小组，每组 9 人，并指定组长；

（2）模拟分工，每个学生被指定为德尔菲法中的一个专家；

（3）组长依据德尔菲法的要求，准备预测征询表和相关资料；

（4）小组中的每个成员按照德尔菲法要求，开始进行预测，预测至少进行三轮；

（5）小组做好预测过程记录，并利用平均数和中位数法整理和分析预测结果，将结果提交；

（6）各小组整理好预测过程及预测结果，并选派 1 名代表进行 PPT 汇报。

学思之窗

范蠡的经商之道——市场预测

春秋战国时期大谋略家、战略家范蠡认为陶地为天下之中，诸侯四通，一定会是理想的货物贸易之地。于是，他就在陶地开始了自己的商业生涯。果然，19 年间他三获千金，成为世贾。陶朱公的美称也由此而饮誉古今，留名青史。

他的商场建树取决于他懂得市场预测，例如："论其存余不足，则知贵贱，贵上极则反贱，贱下极则反贵。"范蠡对市场有着敏锐的判断力，他贩马的故事一直被大家津津乐道。早些年在陶地的范蠡赚钱并不多，后来他发现吴越地区马匹急缺，于是就想从齐国收购马匹，卖到越国。但是，路途遥远，强盗盛行。于是他就找到了一个贩卖麻布生意的商人姜子盾，这个人经常往来于南北，沿途的强盗他都打点好了。他张贴"广告"，大意就是新建马队，优惠大酬宾，吴越线上免费运输货物。果然后来姜子盾找上门来，请求帮运麻布。就这样，范蠡的马匹和姜子盾的货物相伴相行，安全到达目的地。范蠡的马匹很快被抢购一空，他也狠狠地赚了一笔。

点滴见素养：中华优秀传统文化源远流长，早在古代，中国人就凭借经验总结出经商之道。学生应学习不断进取的精神，树立文化自信，增强民族自豪感。

项目总结

定性预测是市场预测技术中应用最广泛的一种，它具有预测快速、费用节省、可靠性较高等诸多优点，尤其与定量预测技术相结合，使其更具有科学性。对于大多数企业而言，预测的重要性是不言而喻的，问题是如何能顺利地掌握科学预测技术和方法。定性预测的特点正是不要求预测者具有系统的数理统计知识，也能以较高的可靠性为其提供所需的测量结果，这也是人们喜欢用它的原因。

无论如何，企业经营决策是一项非常复杂的系统工程，最精确的计算也无法涵盖经济活动中那些大量存在却又难以掌控的不可测因素。因此，最全面、最完美的预测模型是不存在的。定量预测也有可能会因为某个因素的缺失而形成显著的误差，从而给经营决策造成难以估量的损失。

职业技能训练

一、单项选择题

1.（　　）是科学地进行市场预测的基础。

A. 市场分析　　B. 市场调控　　C. 市场调查　　D. 营销战略研究

2. 投资决策分析中，市场预测一般应预测（　　）年。

A. 5～10　　B. 3～5　　C. 2～4　　D. 1～3

3. 下列预测方法中不属于定性预测法的是（　　）。

A. 个人经验判断预测法　　B. 综合意见法

C. 德尔菲法　　D. 移动平均法

二、多项选择题

1. 市场预测的程序是（　　）。

A. 市场调查　　B. 收集分析资料

C. 选择预测方法并建立预测模型　　D. 分析评价预测结果

E. 修正预测结果

2. 德尔菲法的主要特点是（　　）。

A. 匿名性　　B. 时间短

C. 统计性　　D. 费用低

E. 反馈性

3. 下列预测方法中不属于个人经验判断预测法的是（　　）。

A. 德尔菲法　　B. 销售人员意见法

C. 经理人员意见法　　D. 顾客意见法

E. 综合意见法

三、判断题

1. 在应用观察法时只能凭肉眼进行观察，不可使用其他工具。（　　）

2. 定性预测法是应用专家个人的知识和经验，凭个人的主观判断来预测今后的发展趋势的一种调查方法，所以是不科学的。（　　）

四、简答题

（1）试列举常用的几种预测分类标准划分的市场预测种类。

（2）简述市场预测的两种具体方法。

（3）如何选择市场预测方法？

（4）如何认识市场预测精度？

（5）造成市场预测不准确的原因是什么？

五、案例分析题

某企业对服装的销售额预测

某企业对明年服装的销售额进行预测。参加预测的人员包括企业的三位经理、三个职能科室的人员和四位售货员。这些人员在明确了预测目的的基础上，对企业的历史销售状况、消费者消费心理的变化趋势、生产厂家的产品情况、企业的资金状况、流通渠道及库存数量和结构、企业劳动组织情况等进行了认真的分析。经各自的分析判断，每个人都提出了各自的预测方案。假设他们各自提出的未来市场的各种可能状态出现的概率（主观概率），以及每种状态下市场销售可能达到的水平（销售额）如表 7－2 至表 7－4 所示。

表 7-2　经理预测值

单位：万元

经理	估计值				期望值	权数
	最高额	概率	最低额	概率		
甲	290	0.9	275	0.1	288.5	0.4
乙	300	0.7	275	0.3	292.5	0.3
丙	270	0.8	260	0.2	268.0	0.3

表 7-3　职能科室预测值

单位：万元

岗位	估计值						期望值	权数
	最高额	概率	中等额	概率	最低额	概率		
业务	300	0.2	275	0.6	250	0.2	275	0.4
计划	290	0.3	270	0.5	195	0.2	261	0.3
财会	310	0.1	290	0.5	250	0.4	276	0.3

表 7-4　售货员预测值

单位：万元

售货员	估计值						期望值	权数
	最高额	概率	中等额	概率	最低额	概率		
甲	250	0.3	175	0.5	100	0.2	182.5	0.4
乙	240	0.2	200	0.6	150	0.2	198.0	0.2
丙	225	0.2	210	0.5	170	0.3	201.0	0.2
丁	215	0.3	190	0.5	165	0.2	192.5	0.2

根据以上资料做如下归纳、整理、分析：

（1）计算每个人的预测期望值和各类人员的综合预测值：

甲经理的预测期望值$=290\times0.9+275\times0.1=288.5$(万元)

乙经理的预测期望值$=300\times0.7+275\times0.3=292.5$(万元)

丙经理的预测期望值$=270\times0.8+260\times0.2=268.0$(万元)

用同样的方法可以计算各职能科室和各位售货员的预测值，其结果如表 7-3 和表 7-4 所示；在此基础上，再计算各类人员的综合预测值。在计算各类人员的综合预测值时，要考虑同类人员中个人的经验丰富程度和预测的准确性与重要程度。比如：如果认为三位经理的意见同等重要，则在计算经理人员的综合预测值时，给予每位经理的权数是一样的，其经理人员的综合预测值为：

$$\text{经理人员综合预测值}=\frac{288.5\times1+292.5\times1+268.0\times1}{3}=283(\text{万元})$$

如果把甲经理的意见看得重要一些，给予其权数可以大一些，则给予乙、丙经理的权数可以小一些。根据本例题给予甲、乙、丙三位经理的权数（见表 7-2），经理人员的综合预测值为：

$$经理人员的综合预测值=\frac{288.5\times0.4+292.5\times0.3+268.0\times0.3}{0.4+0.3+0.3}=283.55(万元)$$

同样道理计算的职能科室和售货员的综合预测值分别为：

$$职能科室综合预测值=\frac{275\times0.4+261\times0.3+276\times0.3}{0.4+0.3+0.3}=271.1(万元)$$

$$售货员综合预测值=\frac{182.5\times0.4+198.0\times0.2+201.0\times0.2+192.5\times0.2}{0.4+0.2+0.2+0.2}$$

$$=191.3(万元)$$

（2）对各类人员的综合预测值加以综合。在综合各类人员的预测值时，一般应根据其重要程度的不同给予不同的权数。在本例中，由于考虑经理人员能够统观企业的全局，预测时分析得比较全面和透彻，因此给予较大的权数；相对来说，给其他两类人员的权数就小一些。假定经理的权数为0.5，职能科室的权数为0.3，售货员的权数为0.2，则企业的综合预测值为：

$$企业的综合预测值=\frac{283.55\times0.5+271.1\times0.3+191.3\times0.2}{0.5+0.3+0.2}=261.365(万元)$$

（3）对企业的综合预测值进行适当的调整。对企业的综合预测值进行调整，可以采取召开会议的形式。会上大家可以互相交换意见，互相启发，互相补充，克服个人主观判断的局限性。在充分讨论的基础上，由预测组织者进行整理、分析，以确定出最佳的预测值。

阅读材料，回答问题：

1. 请说明此案例运用的是定性预测中的哪种方法。

2. 除此之外，定性预测还有哪些常用的方法？

项目八　市场定量预测

学习目标

知识目标

1. 掌握平均数预测法及其应用
2. 掌握指数平滑法及其应用
3. 掌握季节指数法及其应用
4. 掌握一元线性回归预测法及其应用

技能目标

1. 能够运用时间序列分析法分析市场调查资料
2. 能够运用回归分析法分析市场调查资料

素养目标

1. 通过对各种定量预测方法的学习，培养数据分析思维，提高数据使用能力

2. 遵守市场调查人员职业道德，履行职业责任，树立吃苦耐劳的工作作风

任务一　平均数预测法

任务导入

2023 年 4 月国民经济运行情况

在经济恢复好转、政策效应持续释放、上年同期基数较低等因素共同作用下，2023 年

4月我国主要生产需求指标同比增速回升明显，经济运行延续恢复向好态势，积极因素累积增多，主要表现在以下几个方面：

一是生产供给继续好转。服务业增势较好。前期受到压抑的服务需求继续释放，接触型、聚集型服务业回升明显，服务业整体保持较快增长。4月，服务业生产指数同比增长13.5%，其中，住宿餐饮业、批发零售业、交通运输仓储和邮政业等行业的生产指数均明显快于全部服务业生产指数。工业生产平稳增长。4月，规模以上工业增加值同比增长5.6%，增速比上个月加快1.7个百分点。

二是国内需求持续扩大。市场销售较快增长。随着消费场景有序恢复，居民消费倾向逐步提升，尤其服务性消费明显改善，市场销售持续扩大。4月，社会消费品零售总额同比增长18.4%，比上月加快7.8个百分点，其中餐饮收入增长43.8%。投资规模继续扩大，1—4月，固定资产投资（不含农户）同比增长4.7%，继续保持平稳增长。

三是就业物价整体稳定。全国城镇调查失业率稳中有降。随着经济恢复向好，就业市场的岗位需求逐步增加，城镇调查失业率继续下降。4月，全国城镇调查失业率为5.2%，比上月下降0.1个百分点，连续两个月下降。核心CPI保持稳定，尽管受到阶段性因素的影响，居民消费价格涨幅有所回落，但不包括食品和能源的核心CPI保持平稳，市场价格形势总体稳定，4月核心CPI同比上涨0.7%，涨幅与上月相同。

四是外贸韧性持续显现。尽管国际形势复杂严峻，但稳外贸政策持续显效，外贸经营主体积极拓展国际市场，与"一带一路"国家的经贸交往继续扩大，我国货物进出口持续增长。4月，我国进出口总额同比增长8.9%，其中出口增长16.8%。1—4月，我国与"一带一路"沿线国家货物进出口总额同比增长16%，快于整体进出口增长。

五是发展新动能继续壮大。创新引领作用不断增强，产业升级发展，数字技术应用拓展，绿色转型深化的效果不断显现。1—4月，高技术产业投资同比增长14.7%，明显快于全部投资增速。网上零售继续保持较快增长。1—4月，实物商品网上零售额同比增长10.4%，增速比1—3月高3.1个百分点。绿色产品产量增长较快，4月新能源汽车产量同比增长85.4%。

总的来看，国民经济继续恢复向好，但也要看到，国际环境复杂严峻，外部压力依然较大，国内需求不足制约犹存，一些结构性问题仍比较突出，推动经济高质量发展仍面临不少困难和挑战。

任务分析

市场定性预测方法具有很多优点，但是预测结果的精确性常常受到一定的限制。因此，在实践中，常常将定性预测方法与定量预测方法结合起来使用。时间序列预测法是一种常见的定量预测法，是指把反映某种市场现象的某一统计指标的数值按照时间先后顺序排列而成的数列。它反映了某种社会经济现象在时间上的发展变化过程。平均数预测法是一种简单的时间序列预测法。它是以一定观察期的数据求得平均数，并以所求的平均数为基础，预测未来时期的预测值的方法。这种方法简单易行，不需要进行复杂的模型设计和数学运算，适用于短期预测和近期预测，是市场预测中常用的方法。

基础知识

一、简单算数平均数法

简单算数平均数法是将一定时期内时间序列的各期数据的算数平均数作为预测值的方法。用简单算术平均数法进行市场预测需要一定的条件，只有当数据的时间序列表现出水平变动趋势而无显著的长期趋势变化和季节变动时，才能采用此法进行预测。

其计算公式为：

$$\overline{X} = \frac{\sum_{t=1}^{n} X_t}{n} \quad (t = 1, 2, \cdots, n)$$

式中：$\overline{X}$——观察值时间序列平均数，即为下一期的预测值；

n——观察时期数；

X_t——时间序列各组观察值。

案例精选

简单算数平均数法运用案例

某企业 2023 年 1—6 月的销售额如表 8-1 所示，要求预测 7 月的销售额。

表 8-1　某企业销售额统计表　　单位：万元

月份	1	2	3	4	5	6	合计
销售额	360	370	340	380	360	350	2 160

解：

$$\overline{X} = \frac{\sum_{t=1}^{n} X_t}{n} = \frac{360 + 370 + 340 + 380 + 360 + 350}{6} = 360(\text{万元})$$

因此预测值可以用过去历史资料的算术平均值代替，7 月预计销售额为 360 万元。

二、加权算术平均数法

加权算术平均数法就是在求平均数时，根据观察期各期资料重要性的不同，分别给予不同的权数后加以平均的方法。加权算术平均数法同简单算数平均数法相比，有一定的优越性，它对历史数据并没有简单地等同对待，而是对各个数据进行具体分析，分别进行区别对待，根据影响程度的大小给予不同的权数。加权算术平均数法运用的关键就是权数的确定。权数的确定一般没有统一的标准，都是由预测者凭其经验对时间序列资料进行分析确定的。根据经验，在不考虑特殊影响因素的情况下，距离预测期较近的数据对预测值影响较大，其赋予的权数也较大，距离预测期较远的数据对预测值影响小，对其赋予的权数较小。加权算术平均值的计算公式为：

$$\overline{X}=\frac{\sum_{t-1}^{n}W_tX_t}{\sum_{t-1}^{n}W_t}$$

式中：$\overline{X}$——加权算术平均值；

n——观察时期数；

X_t——时间序列各组观察值；

W_t——观察期的数据资料相对应的权数。

案例精选

加权算术平均数法运用案例

以表 8 - 1 资料为例，考虑到信息与现在越接近，影响越大，给每个月加个权数，如表 8 - 2 所示。

表 8 - 2　某企业销售额加权统计表　　单位：万元

月份	1	2	3	4	5	6	合计
销售额	360	370	340	380	360	350	2 160
权数	1	2	3	4	5	6	21

解：运用加权算术平均值的计算公式得：

$$\overline{X}=\frac{\sum_{t-1}^{n}W_tX_t}{\sum_{t-1}^{n}W_t}=\frac{360\times1+370\times2+340\times3+380\times4+360\times5+350\times6}{1+2+3+4+5+6}$$

$$=359(万元)$$

三、移动平均法

移动平均法是对时间序列观察值由远向近按一定跨越期计算平均值的一种预测方法。随着观察值向后推移，平均值也跟着向后移动，形成一个由平均值组成的新的时间序列。对新时间序列中平均值加以一定调整后，可作为观察期内的估计值，最后一个移动平均值则是预测值计算的依据。由于移动平均法具有较好的修均历史数据、消除数据因随机波动而出现高点、低点的影响，从而能较好地揭示经济现象的发展趋势，因而在市场预测中得到广泛应用。移动平均法的类型主要有一次移动平均法、加权移动平均法和二次移动平均法。下面仅对一次移动平均法和加权移动平均法做简单介绍。

（一）一次移动平均法

一次移动平均法是对时间序列按一定跨越期移动计算观察值的算术平均数，其平均数随着观察值的移动而向后移动。

一次移动平均值的计算公式为：

$$\overline{X}_{t+1}=M_t^{(1)}=\frac{X_t+X_{t-1}+X_{t-2}+\cdots+X_{t-(n-1)}}{n}$$

式中：M_t——第 t 期的移动平均数，作为 $t+1$ 期的预测值；

X_t，X_{t-1}，…，$X_{t-(n-1)}$——第 t 期到第 $t-(n-1)$ 期实际值；

n——移动平均期数。

案例精选

一次移动平均法运用案例

某商场 2022 年 1—12 月的实际销售额如表 8－3 所示。试计算 $n=3$ 和 $n=4$ 时的一次移动平均值，并用移动平均法预测 2023 年 1 月的销售额。

表 8－3　销售额和移动平均值计算表　　单位：万元

月份 t	实际销售额 x_1（万元）	3 个月移动平均值 M_t（$n=3$）	4 个月移动平均值 M_t（$n=4$）
1	350		
2	400		
3	360		
4	450	370.0	
5	400	403.3	390.0
6	460	403.3	402.5

续前表

月份 t	实际销售额 x_1（万元）	3 个月移动平均值 M_t（$n=3$）	4 个月移动平均值 M_t（$n=4$）
7	500	436.6	417.5
8	600	453.3	452.5
9	550	520.0	490.0
10	520	550.0	527.5
11	580	556.6	542.5
12	520	550.0	562.5

表 8－3 中得出的数据分别为 $n=3$、$n=4$ 时的移动平均值。从表中可以看出，移动平均值的波动幅度要比实际记录小，这是因为采用移动平均法进行预测，可以消除移动期内的数值波动，同时，这种方法也在一定程度上反映了发展的趋势，只是这种反映程度取决于 n 值选择的大小。一般来说，n 取值较小时，预测结果比较灵敏，能较好地反映数据变动趋势，但修均性较差；n 取值较大时，则刚好相反。在实际运用时，如果观测值波动较大，则 n 值取大一些，可以消除随机干扰；实际观测值波动较小时，n 取值小一些，可以增加灵敏性。所以，一定要根据预测对象的特点和市场变化情况来确定 n 的取值。

（二）加权移动平均法

加权移动平均法，是指对市场现象观察值按距预测期的远近给予不同的权数，并求其按加权计算的移动平均值，以移动平均值为基础进行预测的方法。

权数的确定与前面所说加权平均法一样，对距预测期近的观察值给予较大权数，对距预测期远的观察值给予小些的权数，借以调节各观察值对预测值的影响作用，使市场预测值能更好地反映市场现象未来的实际变化。

加权移动平均值的计算公式为：

$$\overline{X}_{t+1}=M_t^{(1)}=\frac{X_t W_t+X_{t-1} W_{t-2}+\cdots+X_{t-(n-1)} W_n}{W_t+W_{t-1}+\cdots+W_n}$$

式中，W 为移动平均加权，从第 1 期到第 n 期，具体加权数的确定，要根据时间序列的具体情况，凭经验按近期大、远期小的原则设计。

案例精选

加权移动平均法运用实例

运用表 8－3 中数据资料，4 期的权数分别为 1.5、1.2、0.8、0.5，求 6 月的预测值。

$$解：M_6 = \frac{(1.5\times400)+(1.2\times450)+(0.8\times360)+(0.5\times400)}{4}$$

$$=407(万元)$$

加权移动平均法不但可与一次移动平均法结合应用，同样也可与二次移动平均法结合应用，即计算二次移动平均值时用加权移动平均。

任务实施

一、任务背景

某商场2013—2022年销售额的资料如表8-4所示，试用一次移动平均法预测2023年和2024年的销售额（n 取3）。

表8-4 某商场2013—2022年的销售额

单位：万元

年份	2013	2014	2015	2016	2017	2018	2019	2020	2021	2022
销售额	50	52	51	48	53	55	58	54	56	59

二、任务目标

学生通过完成该任务，了解一次移动平均法的应用及计算过程。

三、任务要求

学生能够根据给定的观察期数据值，运用移动平均法进行市场预测，从而为市场决策提供一定的依据。

四、任务步骤

（1）学生分组，每组6～8人，写出移动平均法的预测公式；

（2）利用一次移动平均法计算值；

（3）各组之间交流预测结果，教师进行评价。

任务二 指数平滑法

任务导入

我国 2012—2021 年国内生产总值资料

国内生产总值（Gross Domestic Product，GDP）是指在一定时期内（一个季度或一年），一个国家或地区的经济中所生产出的全部最终产品和劳务的价值，常被公认为是衡量国家经济状况的重要指标。它不但可以反映一个国家的经济表现，还可以反映一国的国力与财富水平。

我国于 1985 年开始建立 GDP 核算制度，1993 年正式取消国民收入核算，GDP 成为国民经济核算的核心指标。读者可从表 8-5 的历史数据中了解我国经济（国内生产总值）增长过程。

表 8-5 我国近年国内生产总值表 单位：人民币

年份	GDP（亿元）	人均 GDP（亿元）
2012	538 580.0	39 771
2013	592 963.2	43 497
2014	643 563.1	46 912
2015	688 858.2	49 922
2016	746 395.1	53 783
2017	832 035.9	59 592
2018	919 281.1	65 534
2019	986 515.2	70 078
2020	1 013 567.0	71 828
2021	1 143 669.7	80 876

资料来源．国家统计局．中国统计年鉴（2022）．

通过以上时间市场数据，我们可以应用分析方法对 2022/2023 年我国国内生产总值趋势值进行分析预测。

任务分析

市场机会把握来源于对市场的有效预测，在定量预测中的移动平均法明显存在两个问题：一是计算移动平均预测值，需要有近期 n 个以上的数据资料；二是计算未来预测值没有利用全部历史资料，只考虑这 n 期资料便做出推测，n 期以前数据对测值不产生任何影响。于是指数平滑法便应运而生。

基础知识

一、指数平滑法的含义及特点

指数平滑法实际上是一种特殊的加权移动平均法，加权的特点是对离预测期较近的历史数据给予较大的权数，对离预测期较远的历史数据给予较小的权数。权数由近到远按指数规律递减，所以，这种预测方法被称为指数平滑法。指数平滑法有以下特点：

第一，对离预测期最近的市场现象观察值给予最大的权数，而对离预测期渐远的观察值给予递减的权数，使市场预测值能够在不完全忽视远期观察值影响的情况下，又能敏感地反映市场现象变化，减小市场预测误差。

第二，对于同一市场现象连续计算其指数平滑值，对较早期的市场现象观察值不是一概不予考虑，而是给予递减的权数。市场现象观察值对预测值的影响，由近向远按等比级数减小，其级数首项是 α，公比为 $1-\alpha$。这种市场预测法之所以被称为指数平滑市场预测法，就是因为若将市场现象观察值对预测值的影响按等比级数绘成曲线，所呈现的是一条指数曲线，而并不是说这种预测法的预测模型是指数形式。

第三，指数平滑法中的 α 值是一个可调节的权数值，它是一个 $0\leqslant\alpha\leqslant1$ 的值。指数平滑法中的 α 值越小时，市场现象观察值对预测值的影响自近向远越缓慢减弱；当 α 值越大时，市场现象观察值对预测值的影响自近向远越迅速减弱。预测者可以通过调整 α 的大小来调节近期观察值和远期观察值对预测值的不同影响程度。

二、一次指数平滑法

（一）一次指数平滑法预测模型

一次指数平滑法是指对市场现象观察值计算一次平滑值，并以一次指数平滑值为基础，估计市场现象的预测值的方法。一次指数平滑法是以本期（t 期）的实际值（Y_t）和预测值（S_t）的加权平均数作为下期，即（$t+1$）期预测值（S_{t+1}）预测方法。一次指数平滑法适用于水平波动模式数据的短期预测。其预测模型为：

$$S_{t+1}=\alpha Y_t+(1-\alpha)S_t \quad (t=1,2,3,\cdots,n)$$

式中：α——平滑系数或加权系数（$0<\alpha<1$）。

（二）初始值的确定

一次指数平滑法的初始值 S_1 不能由基本公式得出，因为当 $t=1$ 时，有 $S_2=\alpha Y_1+(1-\alpha)S_1$。这里的 S_1 只能采用下面两种方法确定：一是在数据较多时，以 Y_1 代替 S_1，即选择第一期的实际值作为初始值；二是以前几期数据的平均值作为初始值。

（三）平滑系数 α 的选择

平滑系数 α 的大小直接影响到预测结果。α 越大，近期数据对预测值的影响程度就越大；α 越小，远期数据对预测值的作用就越大。α 还体现了修正幅度的大小：α 越大，修正幅度越大；反之，α 越小，修正幅度越小，即对原始数据的修均程度越好。

具体选择使用时，应先分析时间序列的变化特点：当时间序列呈稳定的水平趋势时，α 应取较小值，如 0.1～0.3；当时间序列呈较大波动时，α 应取居中值，如 0.3～0.5；当时间序列呈明显的上升或下降的斜坡趋势时，α 应取较大的值，如 0.6～0.9，以使预测的灵敏度增高。在实践中可取若干个 α 值进行试算比较，选择预测误差较小的 α 值。

（四）一次指数平滑法的应用

案例精选

一次指数平滑法运用案例

某公司 2022 年 1—12 月的利润数据如表 8－6 所示，试预测 2023 年 1 月的利润额（α 分别取 0.1、0.5 和 0.9，初始值 $S_1=51.3$）。

表 8－6　一次指数平滑法计算表　　单位：万元

时间序列	利润额	$\alpha=0.1$		$\alpha=0.5$		$\alpha=0.9$	
		S_t	$\lvert Y_t-S_t\rvert$	S_t	$\lvert Y_t-S_t\rvert$	S_t	$\lvert Y_t-S_t\rvert$
2022—01	51.3	—	—	—	—	—	—
2022—02	35.7	51.3	15.6	51.3	15.6	51.3	15.6
2022—03	27.9	49.7	21.8	43.5	15.6	37.3	9.4
2022—04	32.9	47.6	14.7	35.7	2.8	28.8	4.1
2022—05	48.2	46.1	2.1	34.3	13.9	32.4	15.8
2022—06	54.6	46.3	8.3	41.0	13.6	46.6	8.0
2022—07	52.0	47.1	4.9	47.8	4.2	53.8	1.8
2022—08	47.0	47.6	0.6	49.9	2.9	52.2	5.2
2022—09	42.3	47.5	5.2	48.5	6.2	47.5	5.2

续前表

时间序列	利润额	$\alpha=0.1$		$\alpha=0.5$		$\alpha=0.9$	
		S_t	$\lvert Y_t-S_t \rvert$	S_t	$\lvert Y_t-S_t \rvert$	S_t	$\lvert Y_t-S_t \rvert$
2022—10	45.8	47.0	1.2	45.4	0.4	42.8	3.0
2022—11	43.9	46.9	3	45.6	1.7	45.5	1.6
2022—12	47.2	46.6	0.6	44.8	2.4	44.1	3.1
合计	—	—	78	—	79.3	—	72.8
平均绝对误差	—	—	7.1	—	7.2	—	6.6
2023—01 预测值	—	46.7	—	46.0	—	46.9	—

解：从表 8-6 中的时间数列可以发现，利润在 27.9 万元～54.6 万元之间波动，没有长期波动趋势，适合一次指数平滑法预测。因此可以利用公式 $S_{t+1}=\alpha Y_t+(1-\alpha)S_t$ 计算各月利润的一次平均值。

(1) 计算各期一次指数平滑值。

当 $\alpha=0.1$ 时：

$$S_2=\alpha Y_1+(1-\alpha)S_1=0.1\times 51.3+(1-0.1)\times 51.3=51.3(\text{万元})$$

…………

$$S_{13}=\alpha Y_{12}+(1-\alpha)S_{12}=0.1\times 47.2+(1-0.1)\times 46.6=46.7(\text{万元})$$

其余类推，计算结果如表 8-6 所示。

当 $\alpha=0.5$ 时或 $\alpha=0.9$ 时，用同样的方法可求得各个月的指数平滑值。不同 α 值的平滑值或预测值如表 8-6 所示。

(2) 误差分析，确定 α 的取值。当 $\alpha=0.1$ 时，平均绝对误差（平均差）为：

$$A.D.=\frac{\sum \lvert Y_t-S_t \rvert}{n}=\frac{78}{11}=7.1$$

用同样的方法可求得当 $\alpha=0.5$ 时或 $\alpha=0.9$ 时的平均绝对误差。通过比较，我们发现 $\alpha=0.9$ 时的平均绝对误差最小，因此选用 $\alpha=0.9$ 作为平滑系数。

(3) 预测 2023 年 1 月利润额。

$$S_{13}=\alpha Y_{12}+(1-\alpha)S_{12}=0.9\times 47.2+(1-0.9)\times 44.1=46.89(\text{万元})$$

任务实施

一、任务背景

某企业 2022 年 1—12 月某产品销售量如表 8-7 所示，用一次指数平滑法预测 2023 年 1 月该产品的销售量，具体要求如下（设定平滑系数分别为 0.3、0.5、0.8，以第一期的观察值为初始值）。

表 8-7　2022 年 1—12 月商品销售资料

单位：万件

月份	1	2	3	4	5	6	7	8	9	10	11	12
销售量	50	52	51	48	53	55	58	54	56	59	60	62

二、任务目标

学生通过完成该任务，了解指数平滑法的应用及计算方法。

三、任务要求

学生能够根据给定的观察期数据值，运用指数平滑法进行市场预测，以其为市场决策提供一定的依据。

四、任务步骤

（1）确定初始平滑值；

（2）确定平滑系数；

（3）根据公式 $S_{t+1}=\alpha Y_t+(1-\alpha)S_t$ 依次计算一次指数平滑值；

（4）比较当平滑系数分别取不同值时，预测误差的大小；

（5）取误差最小的平滑系数确定预测模型；

（6）根据预测模型，计算 2013 年 1 月的产品销售量。

任务三　季节指数法

任务导入

企业经营中的季节性

提到季节性，人们想到的就是一年四季。这没错，不过季节性不一定非得要一年，一天、一周、一个月，甚至一个小时、一分钟，都可以有季节性。比如你开个餐馆，早饭、午饭和晚饭的需求量不同，对店面人工的需要早晨少，中午和晚上多，这是一天的季节性。同样，作为餐馆，周五、周六的生意一般最忙，而周二一般最清闲，这是一周的季节性。电商也类似，在一周里跟餐馆的周期性正好相反：周末的时候，大家都出去逛街吃饭，没多少人在网购；周二的时候，很多人都在家里不出去，你会发现网购的量会更高。

上面那些活动都具有明显的季节性，在企业的日常经营中，如果是单纯的季节性，季度与季度之间没有趋势的话，就可以求出每个季节跟平均值比较，用来预测下一年各季的需求，从而正确安排生产经营活动。

任务分析

季节变动是指某些市场现象由于受自然气候、生产条件、生活习惯等因素的影响，在一定时间中随季节的变化而呈现出周期性的变化规律。如农副产品受自然气候影响，形成市场供应量的季节性变动；节日商品、礼品性商品受民间传统的影响，其销售量也具有明显的季节变动现象。对季节变动进行分析研究，掌握其变动规律，可以预测季节型时间数列的季节变动值。

基础知识

一、季节指数法的含义与目的

（一）季节指数法的含义

首先需要指出的是，这里所说的季节，既不同于日历上讲的季节，也不同于气象上所讲的季节，它是用来描述任何重复出现的每小时、每周、每月或每季等相似间隔的时间段，在市场预测中多指一年中经营活动的某一固定形态。

季节指数法是指根据预测目标各年按月（或季）编制的时间数列资料，以统计方法测定出反映季节变动规律的季节指数，并利用季节指数进行预测的方法。

（二）季节指数法的目的

季节指数法的目的是要分析季节变动因素对预测对象发展趋势的影响，并以此预测外来趋势。

季节指数预测法在生产生活中的应用非常广泛，因此受到人们的重视。许多经济现象和市场变化都能够利用该方法得到较准确的预测。

二、季节指数法的应用

案例精选

某家电的季节指数预测法

某家电销售部2020—2022年电风扇的销售量资料如表8-8所示。预计2023年的销售量比2022年递增10%，试预测2023年其他各月的销售量。

表8-8　某家电销售部2020—2022年电风扇的销售量

项目	1月	2月	3月	4月	5月	6月	7月	8月	9月	10月	11月	12月	年合计
2020	5	5	10	22	40	108	94	85	62	20	5	6	461
2021	4	3	11	23	51	110	96	80	57	15	4	4	460
2022	3	4	6	18	32	100	92	81	58	13	3	2	411
月平均	4	4	9	21	41	106	94	82	59	16	4	4	37
季节指数	10.8	10.8	24.3	56.8	110.8	286.5	254.1	221.6	159.5	43.2	10.8	10.8	

具体预测如下：

①计算历年同月的平均值：1月的平均值 $=\dfrac{5+4+3}{3}=4$（台）

②计算各年合计月平均值 $=\dfrac{4+4+9+\cdots+4}{12}=37$

各年合计月平均值还可用下式计算：

$$\text{各年合计月平均值}=\frac{461+460+411}{36}=37$$

③计算各月季节指数：

$$\text{季节指数}=\frac{\text{各年同月平均数}}{\text{各年合计月平均数}}\times 100\%$$

$$1\text{月季节指数}=\frac{4}{37}\times 100\%=10.8\%$$

$$2\text{月季节指数}=\frac{4}{37}\times 100\%=10.8\%$$

$$3\text{月季节指数}=\frac{9}{37}\times 100\%=24.3\%$$

④计算预测值：

某月预测值＝预测月的季节指数×上年各月实际平均数×(1＋预计增长率)

当预测年度预计增长率未知时，则用下式计算预测值：

某月预测值=预测月的季节指数×上年各月实际平均数

2022 年实际月平均数=411÷12=34.25(台)

预测 2023 年各月销售量：

2023 年 1 月的预测值 = 10.8%×34.25×(1+10%) = 4(台)

2023 年 3 月的预测值 = 24.3%×34.25×(1+10%) = 9(台)

2023 年 6 月的预测值 = 286.5%×34.25×(1+10%) = 108(台)

以此类推，可以求出 2023 年各月的预测值。

任务实施

一、任务背景

某商品 2020—2022 年 12 个月的销售资料如表 8－9 所示，试用季节指数法预测 2023 年商品各月的销售量。

表 8－9 某商品 2020—2022 年销售量

单位：台

年份	1 月	2 月	3 月	4 月	5 月	6 月	7 月	8 月	9 月	10 月	11 月	12 月
2020 年	24	33	69	91	192	348	254	122	59	34	19	27
2021 年	30	37	59	120	311	334	270	125	70	33	23	16
2022 年	26	32	86	155	322	330	280	153	77	17	37	30

二、任务目标

学生通过完成该任务，了解季节指数法的应用及计算方法。

三、任务要求

学生能够根据给定的观察期数据值，运用季节指数法进行市场预测，从而为市场决策提供一定的依据。

四、任务步骤

(1) 学生分组，每组 6～8 人，由组长负责协调任务完成；

(2) 依据观察期数据，制订运用季节指数法的方案；

（3）运用季节指数法进行计算；

（4）运用季节指数法预测2023年各季的值；

（5）各组之间交流预测结果，教师进行评价。

任务四 一元线性回归预测法

任务导入

“回归”的来源

“回归”是由英国著名生物学家兼统计学家高尔顿在研究人类遗传问题时提出来的。为了研究父代与子代身高的关系，高尔顿搜集了1 078对父子的身高数据。他发现这些数据的散点图大致呈直线状态，也就是说，总的趋势是父亲的身高增加时，儿子的身高也倾向于增加。但是，高尔顿对试验数据进行了深入的分析，发现了一个很有趣的现象——回归效应。因为当父亲高于平均身高时，他们的儿子身高比他更高的概率要小于比他更矮的概率；父亲矮于平均身高时，他们的儿子身高比他更矮的概率要小于比他更高的概率。它反映了一个规律，即这两种身高父亲的儿子的身高，有向他们父辈的平均身高回归的趋势。对于这个一般结论的解释是：大自然具有一种约束力，使人类身高的分布相对稳定而不产生两极分化，这就是所谓的回归效应。很快，这种方法被运用到经济学领域，即根据一种变量（父母身高）预测另一种变量（子女身高）或多种变量的关系。

任务分析

在经济生活中，各种经济现象之间总是存在着各种各样的相互联系和相互影响。一方面，它表现为某一现象的发展变化是其他因素影响的结果；另一方面，它的发展变化也影响着其他因素的发展变化。这种现象之间存在着的依存关系称为因果关系。回归预测法就是一种通过分析现象之间的因果关系和影响程度进行预测的方法。社会经济现象的发展变化一般受多种因素的影响，但如果影响预测对象的是一个因素，或诸多因素中有一个因素是基本的、起决定性的作用，那么就可以应用一元回归预测法建立预测模型，进而估计预测对象未来的变化趋势。

基础知识

一、一元线性回归预测法的含义

一元线性回归预测法是一种重要的预测技术，它是在分析因变量与自变量之间的相互关系中，建立变量间的数量关系近似表达的函数方程，并进行参数估计和显著性检验以后，运用回归方程式预测因变量数值变化的方法。

二、一元线性回归预测法的一般步骤

第一步，确定预测目标和影响因素。

通常情况下，市场预测的目标必定是因变量，研究者可根据具体研究的目的来确定。例如：以预计未来 5 年小家电需求为目的的市场预测，它的因变量就是未来 5 年小家电的需求量。而对于影响和制约预测目标的自变量的确定则相对较困难。

确定自变量，预测者既要对历史资料和现实调查资料进行分析，又要根据自己的理论水平、专业知识和实践经验进行科学性分析，必要时还要运用假设方程先进行假设，再进行检验，以确定主要的影响因素。

第二步，进行相关分析。

所谓的相关分析，就是对变量间的关系进行分析和研究。这一过程主要包括两个方面：一是确定变量间有无相关关系，这是相关分析的前提；二是确定相关关系的密切程度，这是相关分析的主要目的和主要内容。相关分析可用散点图分析，相关关系的密切程度通常用相关系数或相关指数来衡量。

相关系数计算公式为：

$$r=\frac{\frac{1}{n}\sum(x-\bar{x})\sum(y-\bar{y})}{\sqrt{\frac{1}{n}(x-\bar{x})^2}\sqrt{\frac{1}{n}\sum(y-\bar{y})^2}}=\frac{n\sum xy-\sum x\sum y}{\sqrt{n\sum x^2-(\sum x)^2}\sqrt{n\sum y^2-(\sum y)^2}}$$

式中：

r——相关系数；

x——自变量的值；

$\bar{x}$——自变量的平均值；

y——因变量的值；

$\bar{y}$——因变量的平均值。

相关系数用 r 表示，范围为 $-1<r<1$。当变量 x 与 y 呈线性相关时，$|r|$ 越接近 1，表明变量间的线性相关程度越高；$|r|$ 越接近 0，表明变量间的线性相关程度越低。$r>0$

表明为正相关，$r<0$ 表明为负相关。当呈现较强的非线性相关时，相关系数 $|r|$ 值或许趋近于 0，或许很大，并不确定。

第三步，建立一元线性回归预测模型。

建立回归预测模型，就是建立回归方程，依据变量之间的相关关系，用恰当的数学表达式表示出来。

一元线性回归方程的一般表达式为：

$$\hat{y}=a+bx$$

其中：

$$b=\frac{n\bar{z}xy-\sum x\bar{z}y}{n\sum x^2-\left(\sum x\right)^2}$$

$$a=\frac{\bar{z}y}{n}-b\frac{\sum x}{n}$$

式中：

$\hat{y}$——因变量 y 的预测值；

x——自变量；

a——常数项；

b——回归系数，它表示当 x 每增加一个单位时，y 的平均增加数量。

第四步，检验回归预测模型。

建立回归方程的根本目的在于预测，将方程用于预测之前需要检验回归方程的拟合优度和回归参数的显著性，只有通过了有关的检验后，回归方程方可用于经济预测。常用的检验方法有相关系数检验、F 检验、t 检验等。

第五步，进行实际预测。

运用通过检验的回归方程，将需要预测的自变量 x 代入方程并计算，即可得到所求的预测值。预测通常有两种情况：一是点预测，即所求的预测值为一个数值；一是区间预测，即所求的预测值有一个数值范围。通常用正态分布的原理测算其估计标准误差，求得预测值的置信区间。

三、一元线性回归预测法的应用

案例精选

某企业一元线性回归预测法的应用

某企业 2012—2021 年的商品销售额和广告费用支出资料如表 8-10 所示，该企业预计 2022 年的广告费用支出为 35 万元，要求在 95%的置信度下，用回归分析预测法预测 2022 年商品的销售额。

表 8-10　某企业商品销售额与广告费支出

年份	广告费（万元）x	商品销售额（百万元）y	xy	x^2	y^2
2012	4	7	28	16	49
2013	7	12	84	49	144
2014	9	17	153	81	289
2015	12	20	240	144	400
2016	14	23	322	196	529
2017	17	26	442	289	676
2018	20	29	580	400	841
2019	22	32	704	484	1 024
2020	25	35	875	625	1 225
2021	27	40	1 080	729	1 600
合计	157	241	4 508	3 013	6 777

分析步骤：

第一，确定自变量和因变量，绘制散点图（见图 8-1）。

以广告费用支出为自变量（x），商品销售额为因变量（y），将自变量（x）、因变量（y）的数据点，利用 Excel 表绘制出散点图，可以发现散点图呈直线趋势，可以判定二者为一元线性关系。

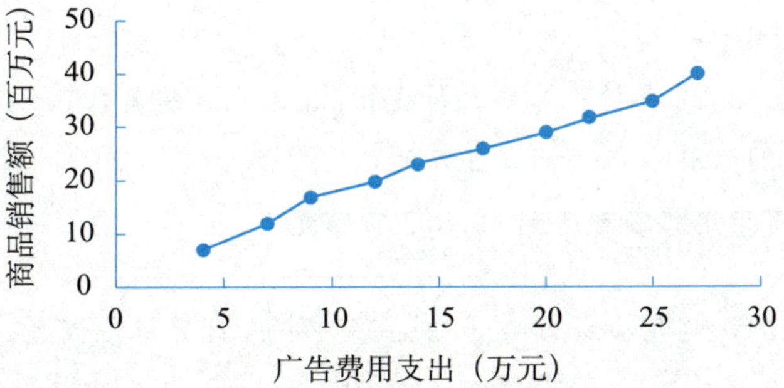

图 8-1　广告费用支出与商品销售额散点图

第二，建立回归方程。

回归方程为 $y=a+bx$，其中关键是求参数 a 与 b 的值。根据表 8-10 中资料，利用最小平方法可以求出 a 与 b 的值。

$$b=\frac{n\sum xy-\sum x\sum y}{n\sum x^2-\left(\sum x\right)^2}=\frac{10\times 4\,508-157\times 241}{10\times 3\,013-(157)^2}=1.321$$

$$a=\frac{\sum y}{n}-b\frac{\sum x}{n}=\frac{241}{10}-1.321\times\frac{157}{10}=3.36$$

所求回归方程为 $y=3.36+1.321x$。

利用 Excel 可直接绘制散点图，添加直线趋势和建立一元线性方程（见图 8-2）：

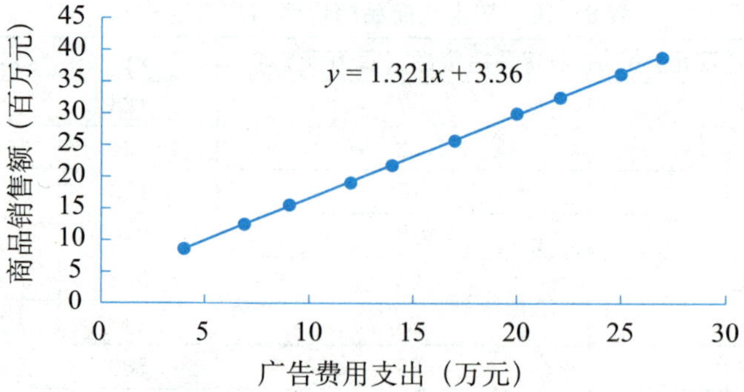

图 8-2 广告费用支出与商品销售额趋势线及一元线性方程

第三，进行检验。检验相关系数如下：

$$r=\frac{n\sum xy-\sum x\sum y}{\sqrt{n\sum x^2-\left(\sum x\right)^2}\sqrt{n\sum y^2-\left(\sum y\right)^2}}$$

$$=\frac{10\times 4\ 508-157\times 241}{\sqrt{10\times 3\ 013-(157)^2}\sqrt{10\times 6\ 777-(241)^2}}=0.993\ 9$$

相关系数等于 0.993 9，接近于 1，说明广告费与家电销售额存在很强的正相关关系。

第四，进行预测。

先进行点预测，2022 年的广告费预计支出 35 万元。将其代入方程，有

$y=3.36+1.321\times 35=49.595$（百万元）

即 2022 年的商品销售额可达到 49.595 百万元

再进行区间预测，利用公式 $S=\sqrt{\dfrac{\sum (y-y_i)^2}{n-2}}$ 计算标准误差，查 t 分布表，最后可得商品销售额的预测区间为 49.595±3.731，即若以 95%的把握程度预测，当广告费支出为 35 万元时，家电商品的销售额在 45.864 百万元～53.326 百万元。

任务实施

一、任务背景

已知某企业年产量达 10 千吨时的生产费用资料如表 8-11 所示，预测 2023 年当年产量达到 10 千吨时的生产费用，并求出它在 95%的置信度下的预测区间。

表 8-11 某企业生产费用资料表 单位：万元

年份	1月	2月	3月	4月	5月	6月	7月	8月	9月	10月	11月	12月
2020年	24	33	69	91	192	348	254	122	59	34	19	27
2021年	30	37	59	120	311	334	270	125	70	33	23	16
2022年	26	32	86	155	322	330	280	153	77	17	37	30

二、任务目标

学生通过完成该任务，能够运用回归分析预测法进行市场预测。

三、任务要求

学生能够根据给定的观察期数据值，运用回归分析预测法进行市场预测，以期对市场决策提供一定的依据。

四、任务步骤

（1）学生分组，每组6～8人，由组长负责协调完成任务；

（2）建立产品产量与生产费用的线性回归方程；

（3）进行相关分析；

（4）检验回归预测方程；

（5）预测2023年当年产量达到10千吨时的生产费用，并求出它在95%的置信度下的预测区间；

（6）各组之间交流预测结果，教师进行评价。

学思之窗

海尔在美国市场

海尔创立于1984年，是全球领先的美好生活和数字化转型解决方案服务商。在持续创业创新过程中，海尔坚持以用户需求为中心的创新体系驱动企业持续健康发展，从一家资不抵债、濒临倒闭的小厂发展成全球最大的家用电器制造商之一。

早在1998年，海尔就利用“缝隙产品”——大学生用电脑桌冰箱进入美国市场。海尔瞄准了美国大学生对小体积冰箱的需求以及市场上相应产品的空白，迅速设计生产专门为大学生定制的电脑桌冰箱并取得一定份额。经过20余年的积累，海尔已能设计出最贴合美国人生活需求的家电产品并引领美国消费趋势。比如美国人的家用冰箱嵌入式占比较大，为实现散热需求，冰箱需与墙面/柜体保留一定空间。为实现空间的最大化利用，海尔不断推进技术革新，缩小散热间隙，海尔冰箱在背部/侧边/顶部所需要的散热空间仅为 2/0.125/1 英尺，远远低于其他品牌冰箱。2021 年海尔开发出底部散热的冰箱，能够做到零距离嵌入。

2016 年，海尔斥资 55.8 亿美元收购了当时最大的电子公司——美国通用电气公司旗下的家电业务，这使海尔在美国一举成名。而 55.8 亿美元的采购金额也创下了当时中国企业国外收购的纪录。此次收购使海尔成功进入美国中高端家电市场，成功坐稳美国家电市场的第一名。

点滴见素养：通过学习海尔进军美国市场，了解我国品牌在国际上的发展情况，认识到民族品牌在国际市场上的领先地位，从而树立文化自信，增强民族自豪感。

项目总结

定性预测主要包括平均数预测法、指数平滑法、季节指数法和一元线性回归预测法。

平均数预测法是比较容易掌握的方法，常用的有简单算术平均数法、加权平均数法、移动平均法。在运用过程中，要充分理解每种方法的特点，选择适合预测对象要求和特征的方法。

指数平滑法是一种特殊的加权平均法，它根据时间序列中各观察值距离预测期的远近程度分别给予不同的权数，是一种直观、简便、合理的预测方法。在应用指数平滑法进行预测时，选择合适的平滑系数是非常重要的。

季节指数法是根据按月份或季度编制的时间序列资料，以统计方法测定出反映季节变动规律的季节指数，并利用它进行短期预测的方法。

一元线性回归预测法是一种重要的预测技术。它是对具有相关关系的变量，在固定一个数值的基础上，利用回归方程测算另一个变量的取值的平均数。当自变量与因变量之间的数据分布呈直线趋势时，可以运用一元线性回归方程进行预测。

职业技能训练

一、单项选择题

1. 下列不属于定量预测法的是（　　）。

A. 指数平滑法　　　　B. 一元线性回归预测法

C. 德尔菲法　　D. 移动平均法

2. 解决了预测值滞后于实际观察值的矛盾，适用于对有明显趋势变动的时间序列进行预测的方法是（　　）。

A. 简单算术平均数法　　B. 一次移动平均法

C. 二次移动平均法　　D. 加权平均法

3. 对观察值按照距预测期的远近，给予不同的相对数，并求其按加权计算的移动平均值，以移动平均值为基础进行预测的方法是（　　）。

A. 二次移动平均法　　B. 季节指数法

C. 指数平滑法　　D. 加权平均法

4. 在指数平滑法中，平滑系数在理论上是一个（　　）的值。

A. $0\leqslant\alpha\leqslant1$　　B. $0<\alpha<1$　　C. $0<\alpha\leqslant1$　　D. $0\leqslant\alpha<1$

二、多项选择题

1. 下列属于平均数预测法的是（　　）。

A. 简单算术平均数法　　B. 一次移动平均法

C. 二次移动平均法　　D. 加权平均法

2. 判断现象之间有无相关关系的方法是（　　）。

A. 对客观现象做定性分析　　B. 编制相关表

C. 计算相关系数　　D. 绘制相关图

3. 时间序列预测法适用于（　　）市场预测。

A. 中期　　B. 短期　　C. 长期　　D. 远期

三、判断题

1. 指数平滑法就是移动平均法。（　　）

2. 加权平均预测法不用确定适当的权数，也能得到满意的预测值。（　　）

3. 移动平均法预测的准确程度，取决于移动跨越期的长短。（　　）

4. 利用一元线性回归预测方程，两个变量是可以相互推算的。（　　）

四、简答题

1. 如何运用简单算术平均数法进行预测？

2. 怎样运用移动平均法进行预测？

3. 运用指数平滑法进行预测时，平滑系数如何选择？

4. 一元线性回归预测包括哪些步骤？如何进行一元线性回归预测？

五、案例分析题

P纸杯公司市场需求预测

1999年，国家要求在2000年前淘汰一次性发泡塑料餐具。李总抓住机会创立了P纸杯公司，顺应国家绿色环保的生产要求，致力于纸杯等纸餐具的生产和销售。在市场一片欣欣向荣的同时，李总发现他的工作变得越来越不轻松了，虽然公司各个部门工作都很努力，但是他感到这种努力有时候并没有带来理想的结果。上周销售部门报上来的报表显示小号和大号的冰激凌纸杯严重缺货，不得不追加生产，这样既影响了销售业绩，也不利于控制生产成本，同时，会计部门报告小号和中号的饮料杯已经严重积压，需要尽快处理。

公司想要走出困境，就要有一个对产品需求量的估计。根据公司现状，采取什么样的方式进行市场需求预测更为有效呢？由于不能对纸杯市场的需求做出相对准确的预测，公司已经并且正在付出缺货和积压的代价，所以采用时间序列分解模型进行需求预测应该更有效。具体方式有：

（1）采用部门主管集体讨论法，与会人员发表意见，提出预测值，并采用销售人员意见汇集法，通过他们调查现实及潜在顾客的需求（定性问题）；

（2）通过讨论以及收集以往模型给定的数据估算产品的权重（加以权重）；

（3）运用时间序列分解模型，同时建立因果模型，计算一元线性回归方程，最终得出平均预测值（定量分析结果）。

为公司设计出需求预测方案：

（1）确定预测目的：估计公司未来两年的需求预测。

（2）确定预测的时间范围：十年内的历史数据（2007—2018 年）。

（3）选择预测方法：时间序列分解模型。

（5）收集和分析数据。

（6）准备预测，得出预测值。

（7）对预测进行监控。

具体预测过程：

（1）求趋势直线方程。根据散点图得到代表趋势的直线，由此得出趋势直线方程。

（2）两个季度估计系数。分别估计夏（4 月—10 月）和冬（11 月—次年 3 月）两季的系数。

（3）根据估计系数进行下一年两季的需求量预测。

通过以上探讨可以看出预测的重要性。预测是决策的基础，预测的需求决定了生产活动的内容。在生产运作系统运行过程中，要编制生产计划和生产作业计划，进行库存控制和采购原材料等活动，都需要需求预测的信息。生产运作管理活动是建立在需求预测结果的基础上的，预测对生产运作活动具有指导意义。

一个公司想要正常的运转，离不开需求预测。要想往更好的方向发展，需要拥有一套科学的需求预测理论，将科学的理论运用到科学的生产管理中，并以此为公司赢得更高的效益。

阅读材料，回答问题：

1. 案例中提到了哪些定量预测方法？

2. 定量预测法对于企业经营有哪些重要意义？

项目九　市场调查报告

学习目标

知识目标

1. 掌握市场调查报告的概念、特点及作用
2. 掌握市场调查报告的结构框架
3. 熟悉市场调查报告的写作程序
4. 了解市场调查报告的写作技巧和应注意的问题

技能目标

1. 能够按照调查报告的步骤和格式要求完成调查报告的设计
2. 能够独立完成市场调查报告的撰写

素养目标

1. 通过调查报告的撰写，培养逻辑思维能力和写作能力
2. 遵守市场调查人员职业道德，履行职业责任，树立精益求精的工匠精神

任务一　认识市场调查报告

任务导入

某市场调查机构对A市服装市场的调查

2022年，某市场调查机构对A市服装市场进行调查。在调查中，调查人员采访了年龄在16～25岁的80名女性、20名男性。调查发现，大部分A市的消费者的消费水

平集中在1 000～1 500元，而且消费者对服装质量要求较高，大部分喜欢针织及混纺；对于买衣服的地点也更倾向于专卖店或商业街；对于服装款式的选择更注重休闲得体。其中，A市消费者对网上购物没有充分的认识，对品牌要求不是很高；在网上购物这一区域需要大力推广，这既是挑战也是机遇。

任务分析

在市场调查活动中，调查机构通过调查策略制定、组织调查、收集市场资料、对资料进行整理和分析，得出符合实际的结论和判断，最终形成市场调查报告，提交给市场调查活动的组织者或决策者。因此，市场调查报告具有科学性、时效性、创新性和针对性的特点。

基础知识

一、市场调查报告的概念

市场调查报告就是对调查资料进行整理、分析、筛选、加工之后，形成的记述和反映市场状况的书面报告。

二、市场调查报告的特点

（一）科学性

市场调查是一门实用性很强的学科。市场调查报告作为市场调查的重要体现形式，其内容和形式必须具备科学性，必须真实、准确。首先，调查报告中使用的分析方法必须恰当合理。市场调查中涉及的问题是方方面面、错综复杂的，要想得到正确的信息，反映市场的真实情况，就必须选择多种科学方法进行客观分析，防止调查者无意识地将自己的主观想法加入调查之中。其次，调查报告中涉及的数据和事例必须真实、准确，防止主观臆断。为了更好地说明问题，市场调查报告往往需要大量的数据和事例材料，这些资料的正确与否直接影响调查报告的科学性，因此，报告中所有引用的数据和事例必须经过反复核实，做到准确无误。

（二）时效性

当今市场形势瞬息万变，市场机会稍纵即逝。要顺应这种市场特点，市场调查报告必须讲究时间效益，做到及时反馈。只有及时地将获取的市场调查资料传达到使用者手中，使市场调查决策跟上形势发展变化的步伐，才能发挥调查报告的作用。

（三）创新性

一个企业要想在竞争中立于不败之地，就必须根据市场需求不断推陈出新。市场调查报告作为营销者决策的依据，就必须紧紧围绕市场活动的新动态、新方向，寻找空白点，提出新想法，得出新结论；用全新的视角去发现问题，用全新的方法去解决问题。只有具有创新性的市场调查报告，才是有价值的报告。

（四）针对性

市场调查报告的针对性体现在两个方面：第一，阅读对象。不同的阅读对象所阅读和关心的调查报告的内容不同，比如，营销决策者可能对调查结论比较感兴趣；市场调查员可能对调查方法比较关心；一般的学者可能关心的是市场调查的整体格式。所以市场调查报告必须明确阅读对象，做到有的放矢。第二，调查目的。市场调查报告的目的性很强，或是为了解决某个问题，或是为了说明某个问题，或是为了预测某个市场机会，因而撰写市场调查报告必须做到目的明确。

三、市场调查报告的作用

（一）完整而准确地描述调查结果

市场调查报告应对调查细节进行表述，要完整而准确地描述市场调查项目。一个完整的市场调查报告应该能提供给读者以下内容：摘要、调查目的、调查背景、调查内容、调查方法、调查结果及结论和建议。

（二）充当参考文献

市场调查报告经常作为决策者进行重大决策的依据。大多数的报告都包括多个目标和一系列市场活动信息，让决策者在短时间内集中这些内容是不可能的。因此，可以将调查报告保存起来，等在需要的时候拿出来重新阅读，熟悉调查的内容，以充当参考文献的作用。当然，也可以将其作为其他领域研究的依据。

（三）证明市场调查活动的可信度

市场调查报告的质量能够反映市场调查人员对市场调查项目的重视程度和对误差的控制程度。为了提高调查报告的可信度，必须注意以下几个方面：

（1）调查报告的外观要美观。包括调查报告的格式要规范，调查的内容要清晰准确，无错别字，调查报告中涉及的图表要符合报告的特点。

（2）避免个人主观的干扰。调查报告中所有观点和数据都应是客观的，避免由于个人的主观想法影响报告的质量。

（3）要有细节说明。对调查报告中的调查方法、抽样技术及误差要加以说明，使得使用调查报告的人相信调查报告的内容，提高报告的可信度。

（四）为经营者提供决策依据

市场调查报告的主要作用就是为经营者提供决策依据。市场调查报告是在对大量的信息资料进行整理和分析的基础上形成的结论和建议，其中蕴含着市场特征、规律和发展趋势。

拓展阅读

经理们需要增值型的战略信息

任务实施

一、任务背景

中国超市顾客购物行为调查报告

2022 年 8 月，中国连锁经营协会同 IBM（中国）有限公司、北京零点指标信息咨询公司在全国 12 个城市进行了“超市消费趋势调查”，其目的是为零售商提供全国各地购物者近期购物行为的变化趋势及特征，为零售企业的扩张和决策提供依据。

此次调查共抽取了全国 1 428 位消费者作为样本（其中有效人数为 1 285 人），他们的年龄在 20 岁以上，分别来自东部、中部、西部的 12 个城市。

1. 消费者更注重食品健康

在始终有货、品种丰富、物有所值、食品安全、价格便宜、绿色标志可考等六项消费者光顾超市最看重的因素中，食品安全得分最高，为 4.75，价格便宜得分最低，为 4.12。

通常，零售企业往往把价格营销放在重要地位，调查显示：消费者对此往往并不领情，注重产品质量和食品安全将越来越受关注。

详细情况如图 9－1 所示。

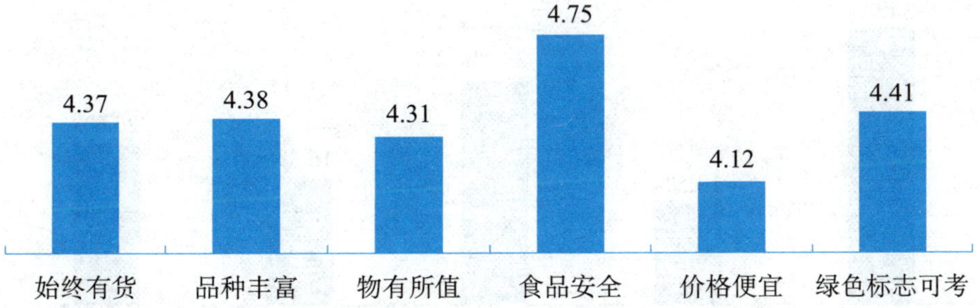

图 9-1　顾客光顾超市最看重的因素

注：将消费者看重各因素的程度分为 5 个档次，非常重要为 5 分，很重要为 4 分，一般为 3 分，不太重要为 2 分，很不重要为 1 分。

2. 促销员和叫卖方式作用有限

被调查的顾客中，只有 11.2%的顾客会购买厂家促销员以叫卖方式销售的商品，而明确表示厌恶这种方式不会购买的顾客占总数的 23.2%，表示无所谓不会受影响的顾客为 41.5%，这两部分顾客占总数的 64.7%。应该说，促销员叫卖方式并没有起到连锁超市所想象的作用。

在“什么时候顾客需要售货员的帮助”的回答中，调查显示，57.2%的顾客在找不到商品时需要售货员，其次是在选购新品牌和有新功能的产品时才需要促销员介绍。

3. 收款台——影响消费者购物情绪的重要地点

有 64.7%的顾客认为在超市不愉快的购物经历主要是由收款队伍太长引起的，这是影响购物情绪的主要原因。调查显示，45.4%的顾客交款时只能容忍 3 位以下顾客排在自己前面，40.5%的顾客只能容忍 6 人以下的交款队伍。

4. 银行卡使用率有待提高

调查表明，购物时常用银行卡的顾客占总数的 16.3%，从未使用过银行卡的顾客占总数的 34.9%。国内的顾客仍习惯于现金交易，一方面是与购物习惯有关系；另一方面是超市可刷卡的收银台少。银行卡使用率偏低的原因很多，有 56.7%的顾客表示自己没有卡，29.7%的顾客嫌用卡太麻烦，还有 12.3%的顾客认为刷卡容易出错。

详细情况如图 9-2 所示。

5. 储值卡颇受消费者欢迎

超市储值卡近来颇受非议，出于种种原因，部分城市一度取缔储值卡的使用。但调查显示，超过半数的顾客很支持储值卡（15.3%）或希望优惠购买（40.3%）。一方面，储值卡已经成为零售企业提高客户忠诚度、稳定客源的重要手段；另一方面，优惠的储值卡可以给消费者带来一定的实惠。

详细情况如图 9-3 所示。

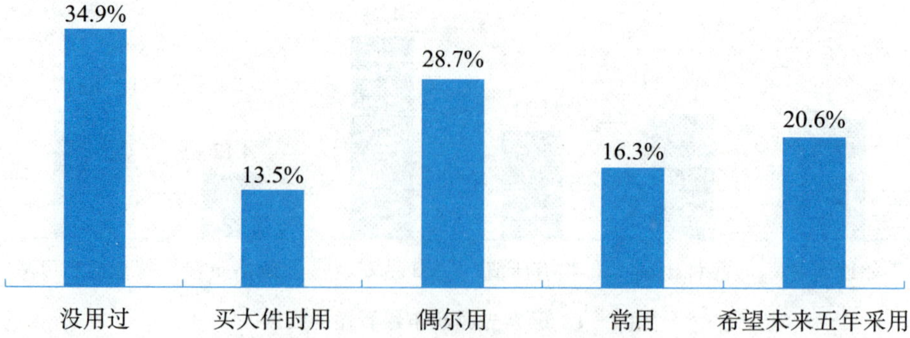

图 9－2　顾客对银行卡的使用情况

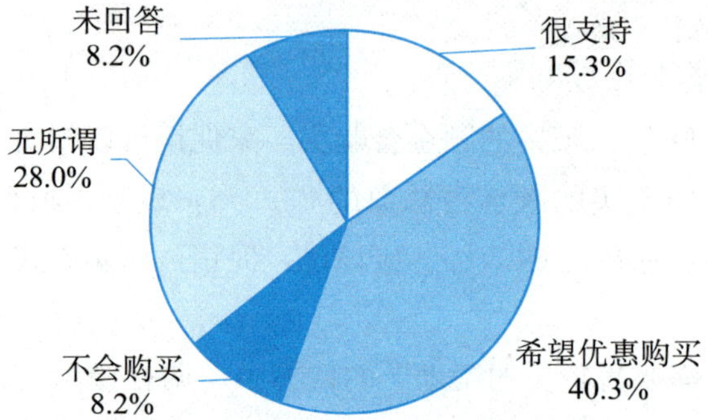

图 9－3　顾客对超市储值卡的看法

6. 导购指示牌不醒目和价签不清晰是影响购物速度最主要的两个因素

56.9%的顾客认为，导购指示牌不清楚是影响其购物速度的最主要因素之一。此外，有 43.7%的顾客认为商品价签不清晰是影响其购物速度的最主要因素之一。

7. 网上购物未成主流

接受调查的 1 285 名顾客中，只有 10%的顾客曾经在网上购过物，购买的最主要的商品是图书。有网上购物经历的顾客中，20.3%的顾客选择信用卡支付货款，78.1%的顾客选择货到付款。

本次调查还涉及顾客对超市的商品看法：顾客光顾超市最看重的因素、如何判断超市价格的高低、对邮报的看法、对叫卖方式的看法。顾客对商店服务的看法：对超市发行的储值卡的看法、能忍受的收款队伍长度、希望如何整理货品、收银卡的使用情况。顾客对商店购物环境的看法：对购物环境的希望、认为影响自己购物速度的主要因素、网上购物情况，以及顾客不愉快的购物经历、顾客忠诚度情况及选择购物场所的依据等各方面的内容。

二、任务目标

学生通过完成本项目任务，掌握市场调查报告的特点及作用。

三、任务要求

根据任务背景，讨论并分析市场调查报告的特点及作用。

四、任务步骤

（1）学生自愿组成小组，每组 6～8 人；
（2）以小组为单位，认真熟悉背景资料、调查结论等信息；
（3）针对背景资料，小组内讨论市场调查报告的特点及作用；
（4）针对本资料，超市应采取怎样的营销策略？

任务二　构建市场调查报告框架

任务导入

A 大学大学生洗发水市场调查报告

中国是目前世界上洗发水生产量和销售量最高的国家。目前，中国有超过 1 600 个洗发水生产商，国内市场上的洗发水品牌超过 2 000 个。近几年，我国洗发水市场发展迅速，产品产出持续扩张，国家产业政策鼓励洗发业向高技术含量产品发展，国内企业新增投资项目逐渐增多，投资者对洗发水市场的关注越来越密切，这使得洗发水市场推广策略与营销渠道开发的研究需求增大，系统的市场调研成为企业了解洗发水市场的必要手段。因此我们对中国洗发水市场产品、企业、市场、产业链竞争等几大方面的情况进行了详细研究，包括产品价格行情、技术特点、原材料供应、消费群体、消费结构、市场容量、竞争格局、品牌竞争产业政策和发展空间或决策建议等，同时在学校展开了不同的调查，为洗发水市场中的企业提供专业的竞争决策依据。

一、调查目的和内容

本次调查的主要目的是调查大学生消费者对洗发水市场的需求情况，为洗发水行业的营销方案提供依据。

（1）了解消费者状况、消费观念、消费态度及消费行为等各方面的情况（如购买过什么品牌、购买方式、购买地点、选购标准等）；

（2）了解消费者对洗发水的使用需求、购买习惯及影响购买行为的因素（如功能、价格、品牌、包装等）；

（3）通过分析洗发水市场现状，了解洗发水市场的需求情况以及市场竞争情况的相关信息；

（4）对洗发水行业的发展进行预测，为洗发水行业的策划提供重要依据。

二、调查基本情况

（1）调查方法：本次调查采用抽样调查的方法，共抽取222个样本，采集的是原始资料，结果的取得主要是通过问卷调查法，尽力收集一些全面、及时、可靠的市场信息。

（2）调查对象：A大学大学生。

（3）调查区域：学校食堂、教学楼以及宿舍楼。

（4）调查时间：20××年8月1日—20××年8月10日。

A大学大学生洗发水市场调查时间安排表如表9-1所示。

表9-1　A大学大学生洗发水市场调查时间安排表

时间	内容	负责人
8.1—8.2	调研方案、调查问卷等相关资料的准备	所有人员
8.3—8.4	项目准备阶段	人员A、B
8.5—8.6	调研阶段	人员C、D
8.7—8.10	数据分析、整理、梳理市场调查报告	所有人员

三、问卷调查情况

本次调查共发放调查问卷225份，回收问卷224份，丢失问卷1份，作废问卷2份，实际有效问卷222份。

四、调查结果分析

1. 参与问卷调查的男女比例

从图9-4中我们不难看出，参与本次调查问卷的性别比例并不十分均衡。男生占总调查人数的65%，而女生仅占35%。两者的数据比例虽会对调查结果产生一定影响，但在一定程度上可以反映大学生主流的洗发水使用情况。

（1）性别不影响大学生所能接受的洗发水价位。通过对性别与每月生活费水平之间的交叉分析我们可以得知：整体来看，不论男女，每月生活费1 000～1 500元的占多数（见表9-2）。同时各个生活费水平段的男女生人数相差不大，因此可以排除男女生因生活费因素而对购买洗发水接受价位的影响。

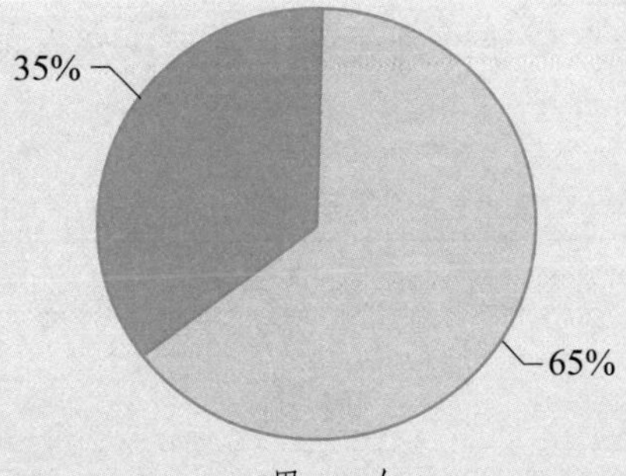

图 9-4　参与问卷调查的那女比例

表 9-2　大学生的每月生活费状况

性别	生活费				合计
	500 以下	500～1 000	1 000～1 500	1 500 以上	
女（人）	10	29	80	25	144
男（人）	8	18	37	15	78
合计（人）	18	47	117	40	222

(2) 中端洗发水市场广阔。从表 9-3 学生购买洗发水接受价位情况来看，消费者购买洗发水的价位也不相同，其中中端洗发水最受学生的欢迎。

表 9-3　学生购买洗发水接受价位

洗发水价位	频数	频率（%）
10 元以上	28	14.4
20 元以上	87	69
30 元以上	46	23.7
40 元以上	33	26.2

从图 9-5 中可以看出，有 69%的大学生接受 20 元以上的洗发水价位，而对于 40 元以上的洗发水接受的人数就相对较少，这也符合大学生的消费水平。

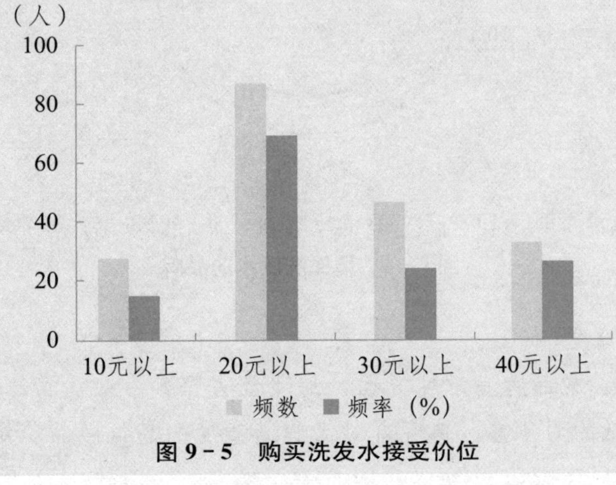

图 9-5　购买洗发水接受价位

(3) 大学生美与健康观念较强。对大学生购买洗发水用途进行多重分析可得到表 9-4：

表 9-4　购买洗发水的用途

名称	女生	男生
去屑	17	35
保湿	84	7
修复	18	27
柔顺	17	1
其他	8	8
合计	144	78
总计	222	

从消费者选择化妆品用途来看：消费者对美与健康的观念正在加强。其中有40.9%的消费者选择保湿，23.4%的消费者选择去屑，20.3%的消费者选择修复，8.2%的消费者选择柔顺，7.2%的消费者选择其他。

(4) 知名品牌信誉度。从图 9-6 中可以看出，许多大学生还是选择海飞丝、沙宣等知名品牌，只有较少的同学选择其他品牌，其中，33%选择海飞丝和32%选择沙宣，这大部分集中在女生，而男生大部分会选择清扬。对于大学生选购知名品牌的原因是质量有保证。洗发水不同于其他消费品，选购不慎会对身体造成损伤，甚至危害生命。而且这些知名品牌品种多样，能够满足不同大学生的不同需求。

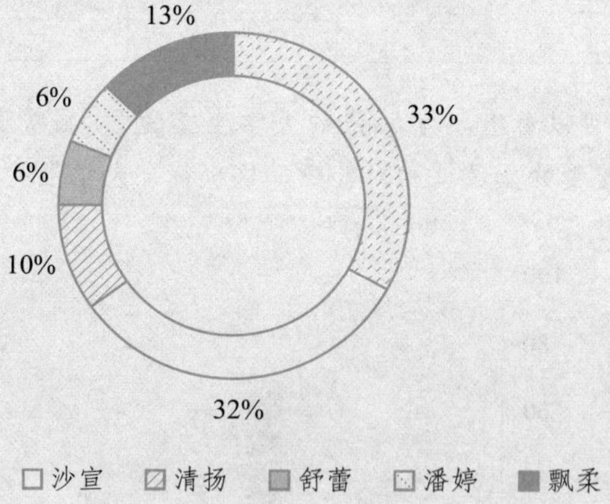

图 9-6　选择洗发水的品牌

2. 主要品牌满意度

从表 9-5 来看，在品牌满意度方面，海飞丝占据第一位，第二位是飘柔，第三位是潘婷，满意度最低的为沙宣。消费者对品牌满意度的高低跟品牌定位有一定的关系，比如海飞丝、飘柔、潘婷定位非常清晰、明确，海飞丝主打去屑，飘柔令秀发更柔顺，潘婷令秀发更健康。

表 9-5　主要品牌满意度

品牌	海飞丝	沙宣	清扬	舒蕾	飘柔	潘婷
满意度	28	6	11	13	24	18

3. 消费者对品牌差异感觉正在下降

通过调查发现，在洗发水领域的一些主要品牌正在逐步失去它们的市场份额，而消费者购买的品牌总数却在一直增长，事实证明，消费者对品牌差异的感觉正在下降。品牌转换已成为洗发水市场消费者的基本购买行为。据调查，有40%～50%的消费者在将来6个月有更换洗发水品牌的打算。而品牌的转换将会在一个消费者心中已经存在的品牌清单内进行，能否进入这个清单便是品牌或沟通的价值所在。

五、结论和建议

（一）消费市场细分

洗发水品牌已经形成以宝洁、联合利华、丝宝集团旗下系列品牌如飘柔、潘婷、沙宣、润妍、海飞丝、力士、夏士莲、舒蕾等品牌为代表的第一集团，花王公司的诗芬、德国汉高、高露洁部分的国产品牌，如以百年润发为代表的第二集团和名人、拉芳、柏丽丝、亮荘等众多新兴品牌构成的第三集团。

不论哪层团队，其产品的功能诉求不外乎以下几点：在使用上有简便快捷的共性；在功能上有柔顺、防止开叉、清洁、保湿、负离子直发、乌黑亮泽、浓密的特点；在外观上有健康、清洁、时尚的要求；同时焗油、修复损伤头发、止痒、防脱、去头皮屑、漂染复原等功能性洗发水日益在市场上风行。

（二）生产者市场细分

一是防脱功效。广州太阳神的沙金、广州柏丽雅的防脱植物洗发水和章光101防脱洗发精以“防脱止脱、促进头发生长”为诉求点，拉开“防脱”市场的帷幕。随后，索芙特、霸王、采乐等品牌也推出了防脱洗发水。

二是去屑功效。就消费者对功能的需求来看，“去除头屑”和“滋润养护，改善发质”功能是两大主要诉求点。主要的品牌是海飞丝、采乐、康王、清扬等。

三是中草药功效。重庆奥妮的“奥妮首乌”“百年润发”“奥妮皂角”；润妍中草药洗发水；康王、霸王等都打中草药概念，希望在激烈的市场竞争中走差异化道路，开创市场蓝海空间。

四是黑发功效。一些洗发水从黑发的角度出发，通过添加首乌、黑芝麻、黑发素等元素来主攻黑发卖点。

五是护发功效。包括发质柔顺、飘逸、补水、营养发根等，通过洗护合一，在功能上不断完善和创新。

我们的调查结果发现宝洁公司的产品在洗发水市场占有半壁江山。对此我们做了一定的分析与总结并给出以下几点建议：

1. 创造具有竞争优势的品牌定位

品牌在目标消费者心中处于有价值的位置，这就是定位。市场定位应来自差异，具有竞争优势的差异，并较对手为顾客创造更多价值。这种差异有可能来自产品属性层面，如海飞丝的去屑主张；也可能来自心理感受层面，如力士一贯强调的明星效应。

2. 塑造鲜明的品牌个性

品牌像一个人，有自身的形象和内涵，具有独特的文化品格和精神气质。同时品牌个性也代表一种竞争导向，现代社会只有秉持个性才具有特殊价值，才能引发共鸣。个性反映品位，并成为品牌定位的深化。

3. 适时改变

品牌必须具有活力，并不断改变，以适应由于科技与时代进步而使消费者品位及行为发生的改变。实践中，可以不断传承的品牌通常具有诚恳、真实、年轻、时髦的特点，洗发水品牌需要不断超越时代，能够在演变过程中既具有当代性，又能够维持熟悉的感觉。

任务分析

市场调查报告是调查人员与决策者和客户进行沟通的工具，它没有统一、固定的模式。调查任务自身类型和性质不同、客户的要求不同、调查公司或个人的选择不同，都会导致调查报告出现不同的类型和风格。但根据经验，常用的市场调查报告应该包括前页、正文和附录三大部分，每一部分都对应不同的内容。调查人员应该清晰、简洁明了地展现市场调查报告的结构和内容，使客户能够在较短的时间内有所收获。

基础知识

一、前页

（一）授权信页

授权信页是由调查项目的执行部门的上司给该执行部门的信，表示批准这一项目，授权给某个人对该项目负责，并指明可用于开展该项目的资金情况。通常情况下，授权问题会在授权信中提到，因此调查报告中可以不包括授权信。但是，如果调查报告的提供对象需要了解授权的详情，或者对授权信息不了解，这时由授权信提供这方面的信息就是必要的。

（二）提交信

提交信是调查报告的撰写者以个人的名义给报告提交对象写的一封信，表示将报告提交给对方的意思。在正规的市场调查报告中，都需要安排提交信；当调查报告的要求较低时，可以省略提交信。提交信的内容可以概括一下市场调查者实施调查项目的大致过程，说明一下报告的提交对象需要进一步研究的问题及应该注意的问题。由于提交信是个人对个人，形式不必受拘束，沟通比较方便。

（三）摘要

摘要又称览要。一般来讲，报告的摘要书写有以下几个方面的要求：语言上，要通俗、精练，尽量避免应用生僻的字句或一些过于专业性和技术性的用语。内容上，要做到清楚、简洁和高度概括，其目的是让阅读者通过阅读摘要不但能了解本项目调查的全貌，而且对调查结论也有一个概括性的了解。摘要的内容主要包括：为什么要调查、如何开展调查、意义是什么、结论是什么、采取什么样的措施等。摘要为报告规定了方向，起到统领全文的作用。

案例精选

中药在瑞士的市场前景的调查报告（摘要）

本报告描述的是一个关于中药在瑞士市场的前景的调查结果，我们组织的这次调查从以下几个方面对市场前景做出了分析。

1. 市场容量

瑞士是一个仅有 800 多万人口的国家，人口数量虽少，但医疗卫生和社会保障体系非常发达。作为一个高工资、高福利的国家，瑞士在医疗卫生方面的开支相对较高，且 20 年来一直持续上升。

2. 市场前景

瑞士药品市场容量不大，竞争非常激烈。传统的中药即使在瑞士成功注册，最终能否为瑞士人所接受、认同，从而进一步获得推广仍不得而知。对这一点，也必须先期做出市场预测。随着东西方文化、科学交流的增多，中药的疗效已经开始为越来越多的西方人所认同。例如：瑞士人对人参已不陌生，包括药业巨头罗氏公司在内的数家瑞士制药企业均已研制出人参胶囊，且市场销售情况良好。早在 1969 年，瑞士就创办了“瑞士针灸及中医协会”，该协会由瑞士一批对中国传统医学感兴趣的医药界人士发起和组织，目的在于研究和推广中国医术、针灸等。另外，在瑞士的数家药店中，已有中药在长期销售。

3. 产品价格

瑞士物价总水平高，药品亦不例外，相同品质的同类西药价格通常比中国市场上高出数倍。所以，中药一旦进入瑞士市场，有望获得充足的利润空间，同时也有助于提高中国对瑞士出口的附加值。

（四）目录

提交调查报告，如果调查报告的内容、页数较多，为了方便读者阅读，应当使用目录或索引形式列出报告的主要章节和附录，并注明标题、有关章节号码及页码。一般来说，目录的篇幅不宜超过一页。

案例精选

市场调查报告目录

（五）图表目录

报告中一般含有一些图和表，为了帮助读者快速地找到这些图表信息，也可再列一张图表目录，按照其在报告中出现的次序进行排列，并标明图表名称和页码。

二、正文

（一）调查目的

调查目的是针对调查项目中的问题提出的，因此，必须通过多种途径了解委托者所要解决的问题是什么。比如，可以同委托者反复沟通，不断挖掘，找出问题；还可以与行业专家沟通，调查者需要了解行业知识，就要与多个行业专家沟通，听取不同的见解和意见。

（二）调查方法

调查方法是对调查项目实施过程中所使用的市场调查方法和技术进行详细的说明，可以从以下几个方面进行阐述：

(1) 调查性质：分析说明调查项目是属于探索性调查、因果性调查还是描述性调查，不同的调查类型所使用的调查方法不同。

(2) 调查对象：指调查对象的界定及基本特点，在实际中怎么甄别等。

(3) 工作安排：包括调查区域的选择，调查的起止时间，调查人员的选择、培训和监督，以及调查费用预算等。

(4) 资料收集的方法：市场调查中所涉及的资料收集方法很多，要对调查项目中所使用的方法进行具体说明。比如，一手资料是怎么取得的，是通过观察法、实验法还是询问法；二手资料是怎么得到的，是通过内部资料还是外部资料。

(5) 样本的回收情况及有效样本。有效样本必须满足两个条件：一是样本的真实性；二是样本是按要求访问的。

（三）结果

调查结果是正文的主体部分，也是整个调查报告的重点。调查结果是将所有调查资料分析汇总之后整理出来的，一般以叙述的形式进行表达，同时按照某种逻辑顺序进行排列。调查报告中所罗列的结果一定是与调查项目紧密相关的，多个结果可以融合为一个结果。另外，为了使调查结果更加清晰，可以使用一些统计表和统计图进行解释说明。

（四）局限性

再周密的调查也会存在缺陷，所以有必要强调此次调查的局限性，指出由于某种原因调查存在局限性，如果条件允许可以进行更深一步的调查，以减少误差。局限性的说明是对调查结果进行科学评价的现实基础，可以避免将结果看成绝对的。

（五）结论和建议

结论和建议是调查报告的结尾部分。结论是对调查结果的归纳和概括，是对调查目标所提出问题的回答，或是为调查目标提供支持，为经营者提供决策依据。建议是通过演绎推理出来的，鼓励经营者应该采取的行动方案。结论和建议与正文部分的论述要紧密对应，结论是针对调查目标中提出的问题，建议则是针对问题提出的应对措施。

三、附录

附录是指调查报告正文不包含或没有提及但与正文有关而必须附加说明的部分。它是对正文报告的补充或更详尽的说明。通常情况下，附录包括调查问卷、调查提纲、观察记录表、被访问者的名单、复杂的抽样技术的说明、复杂的统计表和参考文献、关键数据的计算过程等。

拓展阅读

市场调查报告编写中经常出现的问题

任务实施

一、任务背景

在项目六任务三中，我们已经完成了资料整理与分析，请以此为依据，完成本任务。

二、任务目标

学生通过完成本项目任务，能够对市场调查报告的框架进行构建，并且明白其中每一部分的含义。

三、任务要求

以之前进行的“大学生手机市场调查”项目为基础，试着撰写一份市场调查报告。

四、任务步骤

（1）学生自愿组成小组，每组 6～8 人；

（2）以小组为单位，认真讨论市场调查报告的结构框架，为本组先前进行的调查任务构建调查报告框架；

（3）依据调查报告的框架，分工完成市场调查报告各部分内容的构思；

（4）提交调研报告框架及各部分内容构思，并进行 PPT 汇报。

任务三　撰写市场调查报告的程序

任务导入

调查人员王强的遭遇

某地区的调查人员王强曾谈起他为一家大型的糖果制造商精心准备的长达 250 页的报告（包括图表和统计数据）的故事。在经历了大约 6 个月的艰苦调查工作后，王强直接向公司最高的三名决策者提交了市场调查报告。他信心百倍，自以为他的报告中有许多重要的发现，决策者肯定对其感兴趣，其中包括若干个可开发的新的细分市场和很多条产品理念方面的创新想法。

然而，没想到的是，在看了充满事实、数据和图表的调查报告后，糖果公司的总经理起身说道：“对不起，小王，你的报告里面都是枯燥无聊的数据，还有乱七八糟的描述，简直把我搞糊涂了。我想我并不需要一份比字典还厚的报告。明天早晨 8 点前务必把一份 5 页纸的报告放到我的办公桌上。”说完就离开了房间。

任务分析

在撰写调查报告之前，调查人员应该与项目委托人进行良好的沟通和交流，了解其对调查报告的预期，如最期待的结论、想要的报告的形式、希望获得的信息等。只有掌握了这些信息，调查人员在编写报告时才有可能最大限度地满足委托人的要求。但这并不意味着调查人员一定要迎合委托方的要求而放弃职业操守。委托方关注的问题要重点叙述，其他内容也不能遗漏和疏忽。调查人员一定要遵守职业道德，对于委托方最不愿意看到的结论，要如实披露。

基础知识

一、确定主题

主题是调查者对全部调查与预测资料价值的准确概括，是报告的中心问题。主题是否明确、是否有价值，对调查报告具有决定性意义。

（一）确定主题的步骤

1. 选题

选题是发现、选择、分析、确定论题的过程，选题一般表现为调查报告的标题。选题是认识过程中已知领域与未知领域的连接点。它既反映了现有知识的广度和深度，又反映了未知领域探索的广度和深度。它既表现为已知的，又表现为未知的。正确的选题是撰写调查报告的前提，作者可以用较少的时间和精力，获得充实的材料，有计划、有目的地调整自己的知识结构，确定必要的分析方法和手段。选题失误，即使再完美的调查报告对营销决策也是毫无价值的。

选题的途径一般分为上级布置、客户委托和自选三种形式。

2. 确定观点

观点是在材料充分的基础上形成的，是对调查对象所持的看法与评价，是随着认识的不断深入、认识水平的不断提高而逐渐形成和产生的。正确的观点应该从实际调查情况出发，不可以从某个观念或政策条文出发，也不可以先入为主。观点的形成应该从具体的现象、数字入手，抓住事物的特殊性进行分析，从中找出代表性的内容，用概括性的语言将其表述出来。

（二）确定主题应注意的问题

（1）主题不宜过大。为了便于调查报告的撰写，主题要相对小些、短些。

（2）主题必须与调查主题相一致。调查报告的主题和调查主题有时候是一致的，有时候并不一致。一般来说，调查主题在市场调查之初即已基本确定，而调查报告的主题则产生在调查分析之后。如果两者不一致，就需要重新确定调查报告的主题以缩小原主题的范围。

二、整理资料

资料是形成调查报告主题观点的基础。只有达到资料与观点的高度统一，资料才能充分地说明调查报告的主题。充分的材料不但应是客观的真实材料，而且还必须是全面反映事物的本质的典型材料。因此，必须对收集来的资料进行整理。整理资料应满足以下几点要求。

（一）材料的真实性和相关性

对写进文章的材料，必须进行去粗取精、去伪存真的选择。只有依据主题的需要、观点的要求筛选材料，才能使主题更加突出。与主题无关的或关系不大的资料要忍痛割爱，否则会冲淡主题，降低调查报告的效果。

（二）数据的准确性和精确性

市场调查报告往往是从数据中得出观点，由数据来证实观点，因此数据的差错或不精确必然影响观点的正确性。

（三）材料要有个性

写进调查报告的材料，主要应当是这个项目在该次调查中发现的有价值的材料。如果材料缺乏个性，那么调查报告也失去了应有的意义。

三、布局和拟订提纲

为了理清思路，在撰写调查报告之前，可以先拟订提纲。提纲是调查报告的骨架，表明调查报告各部分之间的联系。提纲可分为观点提纲和条目提纲两类。观点提纲是列出各章节要表述的观点，条目提纲就是从层次上列出报告的章节。

拟订提纲时，可以先拟订一个粗略的提纲，将报告分成几个大部分，然后再进一步按次序或按轻重，横向或纵向罗列编织成较细的提纲。拟订提纲一方面可以使作者对材料、内容掌握得更深入、更具体，在撰写报告时更容易；另一方面可以使作者进一步深思熟虑、精益求精，也便于对调查报告进行调整。因此，拟订提纲的作用是不可低估的，即使对于写作上有经验的人，也应于撰写调查报告之前拟订提纲。

四、起草报告

根据提纲的要求，采取单独一个人或者小组分工的形式起草报告，形成报告的初稿。初稿各个部分的写作格式、文字数量、图表和数据要协调、统一。

五、修改报告

初稿完成后，就要对其进行修改。先看各部分内容和主题的逻辑性，有无修改和增减的地方，再看看顺序安排是否得当，最后整理成完整的全文，提交审阅。

任务实施

一、任务背景

在项目九任务二中我们已经完成市场调查报告框架构建，请在此基础上完成本任务。

二、任务目标

学生通过完成本项目任务，能够确定市场调查报告主题、拟订调查提纲、起草调查报告并进行修改。

三、任务要求

以前期进行的“大学生手机市场调查”项目为基础，确定市场调查报告的主题，根据主题拟订调查提纲，起草调查报告并进行修改。

四、任务步骤

（1）学生自愿组成小组，每组 6～8 人；

（2）以小组为单位，根据本组调查任务，讨论调查报告的主题；

（3）根据调查报告的主题，分工撰写调查报告的提纲；

（4）依据提纲，撰写调查报告中每一部分的内容；

（5）整合每一部分的内容形成一篇完整的调查报告，并进行讨论，指出不当之处并进行进一步的修改。

任务四　撰写市场调查报告的技巧及要求

任务导入

调查人员的困惑

萨哥是潘基学院的执行董事，最近他委托调查机构开展调查，评估该机构向牙科医生提供的继续教育的有效性。调查目的是获得牙医在首次培训后愿意再次接受教育的影响因素。

调查人员进行了几项分析来评估授课程序的不同方面：先完成最初数据检验，识别出五个因素以及它们的相关性；然后统计因素的影响；之后进一步分析性别和从业区域对五个因素的影响；接下来分析各种因素对培训整体满意度的影响；最后分析年龄对五个因素的影响。

现在需要将调查结果提交给负责该项目的其他高层人员。可是对于该如何进行调查报告的撰写和安排，调查人员犯了愁。

任务分析

撰写一份好的市场调查报告是非常不容易的。调查报告不仅要体现调查工作的质量，还要展现撰写调查报告人员的专业水平和文字素养。要想撰写一份高水平的调查报告，不仅要按照一定的结构框架，遵循一定的撰写程序，而且要在撰写市场调查报告过程中具备一定的技巧，比如标题的撰写技巧、开头部分的撰写技巧、表述的技巧、结尾和外观方面的技巧等。此外，还要根据客户的要求，撰写出符合实际需要的调查报告。

基础知识

一、写作技巧

（一）标题的撰写

市场调查报告的标题，一般有两种构成形式：公文式标题和文章式标题。

（1）公文式标题，即由调查对象和内容、文种名称组成，基本格式为“××关于××的调查报告”“关于××的调查报告”“××调查”等，如《关于2022年全省农村服装销售情况的调查报告》。

（2）文章式标题，即用概括的语言直接交代调查的内容或主题，包括陈述式、提问式和正副题结合使用三种，如《全省城镇居民潜在购买力动向》《竞争在今天，希望在明天——全国洗衣机用户问卷调查分析报告》《市场在哪里——天津地区三峰轻型客车用户调查》等。

（二）开头部分的撰写

开头部分的写作方式灵活多样，可以开门见山，揭示主题；可以结论先行，逐步论证；也可以先介绍背景情况、调查数据，然后再逐层分析；还可以先提出人们所关注的问题，引导读者进入正题。我们可以根据调查报告的种类、目的、资料及调查报告的篇幅要求等适当选择，但不管怎样，开头部分总是围绕着调查目的、调查方法和调查结论这几个问题展开来写。

案例精选

某市场调查报告的开头

随着国家住房制度改革的不断深入及居民生活水平的提高，个人购房已成大势且愈演愈烈。新生代市场检测机构每年在中国的城市进行一项名为“中国市场与媒体研究”的调查，今年的“中国市场与媒体研究20××”的调查总体为居住在20个样本城市的12～64岁的人口，样本量为50 000。以下是新生代市场检测机构对中国房地产市场的调查结果。

（三）调查报告的表述技巧

调查报告在撰写过程中经常用到叙述、说明和议论等技巧。

1. 叙述的技巧

市场调查报告的叙述，主要用于开头部分，叙述事情的来龙去脉，表明调查的目的和根据以及过程和结果。此外，在主体部分还要叙述调查得来的情况。市场调查报告常用的叙述技巧有：概括叙述、按时间顺序叙述。概括叙述是将调查过程和情况概略地陈述，不需要对事件的细枝末节详加铺陈，文字简约，一带而过，给人以整体、全面的认识。按时间顺序叙述是在撰写调查报告时，按照时间顺序进行逻辑排列，使内容前后连贯。

2. 说明的技巧

市场调查报告常用的说明技巧有：数字说明、分类说明、对比说明、举例说明等。数字说明可以增强调查报告的精确性和可信度；分类说明可以将市场调查中获得的杂乱无章材料，按一定标准分为几类，分别说明；对比说明是将市场调查报告中有关情况、数字，采用对比形式加以说明，以便全面深入地反映市场变化情况；举例说明是对市场发展变化情况举出具体、典型的事例，使表达更具有说服力。

3. 议论的技巧

市场调查报告常用的议论技巧有：归纳论证和局部论证。市场调查报告的结论是在对大量材料进行分析研究之后，从具体事实中归纳论证出来的。市场调查报告在论证过程中又离不开局部论证，如对市场情况从几个方面进行分析，每一方面形成一个论证过程，用数据、情况等做论据去证明其结论，形成局部论证。

（四）调查报告的结尾

调查报告的结尾是结论和建议部分，说明调查获得了哪些重要结论，根据调查的结论建议应该采取什么措施。结论可用简洁而明晰的语言对调查之前所提出的问题给予明确的答复，并且简要引用相关背景资料和调查结果加以解释和说明。结论并不一定要单独列出来写，它与调查课题有关，如果调查课题较小、结论很简单，可以直接与调查结果融合为一个部分来写。建议是针对调查获得的结论提出可以采取哪些措施、具体行动步骤或方案。

（五）语言运用的技巧

调查报告的语言应该精确、凝练，任何不必要的内容都应该省略。既不要对一般程序长篇累牍，也不能为了追求简明而破坏报告的完整性。调查报告主要是以文字形式传递信息，所以，报告中使用文字和语句必须简洁、贴切、通俗、流畅、清晰。在文体上最好用第三人称或非人称代词，如“作者发现……”“笔者认为……”“据发现……”“资料表明……”等语句。行文时，应以向读者报告的语气撰写，不要表现出力图说服读者同意某种观点或看法。读者关心的是调查的结果和发现，而不是报告撰写者个人的主观看法。同时，报告应当准确地给出项目的研究方法、调查结论，不能有任何迎合用户或管理决策部门期望的倾向。

（六）外观设计的技巧

调查报告外观设计是十分重要的，好的外观在视觉效果上可以吸引读者的兴趣。调查报告的外观是报告的外部包装，它不仅体现报告本身的专业水平，而且还是调查机构形象的反映。因此，报告中所用字体、字号、颜色和字间距等应该细心地选择和设计，整篇文章的编排要大方、美观、便于阅读。打印和装订要符合规范，应使用质量好的纸张。印刷格式应有变化，字体的大小、空白位置的应用等对报告的外观和可读性都会有很大的影响。干净整齐、专业性的报告一定比那些匆匆忙忙赶出来的外观不像样的报告更可信、更有价值。粗糙的外观或一些小的失误和遗漏都会严重影响读者的兴趣及信任度。

二、调查报告的写作要求

（一）客观真实

市场调查报告必须符合客观实际，坚决反对弄虚作假，防止为了迎合阅读者的胃口，挑他们喜欢的材料进行撰写。

（二）重视客户

市场调查报告是给客户阅读和使用的，而不是写给自己看的，更不是文学作品。因此，必须弄清市场调查报告的阅读者和使用者，他们可能是领导、管理部门的决策者，也可能是一般的用户。不同的阅读者和使用者具有不同的需要和兴趣，所关心的重点也不同。在撰写市场调查报告时，要记住以下事实：第一，报告的阅读者和使用者大多都很忙；第二，他们不喜欢冗长、乏味、呆板的文字；第三，他们一般都很少精通调查的某些技术和术语。

（三）突出重点

市场调查报告必须在保证全面、系统地反映客观事物的前提下突出重点，尤其要重点突出调查目的，提高报告的针对性、适用性，提高其使用价值。

（四）结构完整

整个市场调查报告要精心组织，妥善安排其内容和结构，给人以完整的印象；文字要简短易懂，尽量少用专业性较强的术语；内容要扼要，逻辑性强；正确地运用图表、数字表达；语言表达要生动有趣。

三、撰写调查报告中需要注意的问题

（一）方便阅读

任何调查报告的阅读和使用都有其特定的对象，因此要结合不同对象的工作性质、文化程度等因素来确定调查报告的写作风格，应做到语言简洁、字迹清晰、书写工整、设计合理，以方便阅读。

（二）结构合理

调查报告应结构合理、逻辑性强。报告的撰写顺序应该按照调查活动展开的逻辑顺序进行，做到环环相扣、前后呼应。为了便于读者辨别前后内容的逻辑关联性，使报告层次清晰、重点突出，应该设立标题、小标题或副标题，项目等级的符号要清晰，对必要的重复性调查工作要给予特别的说明。

(三) 解释充分准确

在对资料进行解释时，要注意解释的充分性和相对准确性。充分性是指利用图、表说明时，要对图表进行简要、准确的解释；相对准确性是指在进行数据的解释时尽量不要引起误导。例如："有65.32%的被调查者偏好我们的产品"，在一个相对小的样本中，把引用的统计数字保留到两位小数以上常会造成虚假的准确性，而65%这种陈述会让人觉得是非常精确的。另外，对于名义量表和顺序量表不能进行四则运算，对等距量表只能进行加减、不能进行乘除，只有比率量表才能进行加减和乘除。

(四) 注释详细

报告中引用他人的资料，应加以详细注释。这一点是大多数人常忽视的。通过注释，指出资料的来源，以供读者查证，同时也是对他人研究成果的尊重。注释应详细准确，如被引用资料的作者姓名、书刊名称、所属页码、出版单位和时间等都应予以列明。

任务实施

一、任务背景

在项目九任务二中我们已经制定了市场调查报告初稿，请在此基础上完成本任务。

二、任务目标

学生通过完成本项目任务，掌握市场调查报告的撰写技巧及应注意的问题。

三、任务要求

对本项目任务三中已经完成的市场调查报告，从写作技巧和应该注意的问题方面进行评价，并提出修改建议。

四、任务步骤

(1) 学生自愿组成小组，每组6～8人；
(2) 以小组为单位，互换已经完成的市场调查报告，并对其进行评价；

（3）逐条列出调查报告中存在的问题，并给出相应的修改建议；

（4）提交调研报告最终稿，并进行 PPT 汇报。

学思之窗

农夫山泉的创新之路

农夫山泉股份有限公司成立于1996年，是中国饮料20强之一，是在中国市场上同时具备规模性、成长性和盈利能力的饮料龙头企业。农夫山泉的成功得益于其能够根据消费者洞察不断推陈出新。根据消费者洞察，农夫山泉追求在产品种类上的创新。2003年，农夫山泉迈出了标志性的一步，推出了“农夫果园”系列混合果汁饮料，这标志着该公司从单一饮用水公司跨入了综合饮料加工企业行列。2004年，农夫山泉推出了功能性饮料——“尖叫”，之后又陆续推出了维他命水、茶π、东方树叶、NFC果汁等饮料。

除此之外，农夫山泉还追求产品包装的创新。农夫山泉的新包装采用了设计美学，满足了当代消费者对于美的追求。2015年，农夫山泉推出了堪称经典的“梦幻童话”插画设计瓶。该插画分为春、夏、秋、冬四个类型，通过四组插画将长白山的万物表现出来，讲述了长白山四季的童话故事。2018年，农夫山泉推出了“故宫瓶”，瓶身上有乾隆皇帝人物图像，还有类似于“工作使朕快乐”这样幽默的话语。之后，农夫山泉还推出了高端水，该产品采用玻璃瓶包装，瓶身选取长白山典型的天气、植物、动物，有东北虎、马鹿、海棠等，将长白山上各种生物真实的生活场景表现得淋漓尽致，让人赏心悦目。

点滴见素养：学习国产品牌在成长中不断创新，将创新作为企业发展的生命力，为消费者提供更健康的产品，树立创新意识，增强创新精神和品牌自信。

项目总结

市场调查报告就是对调查资料进行整理、分析、筛选、加工之后，形成的记述和反映市场状况的书面报告。市场调查的一系列过程都是对市场现象的一种描述，只能说明事情发展的状态，不能揭示问题的实质。要想得到更进一步的结论，为市场营销决策提供依据，必须通过市场调查报告进行系统的总结和分析，形成更加明确的市场调查结论。

市场调查报告具有科学性、时效性、创新性、针对性的特点，它能够完整而准确地描述调查结果，能够充当参考文献，清晰准确地描述市场现象，为决策者提供科学的依据。

由于调查主题、要求等不同，市场调查报告的格式也有所不同。一般来说，一份完整的市场调查报告包括前页（授权信页、提交信、摘要、目录、图表目录）、正文（调查目的、调查方法、结果、局限性、结论和建议）、附录。

市场调查报告的撰写要经过以下几个步骤：确定主题、整理资料、布局和拟订提纲、起草报告、修改报告。在撰写时要掌握相应的技巧，要客观真实、重视客户、突出重点、结构完整等，要方便阅读、结构合理、解释充分且准确、注释详细。

职业技能训练

一、单项选择题

1. 下列因素中，不是市场调查报告的特点的是（　　）。

A. 针对性　　B. 时效性　　C. 创新性　　D. 合理性

2. 在调查报告的写作中最关键的步骤是（　　）。

A. 确定主题　　B. 取舍资料　　C. 拟订提纲　　D. 形成初稿

3. 下列不是市场调查报告的写作要求的是（　　）。

A. 客户导向　　B. 重点突出　　C. 客观真实　　D. 大量引用

二、多项选择题

1. 市场调查报告的特点有（　　）。

A. 科学性　　B. 针对性　　C. 时效性　　D. 创新性

E. 纪实性

2. 关于撰写市场调查报告的语言要求有（　　）。

A. 篇幅应该足够长　　B. 语言应该精确、凝练

C. 多用第三人　　D. 杜绝晦涩难懂的语句和陈词滥调

E. 可以面面俱到，使报告内容尽量完整无缺

三、判断题

1. 市场调查报告具有时效性，不能作为历史资料反复使用。（　　）

2. 市场调查报告必须尊重事实，不能弄虚作假。（　　）

3. 市场调查报告必须能像参考文献一样发挥作用。（　　）

四、简答题

1. 简述市场调查报告的含义。

2. 为什么说市场调查报告是衡量一项市场调查项目质量水平的重要标志？

五、案例分析题

大学生网购情况调查报告

一、调研背景分析/引言

随着互联网的日益发展和普及，人们逐渐选择了足不出户的网上消费方式。传统的购物方式也正在向网络方面发展，出现了“网购”这种越来越受欢迎的新型消费方式。对于

现代大学生来说，网上购物更是成为方便、便宜、快捷的一大购物形式。大学生网上购物已成为大学生生活的一部分和日常生活的课题。

网络技术的高速发展、不断进步使得电子商务迅速普及。互联网凭借无地域限制的优势，消除了产品、服务供应商和需求者之间地点与距离相关的障碍。网上购物越来越贴近人们的生活模式，其在降低运营成本、方便快捷等方面具有优势。网络购物的兴起，正悄然改变着社会的商业结构和人们的生活方式。

二、调研基本情况

1. 调研时间

2023 年 6 月 26 日—6 月 29 日。

2. 调研地点

某大学院内。

3. 调研对象

某大学院内在校大学生，样本总数为 44 人，校园实地访问问卷调查人数为 10 人，网络问卷调查人数为 34 人。

4. 调研目的

（1）了解大学生网购的消费需求；

（2）了解影响大学生网购的因素；

（3）大学生网络购物的未来发展预期。

5. 调研内容

（1）受访者网购基本情况；

（2）受访者实际网络购物情况；

（3）消费偏好；

（4）购买渠道；

（5）偏爱的购买以及优惠类型。

6. 调研方法

本次调研采用网络问卷调查和街头拦访调查。

7. 调研工具使用

针对调研问卷，我们使用了微信平台进行数据收集并使用 Excel 进行分析统计，通过小组讨论得出结论。

8. 调研过程

调研时间安排表如表 9-6 所示。

表 9-6　调研时间安排表

时间	内容
6 月 26 日	组建调研小组
6 月 26 日	网上发布问卷

续前表

时间	内容
6月26日	发放调研问卷
6月27日	收集整理数据
6月27日	分析讨论数据
6月28日	完成调研报告

三、结果分析

(一) 问卷调查结果分析

1. 网络购物的主要原因

通过这个问题，我们调查出选择网络购物因为方便快捷、节省时间的有 32 人，占总人数的 94.12%；选择网络购物因为品种齐全的有 26 人，占总人数的 76.47%；选择网络购物因为价格便宜的有 25 人，占总人数的 73.53%；选择网络购物因为时间不受限制的有 14 人，占总人数的 41.18%。从此问题中我们得出，大部分大学生选择网络购物因为方便快捷、节省时间（见图 9-7）。

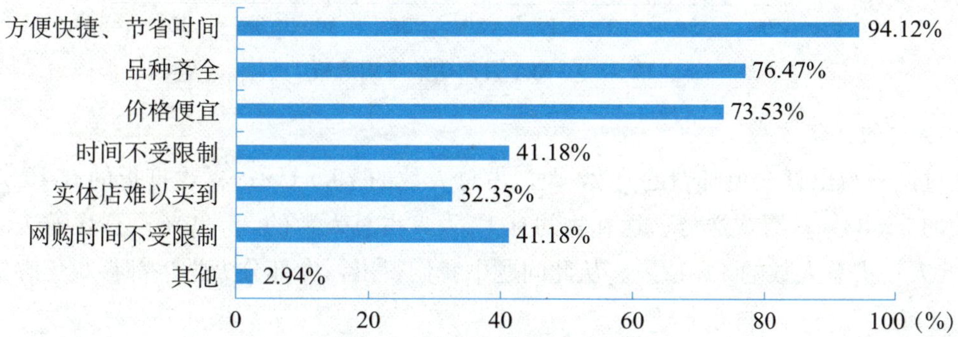

图 9-7 网络购物的主要原因

2. 主要购买的商品

通过这个问题，我们调查出选择网络购物购买服饰鞋帽的有 29 人，占总人数的 85.29%；选择网络购物购买饰品的有 22 人，占总人数的 64.71%；选择网络购物购买电子产品的有 15 人，占总人数的 44.12%；选择网络购物购买生活日用品的有 20 人，占总人数的 58.82%。从此问题中我们得出，大部分大学生选择网络购物购买服饰鞋帽（见图 9-8）。

3. 每个月网络购物的平均消费

通过这个问题，我们调查出每个月网络购物平均消费 100 元以内的有 8 人，占总人数的 23.53%；每个月网络购物平均消费 100～300 元的有 13 人，占总人数的 38.24%；每个月网络购物平均消费 301～500 元的有 9 人，占总人数的 26.47%；每个月网络购物平均消费 1 000 元以上的有 2 人，占总人数的 5.88%。从此问题中我们得出，每个月网络购物平均消费为 100～300 元的大学生较多（见图 9-9）。

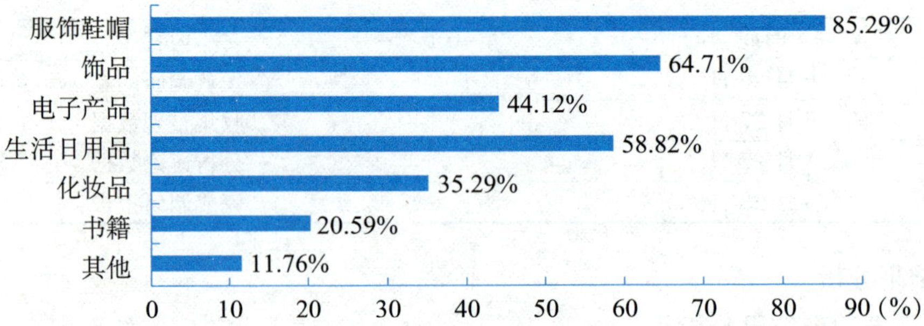

图 9-8　主要购买的商品

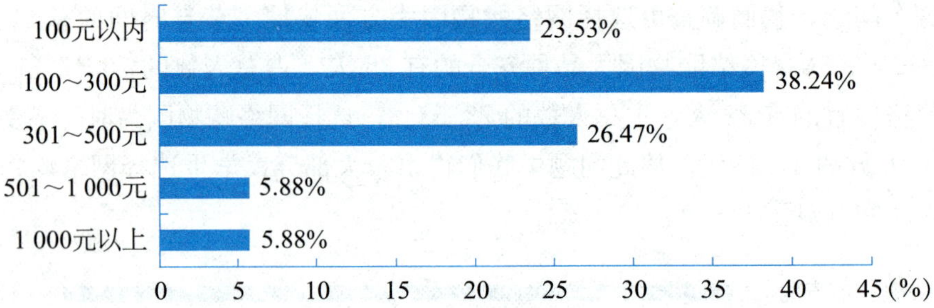

图 9-9　每个月网购的平均消费

4. 喜欢的促销方式

通过调查得出喜欢免邮费的有 27 人，占总人数的 79.41%；喜欢打折的有 19 人，占总人数的 55.88%；喜欢送分、送礼物的有 12 人，占总人数的 35.29%；喜欢赠送优惠券的有 15 人；占总人数的 44.12%。从此问题中我们得出，大部分大学生都喜欢免邮费（见图 9-10）。

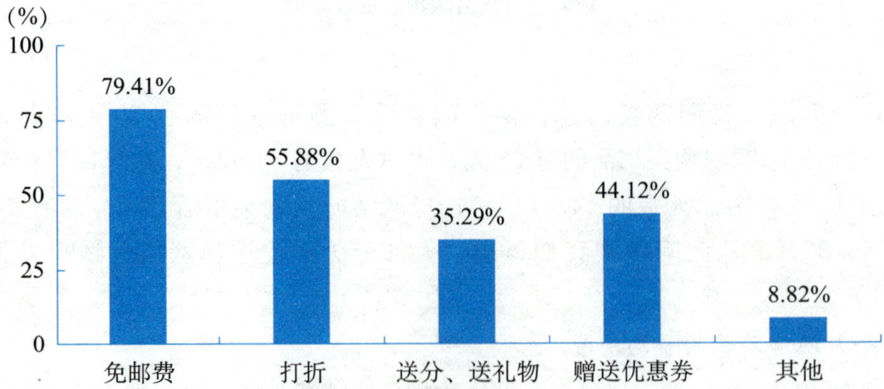

图 9-10　喜欢的促销方式

5. 货物送达能够接受的最长时间

通过调查得出货物送达能够接受的最长时间为 2～3 天的有 15 人，占总人数的 44.12%；货物送达能够接受的最长时间为 4～5 天的有 12 人，占总人数的 35.29%；货物送达能够接受的最长时间为 6～7 天有 7 人，占总人数的 20.59%。从此问题中我们得出，近一半大学生货物送达能够接受的最长时间为 2～3 天（见图 9-11）。

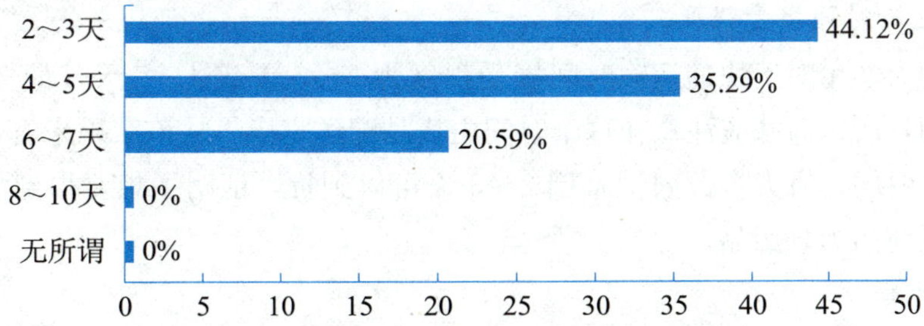

图 9-11　货物送达能够接受的最长时间

6. 网购中担心的因素

通过调查得出网购中担心支付的安全性的有 10 人，占总人数的 29.41%；网购中担心商家的诚信的有 5 人，占总人数的 14.71%；网购中担心图片和实物有差距的有 11 人，占总人数的 32.35%；网购中担心产品质量不合格的有 7 人，占总人数的 20.59%。从此问题中我们得出，相当一部分大学生网购中担心图片和实物有差距（见图 9-12）。

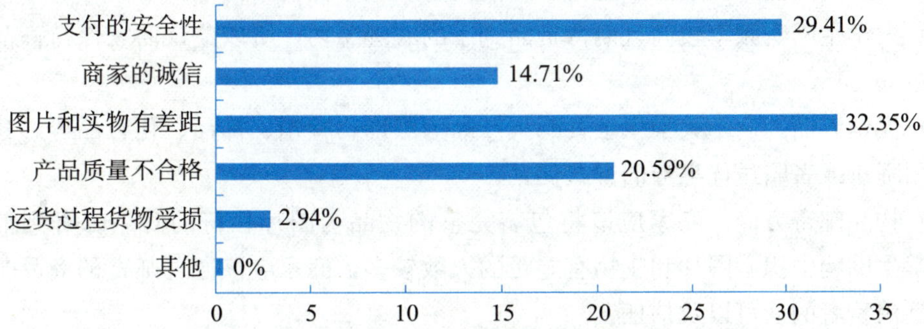

图 9-12　网购中担心的因素

（二）街头拦访调查结果

本次调研共发放 10 份问卷，回收 10 份问卷，根据 Excel 统计得知，参与调研的有 6 名女生，4 名男生，男女比例适中，调查表明选择网络购物的主要原因是方便快捷、节省时间；网上主要选择购买鞋帽服饰和生活用品等；平时网购的频率是每周 1 次；平均每个月花费在网购上的费用是 100～300 元；喜欢的促销方式是免邮费；货物送达能够接受的最长时间是 2～3 天；网购过程中最担心的因素是实物与网络图片的内容不相符合。

四、结论与建议

（一）调研结论

通过对调查问卷结果统计分析得到以下结论：

1. 网购频率与选择网购的原因

结果表明大学生网购在每周 1 次的人数较多，而且大学生选择网购大多数都因为方便快捷、节省时间以及品种全、价格便宜。这说明大学生对网购的接受程度较高，易于电商进一步开展市场开拓活动。

2. 商品运输时间接受程度

结果表明大学生对于快递运输时间接受程度为 2～3 天或 4～5 天，最多能忍受 6～7 天的运输时间，所以商家应注意在这个时间内货品配送完毕。从该结果来看，快递忍耐运输程度为正常时间，有大多数同学希望 2～3 天可以到货，证明了想要得到货物的急切心理，或者购买商品为日用品。

3. 购买种类

结果表明大学生在网购产品种类选择最多的是服饰、鞋帽、饰品、化妆品、电子产品等。在网上可以购买多种类别、各种功效的产品，但学校里的超市对大学生提供的用品种类并不多，导致网络购买更受欢迎。

（二）调研建议

针对此次调查结果及结论，建议网络商家在面向大学生市场时，注意以下几方面：

（1）定价适宜。大学生一般无经济来源，但对于商品的质量又有较高的要求，所以商品应在保证产品性能、满足大学生需求的前提下，以中低价格为主。

（2）大学生网购频率较高且期待货品到手的心理急切，所以建议商家保持商品运输过程不超过 6～7 天。

（3）促销方面。由于大学生主要购买产品为服饰、鞋帽、饰品、化妆品等，建议电商适当采用降价或者赠送优惠券的方式促销。

（4）物品邮寄方面。商家应该将包装完整的物品与图片相符的商品邮寄到消费者手中。大学生网购中担心图片和实物有差距的人数较多，商家应该通过邮寄的商品与实务相符来得到消费者的认可以及信任。

附件：略

本调研报告为某院校学生撰写，请阅读并回答以下问题：

1. 讨论报告有几个组成部分。

2. 试着对报告中的每个部分做出评价（指出合理之处和不合理之处）。

参考文献

[1] 宋文光．市场调查与分析 [M]. 2 版．北京：高等教育出版社，2023.

[2] 黄慧化，陈学忠．市场调查实务：项目教程 [M]. 3 版．北京：电子工业出版社，2022.

[3] 王旭．市场调研 [M]. 3 版．北京：高等教育出版社，2021.

[4] 柴庆春．市场调查与预测 [M]. 4 版．北京：中国人民大学出版社．2020.

[5] 赵铁．市场调查与预测 [M]. 4 版．北京：清华大学出版社，2020.

[6] 卢海涛．市场调查与分析 [M]. 2 版．北京：人民邮电出版社，2017.

[7] 小卡尔·迈克丹尼尔．当代市场调研 [M]. 范秀成，等译．北京：机械工业出版社，2002.